novas buscas
em psicoterapia

VOL. 64

Dados Internacionais de Catalogação na Publicação (CIP)
(Câmara Brasileira do Livro, SP, Brasil)

Percursos em arteterapia : arteterapia e educação, arteterapia e saúde / Selma Ciornai (org.). – São Paulo : Summus, 2005.
(Coleção novas buscas em psicoterapia; v. 64)

Bibliografia.
ISBN 978-85-323-0862-7

1. Gestalt-terapia 2. Arte - Psicoterapia
3. Terapia artística
I. Ciornai, Selma.

04–7000 CDD–615.85156019

Índice para catálogo sistemático:

1. Arteterapia : Aspectos psicológicos
615.85156019

Selma Ciornai (org.)

# Percursos em Arteterapia

Arteterapia e Educação • Arteterapia e Saúde

summus editorial

*PERCURSOS EM ARTETERAPIA*
*Arteterapia e educação, arteterapia e saúde*


Capa: **Camila Mesquita**
Editoração eletrônica: **ABBA Produção Editorial Ltda.**

**Summus Editorial**
Departamento editorial
Rua Itapicuru, 613 – 7º andar
05006-000 – São Paulo – SP
Fone: (11) 3872-3322
http://www.summus.com.br
e-mail: summus@summus.com.br

Atendimento ao consumidor
Summus Editorial
Fone: (11) 3865-9890

Vendas por atacado
Fone: (11) 3873-8638
e-mail: vendas@summus.com.br

Impresso no Brasil

# Sumário

# APRESENTAÇÃO

Esta obra faz parte de uma série de três livros que celebram os quinze anos de existência do curso de especialização em Arteterapia do Instituto Sedes Sapientiae, e do nosso percurso na área.

A Apresentação do primeiro livro, *Percursos em arteterapia: arteterapia gestáltica; arte em psicoterapia; supervisão em arteterapia* aborda o que é arteterapia, o que implica uma formação nesta área, os diferentes contextos em que pode ser utilizada e a história da construção da abordagem que nos fundamenta, citando as raízes que continuam presentes, dando-lhe identidade: a crença na potencialidade de processos artísticos e criativos como fatores promotores de desenvolvimento pessoal, autoconhecimento, ampliação de consciência e também de cura; a epistemologia fenomenológico-existencial e dialógica; a abordagem gestáltica em Arteterapia; o ETC – *Expressive Therapies Continuum* [*Continuum* das Terapias Expressivas] – e alguns paradigmas do pensamento sistêmico e pós-moderno.

Nesse mesmo livro, "Arteterapia Gestáltica" aborda e aprofunda tais fundamentos, trazendo alguns exemplos de pontes com a prática. Portanto, remeto o leitor interessado a esses textos, assim como aos artigos sobre os demais tópicos daquele livro e da obra *Percursos em arteterapia: ateliê terapêutico; arteterapia no trabalho comunitário; trabalho plástico e linguagem expressiva; arteterapia e história da arte*, também integrante desta série.

*Percursos em arteterapia: arteterapia no contexto educacional, arteterapia e educação; arteterapia e saúde* aborda a aplicação da arteterapia nessas áreas específicas de atuação, trazendo alguns dos trabalhos mais atuais de professores de nossa equipe, assim como textos de ex-alunos, baseados ou nos estágios supervisionados que desenvolveram durante o curso ou em seus trabalhos de conclusão.

A primeira parte deste livro reúne quatro trabalhos no segmento de educação e psicopedagogia que evidenciam a rica contribuição e o matiz especial que a arteterapia pode dar a essas áreas.

Em "Encontros entre arteterapia e psicopedagogia: a relação dialógica terapeuta e cliente, educador e aprendiz" , Eloisa Quadros Fagali, uma das fundadoras do curso de especialização em Psicopedagogia do Instituto Sedes Sapientiae, professora de várias gerações de psicopedagogos e presença nacionalmente respeitada no cenário da psicopedagogia no Brasil, aborda as possibilidades de integração entre a arteterapia e a psicopedagogia, focalizando a dialética aprendizagem–função terapêutica em projetos psicopedagógicos no âmbito da educação (clínica e institucional) e da saúde (hospitais, ambulatórios), com diferentes faixas etárias. Ao ressaltar as contribuições da arteterapia, lembra que nas raízes da psicopedagogia já se valoriza o ser humano como ser criativo, com diferentes formas de inteligência e de expressão na construção do próprio pensamento, relatando vários exemplos de projetos que desenvolveu e orientou.

Os dois trabalhos seguintes abordam a formação continuada de educadores. Desenvolvidos como monografias de conclusão de curso e posteriormente desdobrados em projetos de mestrado para a USP, exemplificam como uma primorosa articulação teórica pode entrelaçar-se à forma e à sensibilidade poética.

"Oficinas com recursos expressivos na formação de educadores: mãos que criam arte, reflexão e vida", de Márcia Murinelly Gomes, explora a temática da formação contínua de funcionários de cinco creches municipais vinculadas à Prefeitura do Município de São Bernardo do Campo, que trabalham com crianças de até 6 anos, por meio do uso de recursos expressivos em oficinas. Percebendo a necessidade de valorização profissional e desenvolvimento pessoal dessas educadoras, inclusive em termos culturais, considera que esse tipo de trabalho contribui significativamente para uma prática com maior reflexão, criatividade e melhor qualidade de contato no trabalho com a criança pequena.

"Tecendo fios entre céus e terras por meio da arte: uma experiência de arteterapia no contexto educacional", de Clara Paulina Coelho Carvalho é também um trabalho no âmbito da formação continuada de educadores. Tendo como público-alvo profissionais (diretora, secretárias, faxineiras, educadoras) de uma instituição filantrópica e religiosa na periferia de São Paulo, e percebendo haver entre elas uma espiritualidade desintegrada de um cotidiano no qual inevitavelmente enfrentam conflitos, se angustiam e sentem raiva, buscou, por meio da arteterapia, facilitar a integração entre o sagrado e o profano, facilitando a emergência de uma espiritualidade conectada às sensações e resgatando a necessária dimensão do prazer e da corporeidade no cotidiano e na ação educativa.

Focalizando o trabalho não com o educador, mas com o educando, "A relação dialógica no processo terapêutico de crianças com dificuldades de aprendizagem", de Dilaina Paula dos Santos, apresenta, por outro lado, as possibilidades de utilização da arteterapia no trabalho com crianças hiperativas com dificuldade de aprendizagem. Descrevendo um processo de atendimento individual e procurando os próprios referenciais para penetrar empaticamente no universo experiencial do cliente, apóia-se nos princípios da relação dialógica buberiana para estabelecer o vínculo terapêutico, relatando cada sessão com sensibilidade e habilidade terapêutica.

A segunda parte deste livro focaliza dez trabalhos sobre as aplicações da arteterapia na área de saúde e atendimento hospitalar. Pensar no tema remete-me à palestra de abertura do XXVIII Congresso da Associação Americana de Arteterapia, proferida por Jean Achterberg,* editora da revista *Alternative Therapies in Health and Medicine*, em que, trazendo as mais recentes pesquisas sobre a relação entre "processos de cura" e "processos criativos", afirmou que entre os estudos mais inovadores na área de saúde, hoje, a "imagem continua a estar na crista dos

* ACHTERBERG, Jean. "Imagética e cura". *In: Arte-Terapia: Reflexões*, n. 3., Departamento de Arteterapia do Instituto Sedes Sapientiae, São Paulo.

processos de cura, porque é uma rede de comunicação entre o que chamamos 'fisicalidade' e os processos mentais" (p. 23), e que "a arte como poder de cura se espalha hoje em dia em todos os hospitais, não para levar as pessoas a serem artistas do pincel e do lápis, mas para que possam ser artistas do manter-se vivos e bem" (p. 27).

Nesse sentido, acredito que essa parte deste livro traga trabalhos inovadores e pioneiros na área de saúde, que podem inspirar outros, em um movimento multiplicador.

O primeiro deles, "A saúde, mais do que a ciência: arte, filosofia e antropologia", de Walter Müller, arteterapeuta e médico atuante na rede pública em pediatria e medicina geral há oito anos, abre esta parte do livro com reflexões de cunho filosófico e antropológico sobre as concepções de ciência, verdade, saúde, doença e medicina na civilização ocidental. Exemplificando esses questionamentos com sua vivência como médico na reserva indígena do Xingu, defende uma visão legitimadora das diferentes práticas e idéias de saúde, que fica como pano de fundo para os artigos que se seguem.

Em "Arte e corpo como cura", Vera Maria Rossetti Ferretti, psicóloga e psicopedagoga com especialização em Cinesiologia, Psicomotricidade e Dinâmica Energética do Psiquismo, traz o trabalho de sensibilização e mobilização corporal que tem desenvolvido com clientes e alunos dos cursos de Psicopedagogia e Arteterapia. Buscando uma trajetória própria articulada à abordagem junguiana, mas sem deixar de lado o enfoque fenomenológico, tem ajudado arteterapeutas em formação a ampliar o contato com sua corporeidade e suas sensações, a desenvolver uma percepção aguçada e sensível para a expressão corporal de seus clientes e a utilizar o trabalho corporal para o relaxamento e a integração grupal. Com várias sugestões, o texto mostra uma experiência que tem inspirado vários profissionais que foram seus alunos.

Em "Para além da fonoaudiologia: a cor e a emoção da linguagem", Selma Reyes, fonoaudióloga e arteterapeuta, descreve com sensibilidade dois casos intrigantes de distúrbio de fala que atendeu em um ambulatório de saúde mental em Itaquera (SP) – um de *gagueira* e outro de *ecolalia* (fala que apenas repete o que ouve, sem intenção de comunicação). Nestes, a expressão não-verbal atuou como recurso terapêutico, fundamental e facilitador em crianças com as quais psicólogos não conseguiam lidar – nem os recursos de fonoaudiologia que conhecia resolviam o problema. Foi quando decidiu parar de trabalhar a fala dessas crianças e oferecer-lhes materiais de desenho, surpreendendo-se com o processo que se desenvolveu a partir daí...

Em "Arteterapia no trabalho com dependentes químicos em instituição de saúde pública", Iraci Saviani, desdobrando o criativo trabalho de ateliê que desenvolve há anos em contextos educacionais e de crescimento pessoal, descreve o trabalho de ateliê terapêutico que vem realizando há quatro anos com dependentes químicos no Capes, prefeitura de Barueri, e também o projeto "Arte Mosaico" realizado em 2003 com ex-participantes dessa proposta e que continua em 2004. Os resultados desses trabalhos revelam a importância da arte como fator promotor de auto-estima e de reinserção social, delineando, sem dúvida, um campo fecundo de atuação para arteterapeutas.

Em "Arteterapia como profilaxia para o estresse do profissional de saúde", Vera Maria Rossetti Ferretti, desenvolvendo atualmente trabalhos em contextos hospitalares e dirigindo seu olhar às questões de doença, morte e luto (tema de seu mestrado na PUC), aborda a questão do estresse do profissional de saúde, relatando uma experiência que desenvolveu com o corpo de enfermagem de UTI em um hospital. Nesse texto, o leitor poderá perceber a importância de cuidar do profissional de saúde como profilaxia ao estresse, bem como acompanhar o relato da experiência desenvolvida.

Em "*Hemodialisart*: arteterapia para pacientes em programa crônico de diálise", Anne Isabelle Obadic relata o trabalho que desenvolveu na Fundação Oswaldo Ramos (Unifesp) com pacientes em tratamento de diálise, portadores de insuficiência renal crônica (IRC) aguardando transplante renal. Percebendo que ficavam passivamente sentados durante o tempo da diálise, sem nada fazer e sem comunicar-se uns com os outros, criou um projeto de arteterapia para transformar as horas de tratamento em horas de contato e atividades expressivas, visando aliviar suas angústias e melhorar seu convívio com a doença. Seu estilo descontraído, e ao mesmo tempo extremamente sensível ao drama existencial dos pacientes, fez deste um projeto que cativou e conquistou o respeito dos médicos e enfermeiros da instituição.

"Arte no cuidado com pacientes com HIV e câncer" é uma coletânea de três textos, unidos pela preocupação de refletir em conjunto sobre a relevância da arteterapia no cuidado com pessoas com doenças graves como HIV e câncer. São trabalhos costurados pelas palavras de Ines Novoa Jezler, que os introduz e os conclui, sobre a importância de ajudar o paciente a viver o tempo presente com qualidade, transformando-o em um "tempo de cura". Ao relê-los, percebo quanto refletem o amadurecimento, a disponibilidade pessoal e a habilidade profissional necessários a esse tipo de trabalho.

O primeiro, A arte nos caminhos da vida e da cura, de Mônica Leonardo Salgado Ferreira, traz algumas das mais recentes descobertas da psiconeuroimunologia sobre processos de cura e a relação corpo–mente. Tecendo as pontes que percebe entre a cura e o processo de criação na arte, reflete sobre a necessidade de considerar a pessoa doente de uma perspectiva mais ampla, que transcenda sua sintomatologia.

O segundo, Arteterapia com portadores de HIV, de Antonio Sidney Francisco e Mônica Leonardo Salgado Ferreira, relata a experiência pioneira realizada durante três anos no Grupo de Incentivo à Vida (GIV) – uma ONG que atende pacientes com HIV –, na coordenação de grupos de arteterapia para pacientes soropositivos. Adentrando um campo desconhecido, sabendo das dimensões psicossociais e das dramáticas histórias de vida dos pacientes, descrevem como a arte foi um canal precioso para a expressão e a elaboração de conteúdos por vezes duros demais de verbalizar, ajudando o portador da doença a redimensionar seu passado, sua auto-estima, e a estabelecer um novo contato com a vida.

O terceiro, A arte para a essência do ser e da saúde, de Ines Novoa Jezler e Regina Fiorezzi Chiesa, descreve o trabalho de ateliê terapêutico realizado com mulheres recém-mastectomizadas em um hospital, para as quais, aos padrões de personalidade típicos do paciente oncológico, soma-se ainda a delicada questão da identidade feminina, percebida como mutilada. Nesse texto, as autoras descrevem como a atividade criativa e expressiva revelou-se capaz de ajudá-las a elaborar os sentimentos negativos sobre si mesmas, promovendo um sentimento de auto-valorização e de atenção às próprias necessidades.

E, finalmente, "Arte-reabilitação em enfermaria infantil", "Arte-reabilitação com portadores de paralisia cerebral (PC)" e "Arte-reabilitação com pacientes vítimas de dano cerebral (AVC)". São três trabalhos que trazem a experiência de Ana Alice Francisquetti, coordenadora há quase vinte anos do setor de arte-reabilitação da AACD e inquestionável pioneira dessa área no Brasil. Artista plástica e arte-educadora, seus textos atestam a motivação que a leva constantemente ao estudo interessado das mais diversas áreas relevantes ao trabalho que desenvolve – neurologia, distúrbios e acidentes neurológicos, história da arte, psicologia da arte, desenvolvimento do grafismo etc. Ana Alice soube adaptar-se ao longo dos anos ao meio acadêmico dos protocolos e textos do universo médico, tornando seu trabalho respeitado nas mais variadas instâncias. Porém, para entender realmente sua atuação, há que vê-la em uma das exposições que monta anualmente com seus pacientes: cercada de crianças e adolescentes em cadeiras de rodas, de muletas, com as mais variadas deficiências, sua presença irradia uma qualidade solar, contagiando a todos, pacientes e familiares, com seu entusiasmo e sua convicção de que cada um daqueles pacientes, para além de suas limitações, é antes de tudo uma pessoa, possuidora de uma subjetividade própria, com o potencial de transformar sua dor, suas dificuldades e suas deficiências em arte.

* * *

Concluo esta apresentação, assim como nos outros dois livros desta série, com dois agradecimentos especiais:

À Regina Aparecida dos Santos, que me auxiliou na escolha da ordem dos capítulos, além de, com sua costumeira serenidade, ter ajudado a rever e organizar os textos, fotos e autorizações – sua ajuda foi de fato preciosa.

E a todos os alunos e colegas que, durante esses quinze anos, fizeram parte desta construção com sua presença, sensibilidade e entusiasmo.

*Selma Ciornai*

Mestre em Arteterapia, doutora em Psicologia Clínica e fundadora do Departamento de Arteterapia do Instituto Sedes Sapientiae

# Parte I

# Arteterapia no Contexto Educacional e Psicopedagógico

# Encontros entre arteterapia e psicopedagogia: a relação dialógica terapeuta e cliente, educador e aprendiz

*Eloisa Quadros Fagali*

[...] Toda vida atual é encontro...
Inventar é encontrar..
Eu-Tu fundamenta o mundo da relação...
O Eu se realiza na relação com o Tu;
é tornando Eu que digo Tu....
Que ninguém tente debilitar o sentido da relação:
relação é reciprocidade...
Nós vivemos no fluxo torrencial da reciprocidade,
irremediavelmente encerrados nela.
*Martin Buber*

Inspiro-me em Buber para iniciar reflexões sobre a **relação** entre arteterapia e psicopedagogia, colocando, em primeiro plano, a discussão sobre o sentido do **encontro.** Na dinâmica do encontro ponho em evidência a relação **dialógica** entre profissionais e aprendizes – que buscam novas construções nas áreas de saúde e de educação tendo em vista as contribuições da arteterapia, da educação e da psicopedagogia.

Buber afirma que a relação é o que acontece de essencial entre os seres humanos e que, nessa dinâmica, o encontro acontece no diálogo face a face. Segundo Von Zuben (1977), referindo-se às idéias de Buber, a relação engloba o encontro como um movimento dialógico criativo, pois o homem se constitui como "ser dia-logal", e "dia-pessoal". Nesse sentido, o "entre" é o "lugar e o berço do que acontece entre homens" (Buber, 1965, *apud* Hycner, 1997, p. 29).

Na troca dialógica, tudo se passa numa dimensão que envolve a presença, a intersubjetividade, a reciprocidade, a responsabilidade, a singularidade.

Nessa busca do diálogo que requer a presença do outro, ocorre uma dinâmica que possibilita aproximações, identidades, assim como distanciamentos e confrontos com as diferenças. Nesse movimento de abertura e aceitação das singularidades, há também o jogo das oposições, ampliando o olhar de quem participa dessas "vibrações recíprocas", dialogando com as diferenças de olhar presentes na intervenção terapêutica.

Segundo Buber, "[...] a união dos contrários permanece um mistério na profunda intimidade do diálogo" (Von Zuben, 1977, p. 23).

Richard Hycner, em suas reflexões sobre a base dialógica da Gestalt-terapia, nos fala sobre esta troca recíproca considerando "[...] o contexto relacional total em que a singularidade de cada pessoa é valorizada; relações diretas, mútuas e abertas entre pessoas são enfatizadas, e a plenitude e presença do espírito humano são honradas e abraçadas (1997, p. 30).

Levando em conta essa "co-participação dialogal", consideraremos o encontro interpessoal que envolve sentimentos, valores, criações, intenções, sem deixar de destacar, também, as construções teórico-científicas que nos ajudam a perceber os pontos de identidade e de diferença entre essas áreas de conhecimento, aplicadas em diferentes contextos de saúde e de educação.

Buber nos fala da importância Eu-Tu, e também da relação Eu-Isso, em que o eu usa a palavra para conhecer o mundo, para impor-se diante dele, conquistando-o, transformando-o, construindo conceitos, instrumentos teóricos e de intervenção. O autor, no entanto, ressalta a necessidade de mantermos essa pulsação que supõe a alternância entre a dialógica interpessoal–existencial e a relação Eu-Isso que mobiliza as construções teóricas e técnicas.

Richard Hycner, reportando-se às reflexões de Buber, Perls e Hefferline, ressalta, como princípio básico da Gestalt-terapia de orientação dialógica, essa "alternância rítmica das relações Eu-Tu e Eu-Isso", no enfoque global em que "[...] quaisquer técnicas surgem do contexto da relação entre. O 'entre' é paralelo à idéia da Gestalt de que o todo, o âmbito do dialógico, é maior do que a soma das partes" (1997, p. 30).

Mobilizada por essas reflexões, apresentarei neste texto falas e interlocuções sobre vivências de diferentes protagonistas de experiências, entrelaçadas por reflexões teóricas e por relatos sobre criação de projetos e conquista de espaços educacionais-terapêuticos, nos diferentes contextos, em busca dos sentidos sobre o terapêutico e o educacional, e das complementaridades entre psicopedagogia e arteterapia.

## RETOMANDO EXPERIÊNCIAS, E RESGATANDO HISTÓRIAS SOBRE O ENCONTRO ENTRE PSICOPEDAGOGIA E ARTETERAPIA

*"Quantos estranhamentos que foram seguidos pela clareza, cada vez maior, sobre a importância de aprender, vivendo, criando e expressando, em diferentes linguagens... Hoje, o diálogo com as expressões artísticas tornou-se condição necessária para a minha própria aprendizagem e para ajudar o outro a crescer..."*

Ao buscar, nos meus " guardados", falas de alunos, como a exposta acima, recortadas de crônicas avaliativas sobre o vivido nos cursos de psicopedagogia de que tenho participado como professora, há mais ou menos vinte anos, deparo com diálogos que poderão nos conduzir a uma viagem ao passado, às origens de uma psicopedagogia que sempre valorizou a criação e as linguagens expressivas na aprendizagem.

### Voltando ao passado, em busca das bases artísticas, nas raízes da psicopedagogia (Curso do Instituto Sedes Sapientiae – 1978)

*"Quantas descobertas! Quantos caminhos percorridos depois daquele encontro. Estávamos todos ansiosos para embarcar mar adentro... Foi solicitado que nós representássemos, no tridimensional, com palitos, caixas e tantos outros objetos, o que significa "aprender"... Ao olhar para a minha construção, falava sobre o que pensava... De repente, escuto a professora perguntar-me: – Onde você está aí?*

*Silêncio!...Perplexidade!.. Como assim? Não tinha me colocado na dinâmica relacional do aprender! Esse foi o primeiro degrau que subi na busca do aprender, vivendo, e lidando com os recursos da expressão não verbal...*"

Os comentários dessa alunas, entre outros de igual significância, referem-se ao curso de Psicopedagogia do Instituto Sedes Sapientiae, criado em 1978, um dos pioneiros no Brasil. São falas que remetem aos valores que nós, fundadores do curso – Maria Alice Vacimon, Consuelo Carvalho, Vera Ferretti, Sonia Madi e eu –, atribuíamos à aprendizagem, colocando em foco a dinâmica intersubjetiva e as vivências, mediadas pelas construções criativas não-verbais, integradas às verbais. Éramos majoritariamente psicodramatistas e buscávamos integrar pensamentos e sentimentos, linguagens não-verbais e verbais na aprendizagem, valorizando o processo criativo. Com o enfoque mais fenomenológico, esse curso de formação, articulando teoria e prática, ciência e arte, tem desenvolvido, ao longo desses anos, projetos voltados para o trabalho clínico e educacional (escola e outros contextos educacionais).

Novas possibilidades de aperfeiçoamento foram se acrescentando para o educador nessa busca da integração psicopedagogia–arteterapia. Mais uma porta se abria com o curso de Arteterapia do Instituto Sedes Sapientiae.

## Abertura de espaços para as construções psicopedagógicas no curso de Arteterapia (Instituto Sedes Sapientiae)

"*Por meio do autoconhecimento e de experiências que continuo processando pela arte, pude construir um trabalho, inicialmente como arte-educadora, depois como psicopedagoga, e hoje como arteterapeuta...*"

Muitos educadores e psicopedagogos, para aprimorar seus projetos, buscam a formação do curso de Arteterapia do Instituto Sedes Sapientiae, iniciado em 1989 pela dra. Selma Ciornai. Esse curso abre um leque de possibilidades de supervisão e orientação de projetos em diferentes áreas, entre as quais se encontra a psicopedagogia. Juntamente com colegas, tenho me empenhado no aperfeiçoamento e no desdobramento desses projetos, orientando aqueles alunos que optam por percorrer essa trajetória em busca de "casamento" possível entre a psicopedagogia e a arteterapia.

Continuei em busca de conquistas, cada vez maiores, dos espaços que favorecessem essa integração, de forma a deixar mais explícitas as contribuições da arteterapia na formação do psicopedagogo.

## A criação do espaço da arteterapia no curso de pós-graduação em Psicopedagogia (PUC-SP)

**Figura 1** Expansão do movimento e das cores.

*"Oh! Tardes de agosto... setembro...*
*Sempre às sextas-feiras.*
*Oh! Bálsamo para um corpo cansado!*
*Fonte de água pura e límpida para uma alma partida, seca.*
*Música, cores, formas, movimentos suaves, tranqüilidade...*
*Um rosto marcante, sempre a nos esperar com um sorriso*
*que às vezes transformava-se em boas gargalhadas..."*

De forma poética, essa aluna de pós-graduação em Psicopedagogia (PUC-SP, 2000) expressa como se encontrava desvitalizada e desrespeitada em relação a sua função como professora da escola pública. Suas falas e escritas, mobilizadas pela construção não-verbal, emergiam das aulas em que eu, como professora, abria espaços para vivências e reflexões em arteterapia, como contribuições para a prática psicopedagógica clínica e institucional (Módulo eletivo do curso de pós-graduação de Psicopedagogia – PUC).

A mesma "aluna-professora" que fazia poesia sobre as tardes gostosas de alegria e prazer no curso de Arteterapia, não deixava também de expressar, com as tintas, momentos cinza associados às suas condições profissionais na escola em que atuava.

O diálogo com as cores que se expandiam no papel, com movimentos mobilizados pela melodia suave e harmônica de uma música de fundo, era ampliado pela linguagem verbal poética:

*"...Surge a dor, é preciso dialogar com ela...*

*Um pequeno círculo cinza num canto da folha... um profissional num canto do colégio.*

*Uma aluna quieta num canto da sala de aula... a timidez, o não-verbal, a dor...*

*Aos poucos o desenho vai se expandindo e ganhando novas matizes, novas cores...*

*Do escuro ao claro... do peso à leveza...*

*O amarelo, de repente, aparece reluzente, misturando-se ao vermelho.*

*Segue-se o azul, tudo fica mais tranqüilo e leve... Do cinza chego ao arco-íris.*

*Percebo as diferenças... Reflito e digo a mim mesma:*

*– Não se deixe mobilizar somente pelo cinza e o escuro... o mundo é multicolorido!*

*Uma aluna no centro da sala que, revigorada,*

*fala de seus sentimentos e emoções, sem a vergonha própria dos tímidos...."*

No diálogo com as cores, descobriam-se novas emoções, novas formas de perceber e pensar, libertando-se da fixação na dor, na impotência. Nesses encontros que mantinha com alunos-educadores, sentia-me também imersa nas emoções e descobertas, apesar de ocupar o lugar de professora naquela situação. Essas falas nos revelam quanto é grande a luta do educador para ser olhado, respeitado e valorizado no seu poder de construir e ajudar o outro.

Essas sensações e emoções reverberavam em mim e me remetem à luta que empreendi para conseguir na Academia, no nível de pós-graduação em Psicopedagogia (PUC), este reconhecimento da contribuição da arteterapia na formação de professores e psicopedagogos.

Nascia então, em 1997, o módulo denominado "Contribuições de Arteterapia na formação do Psicopedagogo", ajudado pelas mãos de alunos que insistentemente pediam esse espaço, em busca das mediações da arteterapia na aprendizagem. Apesar de essa matéria não ser obrigatória no curso (eletiva), ela vem se mantendo ininterruptamente nesses últimos sete anos, levando-me a fazer a seguinte indagação: o que nos revela essa vitalidade e manutenção desse espaço no curso?

O que nos dizem os inúmeros depoimentos de alunos que receberam essas contribuições e que atuam como profissionais lá fora?

A fala da aluna que iniciou nossas reflexões, e muitas outras que virão ilustrar este capítulo, revelam-nos a necessidade de o professor usufruir desse encontro de alimentação e revitalização, lastimando a ausência dessas criações e expressões não-verbais nas condições de aprendizagem propostas pela escola. Muitos comentam a predominância da dureza e do distanciamento nos espaços educacionais, em diferentes níveis de escolaridade.

Em uma das experiências em que proponho a esses "alunos-professores" que façam construções com pedras, blocos airados e sabão, para dialogarem com o duro e a resistência, é comum associarem essas sensações com o que sentem sobre a aprendizagem acadêmica, sempre dura e pesada. Então, no contato com a resistência do material, esses educadores buscam perfurar, vazar o bloco denso e pesado, procurando a leveza, acompanhada de construções poéticas, como essa:

*"A pedra... o colégio... aprendizagem formal...*
*O colégio e a pedra... o colégio, a pedra e eu*
*Por que a escola precisa sempre do duro, formal e sério?*
*Por que não despir-se... tirar as máscaras da rigidez, do academicismo?*
*A construção do conhecimento só se dá no ambiente severo,*
*onde não há espaço para a emoção?*

*Preciso deixar esta construção leve, buscar a leveza na escola, em mim, na aprendizagem....*"

Percebo quanto a aprendizagem – do nível básico ao superior –, mobilizado pelas diferentes expressões artísticas, amplia as condições para o indivíduo se criar como pessoa, aprendiz, cidadão, profissional. São condições para o aprender que possibilitam a atuação criativa de todos os envolvidos nessa experiência, integrando emoções e conhecimentos em uma cultura com uma modalidade de aprender e de ensinar predominantemente rígida, dura, ascética, "sisuda" e única.

Descobrimos, em meio a essa rede de diálogos entre educadores, como nos liberamos ao transitar pelas linguagens expressivas, ampliando nosso autoconhecimento e possibilitando a outros aprendizes a desconstrução do mito do "tolo", do que não sabe a saída da condição de paralisação.

Em todos esses espaços de formação, seja no curso de Arteterapia, seja nos de Psicopedagogia, criam-se projetos psicopedagógico-arteterapêuticos, considerando o aprender que integra emoção e saber, gerando um efeito multiplicador de ações e intervenções, em diferentes espaços institucionais.

Quantos, por meio desses projetos, abrem espaços nas escolas, nos centros de saúde e em outras organizações educacionais, convidando o aprendiz ou o cliente a expressar-se livremente pelo não-verbal, gerando desbloqueios da fala, da escrita e do próprio pensar!

Quantos – crianças, adolescentes e adultos – são convidados para respirar, resgatar a vida, criando e aprendendo, muitos deles saindo da condição de excluídos!

Qual seria, no entanto, a essência do trabalho psicopedagógico, e como se explicitariam as contribuições da arteterapia?

## O ENFOQUE DA PSICOPEDAGOGIA E AS CONTRIBUIÇÕES DA ARTETERAPIA – A POSTURA E O OLHAR TERAPÊUTICO NA SITUAÇÃO DE APRENDIZAGEM

"*[...] O espaço psicopedagógico... aberturas e limites mediados por diferentes formas de aprender, criando e expressando. Espaço demarca-*

*do pela preocupação do aprender, integrando diferentes formas de criar e ao mesmo tempo construir o conhecimento...*

*O tempo... quanto eu e o outro precisávamos saber o momento certo para perceber, para transformar! Aquele menino, que procurava ajudar, precisava saber esperar para aprender...*

*Eu também, como psicopedagoga, aprendia a lidar com a espera amorosa... esperar o momento de intervir, o momento de dar colo e de se soltar no processo de aprendizagem."*

Ao refletir sobre o significado do espaço e do tempo no processo do aprender, esse aprendiz no curso de Psicopedagogia ressalta pontos importantes sobre a prática psicopedagógica, enfatizando os cuidados terapêuticos na aprendizagem.

## Como definir a psicopedagogia?

A psicopedagogia é uma área de conhecimento e de atuação profissional, levando em conta uma concepção de aprendiz que cria a si próprio e constrói seu conhecimento, na sua singularidade, em busca da integração do emocional e do cognitivo, na dinâmica relacional eu–outro. Nesse processo de transformação que requer a aprendizagem, tanto o sujeito que aprende quanto o que ensina recebem influências da cultura e atuam sobre ela, em um jogo de interações recíprocas.

A aprendizagem, no entanto, não se restringe apenas ao que acontece em sala de aula, na escola, mas se faz presente em todos os contextos em que o aprendiz, sujeito do conhecimento, se vê construindo algum saber, na família, no trabalho, no âmbito clínico e de saúde ou em qualquer outro espaço social.

A psicopedagogia, como área de conhecimento e prática de avaliação e intervenção, está comprometida com uma visão integrada do homem e do conhecimento (corpo, emoção e cognição) e com a dinâmica do encontro, na situação de aprendizagem. Na dialógica "professor–aluno", "psicopedagogo–cliente", o olhar e a postura terapêutica são condições necessárias.

## Qual seria o lugar da arteterapia na psicopedagogia?

As contribuições da arteterapia vêm enriquecer essa concepção de "lidar com o aprender" com o enfoque terapêutico, buscando as mediações das expressões artísticas.

Conforme reflexões minhas, desenvolvidas no artigo "Arteterapia–Psicopedagogia, um encontro que deu certo", esses dois trabalhos ou áreas de estudo

> [...] são como estrelas de uma constelação: considero que as diferenças entre uma "estrela" em relação a outra dizem respeito ao foco de atenção, ao estudar a dinâmica relacional eu–outro, valorizando a construção criativa. A arteterapia focaliza essencialmente as questões sobre a postura e os fundamentos terapêuticos, considerando o aprofundamento do fazer e do refletir das artes plásticas e de outros recursos expressivos. A psicopedagogia direciona sua atenção para as questões sobre a postura do educador que necessita ter um olhar terapêutico, considerando os fundamentos desta construção, frente à dinâmica do aprender, e buscando os diferentes recursos expressivos do aprendiz (2002, p. 12 ).

## Que significado é esse do terapêutico na educação, e da educação no terapêutico?

O mesmo "aluno–professor" que inspirou nossas reflexões, falando poeticamente daqueles momentos felizes das sextas-feiras, em que convivia com a arte no curso de psicopedagogia, expressa em outras partes de sua crônica a busca desse sentido de cuidados terapêuticos, mesmo no espaço educativo de sala de aula:

*"Era tudo de que eu necessitava: colo, ser bem acolhida, ser preenchida.*
*Minha autoconfiança aumentava...*
*Brincava com a marmorização, pintando na água, e resgatava a criança interior, alegre, que precisava sair para aliviar minha dor....*
*Tudo parecia belo, a mistura das cores... Pura magia? sonho?*
*Não!... Algo se concretizava, ao imprimir no papel aqueles movi-*

*mentos fluidos da tinta que pintava a água como fios e manchas em movimento....*

*A volta ao trabalho na escola foi tranqüila, pensada:*
*– Não vou me deixar levar pela roda-viva do colégio,*
*pela doença que hoje vejo no ar, nas relações."*

Numa abordagem fenomenológica, a postura terapêutica significa:

- acolher o outro – o diferente, o fragmentado e cristalizado, o descrente de si próprio e o ferido – respeitando suas singularidades;
- abrir espaços para que eles possam se revelar criadores, reconhecendo-se como sujeitos construtores de si próprios e de seu conhecimento;
- possibilitar diálogos entre aqueles envolvidos com a dinâmica relacional, proporcionando diferentes formas de contato com o mundo, interno e externo, integrando o "pensar" e o "emocionar".

Quando falo daquele que recebe o acolhimento terapêutico, refiro-me à instituição, aos grupos, ao profissional, aos alunos (crianças, adolescentes e adultos ). Todos pedem essa acolhida, que os permite ser recebidos na sua singularidade de estar no mundo, de se emocionar e pensar, com suas feridas, fantasias e poderes de criar. Os próprios professores e terapeutas, como aprendizes, necessitam desse olhar para desenvolver a auto-estima e a autoconfiança, para criarem e transformarem, exercendo seja a função do ensinar, seja a de curar.

Quais os sentidos de curar?

Muitos desses "professores–aprendizes" referem-se a "curas" trazendo uma nuança de significados e sentidos sobre essa condição de saúde, tendo como aspecto comum o *insight* libertador, a ampliação da percepção, a transformação (Figura 2):

*"O último encontro... que desafio o diálogo com o Fogo!*
*Fogo: destruição, morte?... Fogo: reconstrução, renascimento, vida.*
*O fogo no centro da sala, no meio da mandala composta por todos nós...*

**Figura 2** O diálogo com o fogo: queima e transformação.

*Lanço olhar para a chama clara, fluida, e para ela desloco o que estava me travando: ainda o peso do colégio, e eu mesma paralisada...*

*Algo se abriu... Preciso buscar outro espaço... descobertas...*

*Construo com papel... transformo... queimo... novos rumos, novos espaços...*

*O outro dia, de volta à escola, peço demissão.*

*Estou feliz, em busca de novos espaços...*

*Aos poucos, a cura se estabelece, o obstáculo foi ultrapassado."*

Hoje, essa professora, a mesma que fala do acolhimento e da revitalização que viveu nos encontros, já é formada em Psicopedagogia e se aprofunda em trabalhos de supervisão e ateliê arteterapêutico integrados à psicopedagogia, dando colo e mobilizando outros professores em projetos de creche e de educação infantil. Busca, atualmente, aprofundar a integração entre diferentes linguagens e está sendo convidada para compartilhar projetos de terceira idade em oficinas psicopedagógicas mobilizadas pela arteterapia. No seu caso, não foi possível ampliar os espaço na própria instituição em que se encontrava, quando estava no curso. Era necessário dizer "não" e se distanciar daquele contexto que lhe gerava doença. Com o "não", abriu portas para novos espaços, novas criações comprometida com a educação.

Para outros aprendizes, a "cura" se revela com o mesmo sentido, muitas vezes dialogando com o mesmo material simbólico, mas lidando com outras condições de aprender:

*"Um convite... olhar para as chamas do fogo... o poder de transformar...*
*Na aproximação sutil do nosso feminino (o papel celofane), com a nossa força (o fogo), novas formas, novas configurações...*
*De repente uma queima rápida e assustadora marca um ponto da minha pele....*
*O poder cauterizador do fogo que pode queimar e curar! O buraco no papel e o deixar-se queimar, naquele pequeno ponto do meu corpo!*
*Não há dor imediata, só espanto, ao sentir a queima...*
*Quanto não protegi a epiderme, não me protegi...*
*Contemplo a beleza das chamas, enquanto acaricio a sutil dor da pequena queima.*
*Por que essa precipitação e voracidade em mim do fogo e da queima?*
*Como lido com queimas e cauterizações da alma, do corpo?*
*Sinto a necessidade de me cuidar, de me proteger..."*

N. revela-nos, de forma tão poética, como dialoga emocionalmente com a queima e as cicatrizes, associando-as ao processo da cura. Convida-nos a refletir sobre as esperas para cicatrizar e os diferentes níveis de cura. Cicatrizes que muitas vezes não são totais e que precisam ser retomadas e cuidadas, no ponto em que a pele ainda se encontra sensível. Tantas "peles" da alma, do ser, do ego que protegem, mas que também precisam ser renovadas! Quanto ainda a aprender!

*"... Procuro captar essa aprendizagem do fogo, literal e metaforicamente passada pelo corpo, alternando as faltas e os preenchimentos. Convivência prolongada com processos doídos, doídos mesmo!*
*Sinto curando-me, cuidando das cicatrizes ali e lá fora, no meu corpo e nas relações.*
*Sinto as feridas, cascas que se formam e se soltam, quando o tecido novo está preparado para o contato com o externo.*

*(Des)construção, (re)construção, isto e aquilo, interno e externo...*
*Sou curada de mim mesma e do outro..."*

Muitas revelações surgem sobre como possibilitar esse diálogo alternado entre a incômoda desconstrução de padrões antigos, não mais úteis, e o prazer de construir, gerando o novo. Diferentes formas de cuidar, diversos ritmos de revelações e liberações são sentidos como "níveis de cura", associados ao relativo alcance do bem-estar, da saúde, como uma condição de poder viver e respirar.

Inspirada nessas falas, gostaria de fazer algumas considerações teóricas sobre "a cura" na relação de aprendizagem, na intervenção terapêutica, colocando em evidência o sentido da ação de curar como processo.

Processo de cura expresso no gerúndio "curando" (do latim "curare"), se associa à aprendizagem de ter cuidados com, vigiar, livrar da doença[1], um sentido dinâmico de estar atento, de acolher e mobilizar, em busca de um movimento libertador das condições de estagnação que limitam e desvitalizam. Nesse movimento para a vida, para o novo, que nunca se esgota e se cumpre na sua totalidade, vivemos processos de "ir se curando" em diferentes níveis de consciência e de transformação.

Voltando a Buber, é no encontro que a cura ocorre, e põe em evidência a função de quem acolhe, seja educador, seja terapeuta, mantendo o que o autor denomina "atitude dialógica":

> Buber sustenta que a atitude dialógica é necessária para qualquer um que pretenda se tornar educador ou terapeuta (1970). A atitude dialógica terapêutica é diferente da relação dialógica da amizade e é aquela assumida pelo professor ou aquele que está voluntariamente empenhado no desenvolvimento do aprendizado de outro indivíduo. Enquanto a amizade é definida pela confirmação total mútua, a atitude dialógica do terapeuta pode ser assumida independentemente das inclinações do paciente (Hycner e Jacobs, 1997, p. 85).

1. *Dicionário etimológico da língua portuguesa*. Rio de Janeiro: Nova Fronteira, 1991.

A responsabilidade do psicoterapeuta e do educador com postura terapêutica é "encontrar genuinamente a outra pessoa" em prol de uma mudança, mas sem exigir que o outro mude. O educador-terapeuta precisa primeiramente confirmar a existência do indivíduo como ele é, para possibilitar a cura pelo encontro, liberando potencialidades do paciente e do aprendiz. Considerando o pensamento de Buber, aquele que se coloca como terapeuta (educador, psicopedagogo, arteterapeuta) não está só a serviço do paciente e do aprendiz, mas também a serviço da tarefa de curar, ensinar ou aperfeiçoar. Não podemos esquecer, portanto, que os recursos expressivos e as linguagens não-verbais entram a favor desse encontro Eu-Tu, enriquecendo a dialógica.

Resgato também, para a reflexão sobre o sentido do terapêutico, o pensamento de C. Jung, por considerar suas idéias um dos fundamentos dos projetos que desenvolvo, integrando arteterapia e psicopedagogia. Esse autor, ao colocar em foco a dinâmica do inconsciente e as funções de contato, enfatizando a integração entre a intuição, o sentimento, a percepção concreta e o pensamento lógico, não deixa de trazer um olhar fenomenológico, ao se referir à relação terapêutica.

> [...] é um encontro, uma discussão entre dois todos em que conhecimento é usado simplesmente como ferramenta. O objetivo é transformar – não uma transformação predeterminada, mas sobretudo uma mudança indeterminável cujo único critério é o desaparecimento do "egohood". O máximo que pode fazer é suavizar o caminho para o paciente e ajudá-lo a obter uma atitude que ofereça o mínimo de resistência à experiência decisiva (1991, p. 77).

Se considerarmos aprendizagem como um processo em que o sujeito, na relação recíproca com o outro, gera transformações, o processo de "ir se curando" está sempre presente, diante dos sentimentos de perda, ganho e medo decorrentes das desconstruções e construções implícitas na dinâmica da mudança. Por outro lado, o ato de "cura" é mobilizado e ampliado por um processo de aprendizagem em que o sujeito acredita ser capaz de transformar-se, de libertar-se e de se tornar construtor dos caminhos em busca da liberação.

As diferenças de significado e a ênfase dada a cada um desses conceitos (aprendizagem, olhar e postura terapêuticos e cura) dependem do enfoque que se dá a cada um deles, nos diferentes contextos em que se processam as transformações.

Por exemplo, na situação educacional, na escola, geralmente estamos envolvidos com o desenvolvimento do aprendiz na sua plena condição saudável de criar e de transformar a si próprio e ao mundo, ou com medidas preventivas para não se instaurarem estados de doença, de paralisações do homem. Nessas situações, tendemos a enfatizar as possibilidades de transformação, levando em conta os cuidados no **aprender e no ensinar**.

O curar aqui está presente, muito sutilmente, em cada "desconstrução-construção", em cada possibilidade de criar e superar obstáculos aprisionantes no processo do desenvolvimento humano. São curas mais sutis, em um nível que não demanda grandes resistências. Nessas situações, a postura terapêutica não deixa de existir, se considerarmos o olhar atento e amoroso do professor e educador, ao receber e respeitar o aprendiz.

Por outro lado, quando estamos falando das condições de ajuda, diante da doença, ao distúrbio de contato já instaurado, tendemos a falar mais da cura, em contextos de saúde. São transformações que demandam mais resistências, ameaças, mobilizando feridas mais profundas. Nesse processo de liberação, a aprendizagem também está presente, se levarmos em conta os exercícios de como lidar com a percepção, a cognição, as alterações estratégicas e as ampliações das possibilidades de criar.

Seja no enfoque psicopedagógico, seja no arteterapêutico, há uma preocupação em olhar o educacional que não exclui o terapêutico e vice-versa. Ambos consideram essa interação entre aprender–curar, desvelando esses níveis sutis de cura, no processo do aprender e os níveis de aprendizagem na busca da cura. O terapêutico, portanto, está presente nesses diferentes contextos e situações, em que a relação de ajuda acontece na dialógica "Eu-Tu", na reciprocidade, no compromisso e no movimento de transformação.

Como então se diferenciam esses projetos e o olhar terapêutico, considerando o contexto da escola e de outros centros de educação, assim como o trabalho no âmbito clínico e da saúde? Como se constitui este possível casamento entre psicopedagogia e arteterapia?

## CONVERSAS SOBRE PROJETOS PSICOPEDAGÓGICOS ESCOLARES E AS CONTRIBUIÇÕES DA ARTETERAPIA

*"Vislumbrei, vivi, criei a possibilidade da utilização da arteterapia no trabalho do psicopedagogo na escola como um recurso auxiliar de grande valia na busca incansável da compreensão dos motivos da não-aprendizagem. Procurei ir além do padronizado, libertando professores e alunos de aprisionamentos para criar, pensar e construir seu conhecimento, mesmo na sala de aula, em meio aos vícios e às mesmices...*

*[...] Mais libertos, se emocionam... pensam e criam, enquanto organizam e estruturam o saber... brincam, enquanto trabalham."*

São depoimentos como esses que confirmam um olhar psicopedagógico para o aprender e o ensinar, levando em conta as contribuições da arteterapia, abrindo um leque de possibilidades para o aprendiz criativo se manifestar, mesmo na sala de aula, em que se projeta o ensinar e o aprender segundo um modelo passivo que mantém o distanciamento entre alunos e professores.

O desafio de uma reflexão e de uma prática que integram psicopedagogia e arteterapia, construindo projetos no âmbito da psicopedagogia institucional escolar, é criar novas e diferentes condições de aprendizagem e de ensino, numa co-participação dialogal, buscando possíveis saídas para as seguintes questões:

- Como lidar com a instituição, com seus padrões rígidos de educar e aprender, dialogando com seus integrantes em busca da descoberta? Como identificar os mitos que bloqueiam ou libertam a organização e a equipe, ampliando os projetos de educação e explorando diferentes estilos de ensinar e de aprender?
- Como trabalhar a construção grupal, ampliando as possibilidades de aprender em que aconteça a dialógica indivíduo–grupo, construção do conhecimento individual e coletivo?

- Como possibilitar ao professor o reconhecimento e a valorização da sua função, mobilizando o seu autoconhecimento e a integração emoção–pensamento, ao lidar com a dinâmica relacionar ensinar–aprender?

Em síntese, podemos dizer que há três vertentes principais de projetos aplicados na instituição escolar integrando psicopedagogia e arteterapia e levando em conta a rede de interações entre todos os protagonistas que experienciam o educar, o ensinar e o aprender nesse contexto:

- Encontros com os alunos para aplicações de "oficinas psicopedagógicas-arteterapêuticas" (oficinas extra-classe), com pequenos grupos, ampliando as possibilidades de crianças e adolescentes revelarem-se como sujeitos criativos, saindo da situação de exclusão e da condição do "não-aprender". Esses encontros podem ser feitos também em sala de aula para ampliar as condições de aprendizagem e ensino nesse espaço, ou em outros ambientes, como nos "ateliês" para o desenvolvimento criativo, abertos a todos os alunos, pais e professores.
- Projetos integrando psicopedagogia e arteterapia, voltados para a formação contínua do professor, desenvolvendo sua auto-estima e intrumentalizando-o com recursos das expressões artísticas.
- Projetos de parceria entre instituições, "tecendo" um trabalho em rede – escolas e centros de saúde – para ampliar as condições de aprendizagem de crianças e adolescentes, levando-os a se conhecerem como pessoas e aprendizes, capazes de expressar suas necessidades, pensamentos e de atuarem criativamente no seu meio.

## Encontros com os alunos

Os projetos voltados para os alunos (crianças e adolescentes) criam espaços que os acolhem na sua condição de aprendiz criativo, lidando com diferentes linguagens expressivas.

Em geral, se diferenciam segundo três enfoques diferentes: 1) as oficinas psicopedagógicas paralelas à sala de aula, que acolhem as crianças que apresentam maiores dificuldades de aprendizagem e que precisam ser fortalecidas para enfrentar os desafios da aprendizagem em classe; 2) Projetos de ampliação e enriquecimento do processo de ensinar e aprender, por meio das dinâmicas de sala de aula; 3) A criação e ressignificação de espaços, como os próprios ateliês de arte, dando um enfoque psicopedagógico, como atividades-aulas, em que a criança constrói por meio das artes.

A pesquisa que desenvolvi para minha tese de doutoramento visava uma intervenção no espaço da escola numa perspectiva de abrangência nos vários contextos. Criaram-se, então, projetos para o desenvolvimento das "oficinas psicopedagógicas-arteterapêuticas", extra-classe, com grupos pequenos. Foram desenvolvidas, também, atividades para a sala de aula, com dinâmicas semelhantes às das oficinas, em parceria com o professor.

Um fato interessante que merece destaque refere-se às representações sociais que os alunos fazem da sala de aula, fator que pode contribuir para as resistências diante das mudanças: ao avaliar as duas experiências, os alunos revelaram quanto a aula está marcada pelo mito do "distanciamento e da racionalidade repressora", não acreditando na possibilidade de construir o conhecimento que permite o uso da subjetividade e da criatividade, mesmo quando constataram que as experiências seriam possíveis. Não punham fé na manutenção das dinâmicas introduzidas, favoráveis a esta troca relacional na situação específica de sala de aula, apesar de acreditarem nas oficinas extra-classe, desejando que essas fossem mantidas na dinâmica da escola:

"*Assim é bom, queria continuar... pena que não é assim nas aulas...*
*Nas aulas, não sei não... parece que não dá...*
*Aqui é mais fácil... desse jeito, fora da aula a gente fica mais livre...*
*Na aula a gente não pode errar e brincar... aqui não tem a ver com a aula.*"

(Falas de alunos de 11 a 12 anos, da quinta série de uma escola estadual em São Paulo, 2000.)

Portanto, há muito o que conquistar para a desconstrução da concepção do que é aprender em sala de aula. Por outro lado, há muitos projetos que têm como objetivo ampliar as oficinas paralelas à aula, para fortalecer aqueles alunos que se sentem excluídos da sala de aula devido às dificuldades para aprender. Estas oficinas estão sendo mais difundidas diante do enfoque atual, associado ao trabalho de inclusão.

Entre esses projetos, gostaria de ressaltar um que ressignificou psicopedagogicamente os próprios ateliês de arte no ambiente da escola. Linda Derviche Blaj, em 1999, buscou, com um olhar psicopedagógico, revitalizar e ampliar a função dos espaços de ateliê na educação infantil. Esse projeto culminou na realização da monografia *O traço contando história*:

> Foi no relacionamento com crianças, na construção de um espaço diferenciado dentro da instituição, o ateliê, e nas experiências vividas durante a especialização em Psicopedagogia no Instituto Sedes Sapientiae, que foi possível descobrir um novo olhar com relação à linguagem plástica. Esta linguagem que amplia e transforma as formas pelas quais a criança se expressa e se constitui como ser que aprende e constrói o mundo. O espaço do ateliê possibilitou-me refletir sobre o fazer expressivo e criativo, fundamentado pela psicopedagogia (1999, p. 15).

Nas suas práticas e análises, considerou o processo criativo nas crianças de 2 a 6 anos, e utilizou com elas os recursos das artes plásticas. Procurou diferenciar as dinâmicas relacionais, na aprendizagem, caracterizadas como paterna e materna, segundo as reflexões de Jung sobre esses padrões de relações, presentes em qualquer contexto cultural.

A autora do projeto expressa, de forma poética, a dança entre a dinâmica paterna e materna, nas articulações entre as construções individuais e coletivas:

> Ateliê, espaço em construção...
> Ateliê, espaço de criação
> Linguagem não-verbal, expressão... Sofrimento e produção.
> A criança brinca com sua Arte... A criança brinca, destrói.

A "Grande Mãe"... O grande pai acredita
acolhe a brincadeira... E então ela constrói
Permitindo que se retrate... Crescimento e frustração.
O educador brinca com a transformação
Dá sentido ao amor e à criação (1999, p. 20)

Esse projeto é um exemplo de reconstituição de um espaço que se encontrava desativado e morto na escola, tornando-se um centro dinâmico de transformações que reverberou nos outros espaços da escola e da família.

## Encontros com professores

Entre os projetos gerados no curso de Arteterapia do Sedes sobre o autoconhecimento do professor, coloco em destaque o trabalho – transformado em monografia – da aluna e depois professora do curso Clara Paulina Coelho Carvalho. São reflexões e propostas práticas de construções com professores, em um enfoque arteterapêutico-fenomenológico, inspirado na mitologia das deusas gregas. Esse projeto mostra como essas dinâmicas com o professor possibilitaram as trocas em relação a valores e angústias existenciais, ampliando sua percepção e as possibilidades de abrir espaços criativos em sua atuação como educadores.

Mais recentemente, tive a satisfação de orientar um projeto derivado do curso de Psicopedagogia (PUC) de Nowa Leão Duarte, integrando os recursos de arteterapia. As vivências levaram à construção da monografia de conclusão do curso "O saber da lua: dialogando com o simbolismo das deusas gregas, rumo ao encontro do si mesmo."

A proposta do projeto foi mobilizar os professores para que expressassem plasticamente como sentiam e percebiam a mulher real, a ideal e a rejeitada, que viviam dentro de cada um, resgatando onde essas mulheres se encontravam no universo existencial de cada professor e onde apareciam na sua função de educadoras. Em busca da integração da mulher e da educadora, mobilizando suas diferentes faces, a psicopedagoga faz associações dessas auto-imagens do professor com as qualidades das deusas Afrodite, Perséfone, Deméter, Atena, Ártemis e muitas outras que vivem em todas nós "mulheres-profissionais". A autora do projeto afirma:

> Considero que a intervenção psicopedagógica institucional precisa priorizar este trabalho de re-construção da identidade do professor, considerando-o como um todo, dialogando com todas as faces do seu ser: o emocional, o racional, o lúdico, o trabalho, o lado criança, o lado adulto, o lado sombrio, o lado luz (2002, p. 13).

A busca de um projeto em rede, mais amplo, considerando as parcerias entre instituições, é o desafio mais recente e há muito ainda para conquistar. O importante é que todos esses projetos, em ação conjunta, possam contribuir para a educação escolar em busca das mediações necessárias para o desenvolvimento integral de quem ensina e de quem aprende, indagando-se sempre, em busca de criações diante dos desafios do sistema:

- Como abrir espaços nas instituições de formação para revitalizar o professor, o psicopedagogo na jornada heróica de educar, resgatando a crença nas possibilidades de criar? Como ampliar modelos, lidando com novos estilos de aprendizagem, com um olhar terapêutico mediado pelas expressões plásticas e por outras linguagens expressivas?
- Como possibilitar a esses educadores e especialistas em aprendizagem elaborar e aplicar projetos nos espaços em que atuam como profissionais (escola, centros de educação e de saúde)?
- Como criar novas condições de ensinar e aprender, tendo em vista a integração emoção–pensamento e as contribuições da arteterapia?

Procuro manter contato com esses educadores no Núcleo Psicopedagógico Integração que coordeno. Nesse trabalho de parceria, é muito satisfatório observar a qualidade e o poder de inovação de seus projetos, que trazem na sua essência dois traços fundamentais que ressignificam o processo do aprender:

- O olhar e a postura terapêutica no processo de ensinar e de aprender desenvolvidos na formação psicopedagógica.
- O desenvolvimento do aprendiz e do educador criativo, que se constitui na relação interpessoal, enriquecido pela mediação arteterapêutica.

## AS DIFERENTES ATUAÇÕES TERAPÊUTICAS EM OUTROS CONTEXTOS DE EDUCAÇÃO E NO ÂMBITO DA CLÍNICA E DA SAÚDE

Os projetos psicopedagógico-arteterapêuticos desenvolvidos fora do contexto escolar são muito relevantes, considerando que a questão do aprender e de integrar o homem e o conhecimento é muito ampla e que são muitas as condições para que o indivíduo se manifeste e aprenda no mundo.

Procurarei destacar, a título de ilustração, alguns recortes dos projetos mais atuais, que acompanhei muito de perto, como supervisora e orientadora, sem deixar de valorizar todos aqueles que, por questão de espaço e de tempo, não estarão presentes na citações deste capítulo.

### Atuação em creche: pintando e colorindo o espaço (2002, PUC)

> Percorrendo o espaço da creche, onde desenvolvo um trabalho voluntário, assessorando pedagogicamente a equipe técnica, observei que as cores utilizadas nos diferentes ambientes nem sempre estão adequadas às atividades ali desenvolvidas. Percebi aí a possibilidade de colaborar na composição de ambientes coloridos de modo a favorecer o processo de equilibração[2] não somente das crianças que lá permanecem diariamente durante oito horas, mas também dos professores e funcionários que ali trabalham (2002, p. 46).

Cleide Catalan Gonzalez realizou este projeto, que é o corpo de sua monografia do curso de psicopedagogia da PUC, em 2002. Nas suas construções, buscava uma integração da psicopedagogia com a

2. Equilibração, conceito de Piaget sobre processo dialético entre assimilação/acomodação; receber, relaxar e experimentar segundo suas necessidades/dar, tensionar, e se adequar às exigências externas.

arteterapia. Por meio da exploração das cores, abriu um diálogo com as pessoas que exerciam funções educativas na instituição, e explorou o espaço que precisava ser valorizado.

As atividades de autoconhecimento dos professores, por meio das cores, foram complementadas com conversas sobre o que esperavam de cada espaço da creche e como poderiam pintá-los de forma a criar os climas desejados. O projeto procurou também ampliar a percepção dos professores para a sensibilidade das crianças diante das cores e condições de espaço.

Uma das experiências consistiu em uma sensibilização por meio de um conto escrito e editado pela psicopedagoga a respeito de como a criança precisa liberar suas emoções e necessidades com a expressão livre, solta e criativa:

> "*...Pedro gosta de viajar através das cores...*
> *Quando Pedro pinta ele mistura as cores. Pintar é tão bom!...*
> *É bom como brigadeiro... o recreio da escola*
> *Na escola, tem o dia de pintura... Ah! tem sempre um monte de não:*
> *Não pode sujar a folha... Não pode sujar a mesa... Não, não, não.*
> *Mamãe você quer me ajudar? Tenho muita coisa séria a fazer!...*
> *Ora, mamãe, pintar é coisa séria!... Viajaram e sonharam...*
> *Depois começaram a dar nomes a elas (cores): serena, feliz...*"
>
> (Fragmentos do conto )

E assim, contando histórias, brincando e projetando sentimentos com as cores, passaram a colorir espaço: o clima de excitação, de relaxamento, de contenção, da hora da refeição etc. O projeto expandiu-se em direção ao melhor acolhimento e desenvolvimento dos bebês.

## Espaços de convivência com portadores de limitações cognitivas (APAE)

Nos espaços em que dialogamos com crianças e adolescentes que trazem diferenças quanto às condições de aprendizagem por apresentarem limitações no nível mental, torna-se fundamental resgatar o aprendiz na sua totalidade, como pessoa que cria e que se manifesta, com capacidades de se desenvolver e de criar, descobrindo outras formas de pensar e de expressar.

Gostaria de destacar um projeto de grande relevância – "Em busca de um tesouro: arte, expressão do ser, caminhos para o saber... poder para fazer"–, que me comoveu pelo encontro do poético e da rotina do cotidiano, do imaginário e do real, trazendo a arte como inspiração principal.

> A arte surgiu também no meu caminho, primeiro em nível pessoal, depois num âmbito coletivo, de cunho profissional. [...] vem como uma luz forte e poderosa, consistente e energizante, uma luz que mostra, sobretudo, o ato criador, a expressão humana em toda sua abrangência física, mental, emocional, intelectual, social; enfim, acessando o mundo objetivo e subjetivo.
> [...] Assim, o professor que compreender o valor da arte como espaço de expressão individual e grupal e de autodescoberta e descoberta do outro, levando essa vivência para seu espaço de trabalho, poderá promover ações educativas mais eficazes, que possibilitarão a revelação de coisas desconhecidas pelo próprio sujeito (2002, p. 8).

O projeto desenvolveu-se no espaço da Apae (Em Ivoti, no Rio Grande do Sul), tendo sido criado por Andréa Cristina Baum Sneck, que o transformou na monografia de conclusão de curso de Arteterapia (Porto Alegre, 2002 ) ministrado pela equipe de professores do Sedes Sapientiae, em Porto Alegre, com o apoio do Instituto de Família de Porto Alegre (Infapa).

> [...] Nesta instituição, já pudemos constatar na prática, por inúmeras vezes, o valor da arte como espaço de expressão, possibilitando a autodescoberta. [...] Assim, neste trabalho quero contribuir para a amplitude do diálogo com a arte, no campo educacional e terapêutico, ambos vitais para a saúde do ser humano (2002, p. 10).

Entre as ricas atividades desenvolvidas no projeto, ressalto o que foi considerado o tema mobilizador de todos os demais: "O baú do tesouro".

Tudo começou com um convite feito a um grupo de quinze crianças e pré-adolescentes, incluindo portadores de deficiências, de dificuldades de aprendizagem e de adaptação social. Todos foram convidados a uma viagem imaginária, explorando diferentes espaços, passando por sentimentos opostos de medo/coragem, acolhimento/ameaça, entrando em grutas, mergulhando nas águas:

> Foi então que uma luz forte apareceu: um peixe lanterninha iluminou o caminho e vimos, com grande surpresa, um imenso baú. Imediatamente, veio à mente o desejo de abri-lo, para ver o que havia dentro – com certeza, algo muito precioso [...] Cada um foi imaginando, abrindo o baú em pensamento e tirando dele o que desejasse (2002, p. 20).

A volta desse passeio imaginário suscitou discussões sobre valores, buscas e o que cada um gostaria de ter ou de descobrir. O que seria "tesouro" para cada um:

> F. – deficiente mental – falou da liberdade que tem de ir e vir sozinha, de ônibus...; outro falou de um diário, onde pode escrever o que desejar, inclusive seus segredos; um jovem falou do desejo de ter uma profissão, de ser um trabalhador reconhecido; V. – com síndrome de Down – lembrou o batom que "viu" no baú e falou de quanto gosta de se enfeitar, de ficar bonita para si e para os outros; alguns falaram da saúde, da família, do professor, das letras... (2001, p. 30).

As idéias e comentários mobilizaram muitas construções em torno de temas de educacionais e pedagógicos. Psicopedagogicamente falando,

> [...] o trabalho se ampliou, desencadeando um querer saber mais envolvente, um fazer comprometido e um transformar coerente, num exercício relevante de cidadania. Todos passaram a se ajudar, ouvindo opiniões, construindo personagens, definindo papéis, envolvendo pais, professores e comunidade (2002, p. 45).

Com base nesse, muitos outros projetos se desencadearam, envolvendo professores, alunos, pais, comunidades, com diferentes trabalhos em diferentes setores: 1) "Metamorfoseando": trabalho com professores que resultou na criação de um espaço de arteterapia para eles; 2) "Morte *versus* vida": atividade plástica para dialogar com as transformações da natureza, nas diferentes estações do ano, e com o resgate do renascimento dos alunos, no diálogo com a vida e a morte; 3) "Terra do nunca": um projeto para dialogar com o "crescer", inspirado em Peter Pan, em que o teatro ocupou um espaço fundamental.

Considero de grande relevância o enfoque ecossistêmico desse trabalho:

> Assim, [a cidade de] Ivoti passou a ver a eficiência do trabalho de ARTE realizado na Apae, e a acreditar que a ARTE não tem limites; que todos podem se expressar, de um jeito ou de outro; que se pode aprender de inúmeras formas; que se precisa de espaços para a emoção, a expressão de sentimentos e a ousadia, dando vazão a tantas idéias e pensamentos (2002, p. 50).

## Construção numa fronteira entre a escola e a clínica – o trabalho com crianças abrigadas

"Sementes ao vento: a criança institucionalizada e a aprendizagem" é o título da monografia de Liliane C. D. Henriques (Psicopedagogia, PUC, 2003), que desenvolveu nesse estudo um projeto de oficinas, integrando psicopedagogia e arteterapia com crianças abrigadas. O projeto trabalhou, fundamentalmente, o mito do órfão, baseado nas reflexões de C. Jung e apoiado nos recursos da arteterapia.

As construções de colagem, pintura e argila são acompanhadas de falas, palavras escritas e textos, revelando as crenças, dores, alegrias das crianças, e as alterações sofridas no processo:

> Antes só gostava de desenhar cemitérios.
> Quando estou triste, a vontade de morrer volta.
> Hoje já consigo desenhar outras coisas,

> Sou o sol, é bom ser sol... ele ilumina todas as coisas, deixando tudo colorido.
> Essas árvores são duas, estão aparecendo só um pouco porque gostam de ficar escondidas (2003, p. 18).

Enquanto D. desenhava, falava da polarização entre tristeza–alegria, morte–vida, onde se esconder e onde se revelar, traços característicos dessa condição de orfandade e abandono. Gradativamente, no processo de aprender, D. foi buscando a luz, mobilizada pelas histórias das deusas gregas adaptadas para as crianças. Em busca de força e liberação, vitalidade e prazer, D. mostrou seus avanços, identificando-se com a deusa Diana.

O trabalho do grupo foi feito fora da instituição para ver os efeitos de uma intervenção mais distanciada da dinâmica institucional, o que caracteriza o projeto como conquistando um lugar "interface", entre o institucional e o clínico, em que se trabalham as condições micro e macro numa abordagem sistêmica, buscando uma interlocução constante entre a instituição, o grupo e as crianças na sua individualidade.

A psicopedagoga aprofundou as questões relacionadas ao mito do órfão, fundamentando-se na teoria de Jung sobre mito e arquétipo (forças do inconsciente coletivo que se manifestam nos mitos, símbolos, e crenças). Essas crianças revelaram muito das suas condições de estar no mundo, expressando nos símbolos (metáforas de animais e das deusas para identificação) o mito do órfão, associado ao abandono, à impotência e à baixa auto-estima.

> Percebi no grupo que enquanto o arquétipo do órfão mobilizava sentimentos de baixa auto-estima e dependência, o arquétipo do herói evocava os poderes das crianças e a confiança em si mesmos, características que favorecem uma vinculação mais saudável com a aprendizagem (2003, p. 39).

Nas reflexões finais, as construções e avaliações das crianças revelam quanto as interações entre as construções individuais e as coletivas ajudaram no diálogo com as diferenças, no exercício de inclusão e na importância de buscar no outro e no grupo a força e a solidariedade diante da solidão sentida devido à orfandade. Muitos dos comentários das crianças trazem a metáfora da condição de viver em meio a estranhos (ET), mas mostram que mesmo assim é possível descobrir a força e o poder:

> Os ETs faziam os humanos de cachorro...
> Assim comandei todos...
> Descobri uma coisa: eu sou um menino poderoso, o rei dos ETs (2003 p. 58).

## Trabalho em grupo, integrando psicopedagogia e arteterapia no contexto clínico

Os projetos que enfatizam a construção grupal, no trabalho psicopedagógico-clínico, merecem destaque porque predomina ainda o modelo individual clínico de intervenção psicopedagógica. O foco é a dialógica entre a criação individual e a coletiva, valorizando as interações sem perder a singularidade de cada um.

*1) Uma dança a dois: teoria e prática*

Marilda Nogueira Costa de Almeida, hoje professora assistente do curso de Psicopedagogia (Sedes Sapientiae) constrói sua monografia (1999) fazendo uma releitura de sua prática clínica grupal:

> Percorri ao longo desse trabalho um caminho onde a teoria e a prática foram confrontando-se, formando uma dança, um verdadeiro *pas de deux*... Quando desenvolvemos trabalhos clínicos em grupo temos de tentar mesclar atividades nas quais todas as funções possam ser respeitadas, permitindo assim que todos tenham a chance de serem escutados e acolhidos em suas dificuldades (1999, p. 53).

O trabalho é enriquecido por atividades de artes plásticas para desenvolver diferentes condições do aprender, levando em conta a dinâmica materna e paterna:

> [...] Algumas crianças tinham uma resistência a limites, a aceitar as regras, não aceitavam o diálogo com as qualidades que poderíamos associar psicologicamente à função paterna. Outras eram muito controladas e não se permitiam experimentar as sensações em atividades não-verbais (como tinta e argila, por exemplo), denotando falta de diálogo com o que psicologicamente se associa à função materna. A partir daí comecei a pensar em elaborar um projeto para que as crianças pudessem dialogar com os opostos (1999, p. 2).

Esses padrões maternos e paternos que ocorrem no aprender baseiam-se nos conceitos psicopedagógicos psicanalíticos (Alicia Fernandez), mas, nesse estudo, foram ampliados pelas reflexões de C. Jung, numa visão mais fenomenológica e cultural sobre esses padrões matriarcais e patriarcais. Considerou-se também, segundo Jung, as quatro funções de contato: intuição, percepção concreta, sentimento e pensamento lógico.

As criações para intervenção são enriquecidas pelas atividades plásticas, desde a confecção de massas, com misturas de farinha e água, numa construção alquímica a várias mãos, partindo das sensações e do indiferenciado, até a busca das formas, do produto, exigindo maior diferenciação de formas e necessidades.

### 2) *Fogo – transformação e conhecimento – reflexões em torno de experiências psicopedagógicas no contexto clínico-grupal*

Nesses últimos anos, muitos projetos psicopedagógicos têm se constituído com um perfil mais predominantemente arteterapêutico, aprofundando-se na literatura e nos recursos da arteterapia e no trabalho clínico grupal. Nesse sentido, destaco, como exemplo, um projeto clínico de construção grupal, desenvolvido em 2002, por Angélica Neves da Silva (PUC), que aprofundou-se nos recursos e simbologias do fogo.

> Nessas construções, desenvolvíamos a nós próprios como terapeutas, crianças e grupo, lidamos com a complexidade de fatores que

> estão associados ao "não aprender", considerando a aprendizagem com uma "teia" de relações e de possibilidades (2002, p. 17).

O aprofundamento no diálogo com o fogo buscou a simbologia desse elemento e os mitos sobre seus perigos, que levam, em geral, à sua exclusão no ambiente clínico e educacional. Essas praticas inclusive geraram estranhamento na clínica, por repercutirem no coletivo, diante do cheiro, da fumaça, da queima etc. Nos encontros com os clientes e colegas, dialogou-se sobre o real perigo e o mito (Figura 3).

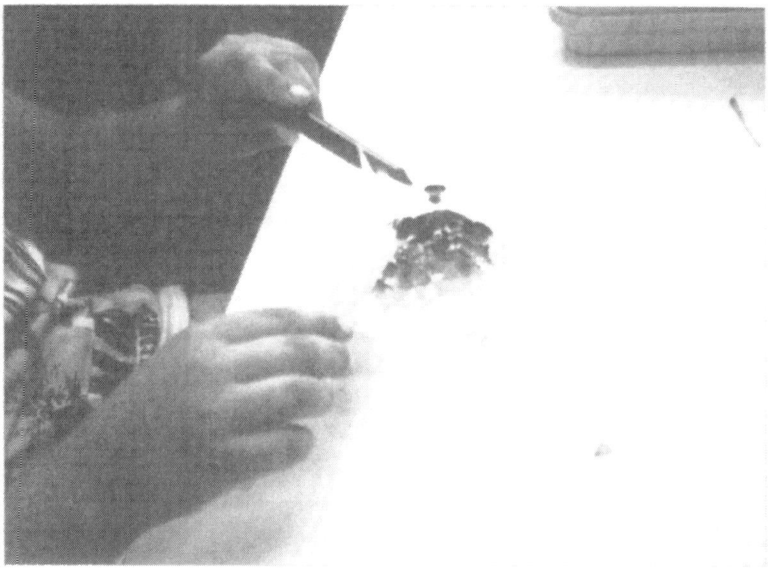

**Figura 3** Transformações com o fogo e criação de histórias.

> O grupo envolveu-se, mergulhado nos mistérios do fogo, olhando a sua luz, sentindo o seu calor, buscando a sua força, trazendo o seu poder, derretendo o giz de cera, experimentando as cores, soltando os movimentos num passeio sobre o papel...
> B. começou a queimar o papel celofane, chamando a atenção de todos do grupo, que ficaram fascinados com a experiência. B. inventou histórias relacionadas com uma aldeia indígena que pegou fogo, queimando tudo, expressando sua força e seu imaginário...

> O grupo todo se envolveu centrado ao redor do fogo, observando o papel queimando, se alterando... Nesse diálogo com o fogo, os integrantes se manifestavam no grupo com diferentes papéis (2002, p. 5).

Com base na mobilização do imaginário e das experiências de transformação por meio do fogo, emergiram diálogos sobre mistérios, medos e sentimentos de força. Gradativamente a expressão verbal solta foi se estruturando, nos níveis oral e escrito.

> O grupo manifestava concentração e organização, tentando escrever suas impressões. Durante o processo, pediam ajuda aos terapeutas e trocavam informações e idéias entre eles. Finalmente, pediram para "passar a limpo" suas construções (2002, p. 26).

Essa foi uma das ricas experiências mobilizada por Angélica, que também foi tocada pelo fogo como mulher e profissional:

> Ao longo deste percurso, fui me surpreendendo com as revelações e descobertas ligadas à grande força simbólica do elemento fogo. Percebi que novas luzes refletiam em minha forma de atuar e de poder, algo assim:
> Mistérios do fogo... No corpo calor
> A dança das chamas nos olhos... Um brilho no olhar
> Dentro dos seus mistérios... Sinto o seu poder
> Em um devaneio... Devorado pelas sombras
> Enfrento o medo de me queimar... Destruir para renovar
> Olhar a contradição... Arder de paixão... Transformação (2002, p. 45).

## Amostras de trabalho psicopedagógico arteterapêutico individual no contexto clínico

### *1) A matemática e o mito: uma aproximação*

A monografia de Angelina Aparecida Tripode (Psicopedagogia, PUC, 2001), professora de matemática, buscava, na formação psicopedagógica, um olhar mais amplo sobre a subjetividade e os mitos dos aprendizes com bloqueios de aprendizagem e dos professores, relacionados com a auto-imagem e a matemática. Buscou, por meio das mediações do não-verbal, no desenho, nas cores e nos recortes de imagens, essas representações feitas pelo seu cliente e também por professores. Inspirada nos projetos que desenvolvi sobre os mitos do conhecimento, em que solicitava que as pessoas expressassem plasticamente uma personagem como sendo a matemática e a sua relação com ela, Angelina aplicou a mesma atividade, usando as mediações plásticas, acompanhadas do diálogo verbal. Essas construções foram reveladoras para a psicopedagoga, ampliando sua percepção sobre as possibilidades desses recursos não-verbais e de se trabalhar com a matemática, criando e expressando fantasias e sentimentos, desconstruindo o mito da matemática como "a poderosa, autoritária e castradora". Muitas falas traziam uma personagem pouco empática e distante:" Tenho dificuldade de conversar com ela... Ela precisa falar, se expressar, aí quem sabe eu possa simpatizar com ela" (2001, p. 26).

2) *A aprendizagem mediada pela arteterapia e pelo mito Psiquê – Uma abordagem psicopedagógica*

O projeto e monografia de Ana Paula M. Prado (Sedes Sapientiae, 2003) merece destaque porque explora o mito para identificar as diferentes formas de aprender inspirado na história de Psiquê. À luz das quatro tarefas de Psiquê para resgatar o amor perdido, identifica o desenvolvimento de seu cliente e o seu próprio. Sua auto-análise sobre o processo de desconstrução–construção como mulher e educadora, à luz do mito de Psiquê, foi propiciada pelas oficinas de arteterapia para educadores, que desenvolvo no espaço clínico-psicopedagógico:

> O objetivo será buscar associações das diferentes tarefas da psique com as múltiplas condições de aprendizagem que possibilitam lidar com as forças do feminino, em busca do conhecimento e crescimento do aprendiz mediadas pela arteterapia (2003, p. 3).

As mediações arteterapêuticas foram um ponto forte no projeto: "Mexer na argila me possibilitou fazer diferenciações e entrar em contato com a minha essência... trabalhar com aspectos da primeira e da terceira tarefas (psique)" (2003, p. 17).

## A psicopedagogia no diálogo com a doença e a patologia

> Criatividade e sensibilidade são um potencial humano. Todos nós nascemos com um potencial da criatividade e é nos múltiplos encontros com a vida que estes vão se revelar e desabrochar... Concebo saúde como ligada à criatividade, a processos criativos na vida, à visão de homem como um ser-em-relação, ser-no-mundo cuja natureza peculiar é ser criador (Ciornai, 1995, p. 59).

O trabalho psicopedagógico procura resgatar o aprendiz saudável, mesmo que esse se manifeste como doente. Isso não significa que deixamos de olhar a condição de paralisação e de dor. A doença, expressa no corpo e na psique, revela-nos um estado de estagnação; no entanto, no encontro Eu-Tu, em que o outro traz uma doença que marca e pesa na relação, é importante que nosso olhar terapêutico não fique focado nessa paralisação, de forma que nos impeça de ver a pessoa que pode manifestar a saúde, o movimento vital e criativo. Ao trabalhar personagens duplas, podemos dar condições para que esses lados se manifestem em um diálogo mútuo – prazer e desprazer, doente e saudável –, não deixando que um esconda o outro e que não busque uma identificação exclusiva com um desses lados. Destaco, a seguir, alguns desses trabalhos integrando psicopedagogia e arteterapia.

### *1) As oficinas psicopedagógicas nos hospitais e nos ambulatórios de saúde*

Esses projetos que têm uma história curta. Na década de 1990, iniciamos no curso de Psicopedagogia do Sedes Sapientiae uma supervisão para atendimento das primeiras experiências de oficinas, com crianças internadas, no setor de oncologia pediátrica (Hospital das Clínicas). Foram trabalhos fundamentais para buscarmos algumas referências sobre a função da psicopedagogia, com essas crianças, nesses espaços. A maioria delas estava afastada da escola, longe das vivências próprias de colegas de sua idade. Quando iniciamos o trabalho, buscávamos lidar com os recursos não-verbais: jogos e atividades que mobilizassem o prazer. Surpreendia-nos que muitas delas quisessem dramatizar a escola, construir bonecos e situações em que poderiam se incluir no universo escolar. A demanda, portanto, era, por meio do jogo dramático, resgatar a aprendizagem, até mesmo formal, pois sentiam-se saudáveis, participando do mundo, aprendendo como na escola, distanciando-se daquela condição de doente em meio aos remédios e à quimioterapia.

O brincar de escolinha e o resgate de escrever no caderno como algo precioso foram fatores muito presentes e significativos para elas e para nós. Buscamos também pesquisar histórias do universo dos contos que pudessem falar de diferentes formas sobre transformação, lidando com as oposições morte–vida, perdas–ganhos, doença–saúde. Aprofundamo-nos nos recursos de quebra-cabeças, composições de partes e todos, com colagens, pois por meio desse processo de integração das partes eles resgatavam a integração do todo, às vezes fragmentado pela condição da doença.

*2) Diabetes e a psicopedagogia: uma parceria inusitada*

O trabalho psicopedagógico de Cristina Vandoro Quilich com crianças com doenças crônicas – portadoras de diabetes – (PUC, curso de Psicopedagogia, 2000) foi desenvolvido no Hospital das Clínicas e se constituiu em sua monografia. Atualmente, ao se referir a esse seu projeto que continua ampliando, ela enfatiza o valor da arte que facilitou o diálogo com a doença:

> A linguagem não-verbal propiciou que a criança falasse sobre o que precisava, sobre sua doença, sobre o que a incomodava, lidando com o que sabia e elaborando o que não sabia. Por meio da arte foi possível também trabalhar com a família. Entusiasmada com o que esses recursos me mostravam, busquei aprofundamento na arteterapia.

Cristina pretendia ver a auto-imagem dessas crianças. Em seus desenhos, percebiam-se auto-imagens impregnadas das condições da doença: remédios, seringas etc. A intervenção psicopedagógica contribuiu para dialogar com sua auto-imagem, resgatando outros lados que não eram apenas os relacionados com a doença. Há, no entanto, dentro da proposta psicopedagógica, a necessidade de lidar com o conhecimento sobre a própria doença para se cuidar. Como lidar com essa informação quando a aprendizagem passa pelo corpo que está com o problema? Como ter o cuidado de aproximar esse objeto do conhecimento (a doença), falar sobre como viver bem com essa doença crônica que requer cuidados? Sabemos que o portador de diabetes não apresenta, pela doença, problemas de aprendizagem, mas a hipoglicemia pode alterar a concentração e a hiperglicemia pode levar à morte. O desafio é fazer a criança compreender sua condição de poder ou não comer doce, levando em conta as variações da situação de dosagem do açúcar. Compreender essa alternância, essa relativização é muito difícil, dependendo do nível cognitivo da criança. Muitas delas usam o pensamento mágico, sonegando informações, ou passam a acreditar que desejar não ficar doente já pode resolver o problema.

"Quando passar a estrela cadente eu vou pedir para não ficar mais doente." Muitas dessas crianças podem se fixar nesse pensamento mágico ou na percepção absoluta do que não pode e do que pode. A orientação aos pais é fundamental para que o filho aceite sua condição. É importante não sonegar as informações, não reduzir o filho à doença ou negá-la. A função psicopedagógica abrange essa orientação aos pais e também à escola.

Em uma das atividades que Cristina desenvolveu com os pais, ela mobilizou um diálogo mediado por recursos de impressão. Pediu que expressassem o filho que queriam ter com pintura a guache. Depois pediu que imprimissem o trabalho, colocando um papel sobre a expressão em tinta. Ao olhar a cópia, foi muito significativa a tentativa de muitos pais não aceitarem o que saiu na impressão, buscando preencher tudo que faltava, para igualar o trabalho ao modelo inicial, idealizado. Os pais trocaram sentimentos e opiniões sobre esta dificuldade, acolhendo a dor da não-aceitação da condição do filho. Cristina, ao falar desses momentos de comoção, mas de suporte e de mútua ajuda, remete a si própria no seu diálogo com a doença e a saúde:

> Para mim, entrar em contato com essas crianças portadoras de diabete e procurar dar acolhida terapêutica, ampliando os conhecimentos, é um problema de cunho existencial, pois sou também

> portadora da doença. Entrar em contato com essas crianças foi entrar em contato com sua dor e com a minha...(2000, p. 50).

Ela também ressalta o valor das expressões artísticas em uma entrevista atual, retomando essas experiências:

> O fato de ajudá-las a redimensionar a doença e a dor, transformando-a, é facilitado pela transposição das diferentes linguagens expressivas que ajudam a descobrir outros ângulos, a experimentar outras coisas. Por exemplo, um vermelho que expressa a dor vai mudando de nuança e se transformando em outras cores que, por sua vez, levam a outras construções, outros focos, outros objetos de conhecimento que geram vibração e vida, nascendo histórias, poesias, outros diálogos, outras situações.

### *3) A construção psicopedagógica com a pessoa que manifesta traços psicóticos: "Saber ou não saber, eis a questão"*

"Eu consigo ser psicopedagoga levando a Ana a continuar a aprender?" Era essa a pergunta de Doris Lopes (monografia, Psicopedagogia, PUC, 2003) quando veio me pedir supervisão, diante dos desafios de A., uma moça de 21 anos em busca de um olhar e escuta psicopedagógios. O diagnóstico dizia que A. trazia traços de esquizofrenia e que já tinha entrado em surto. Tinha tido o atendimento psiquiátrico e continuava sendo acompanhada. A proposta da psicopedagogia era resgatar a aprendizagem, segundo a demanda da mãe, apesar da resistência inicial de A. Chegou a entrar em duas faculdades e não continuou após o surto.

> Foi preciso coragem para não desistir... percebi que e o medo que me assolava também estava em Ana: duas apavoradas por tanto não saber... Eu, querendo tudo saber e ela querendo nada saber, ambas sem saber... (2003, p. 18).

Buscamos juntas, eu como supervisora, e Doris como psicopedagoga, os recursos da arteterapia que facilitassem o contato. Das atividades apresentadas, A. se envolvia mais naquelas em que eram dadas referências. A colagem não apresentava tanta ameaça como o desenho, pois a imagem já estava ali, pronta e mais fácil de se projetar.

E assim o diálogo se estabeleceu, vínculos foram sendo criados. Doris foi percebendo que poderia encorajar A. a abrir portas:

> Os caminhos trilhados podem ser infinitos... De certa forma o trabalho com A. foi me libertando... Quanto a Ana, seu olhar era cheio de mistério, medos, um olhar escondido (2003, p. 30).

Diante da grande dificuldade de A. em "olhar", Doris propôs uma atividade que considero um marco fundamental de seu trabalho. Conversaram sobre as múltiplas expressões que os olhares transmitiam. D. Solicitou então a A. que buscasse olhares nas revistas, expressando sentimentos diferentes e que fizesse uma colagem, pedindo que depois os nomeasse. A. colou e começou a falar sobre o olhar apaixonado saudoso, apaixonado sedutor e apaixonado realizado, em meio às ilustrações de olhares de medo, alegria, raiva, espanto, ternura, satisfação e choro. Finalizando, colou o último dizendo: "Demonstrações de sentimentos"...

Foram muito interessantes os deslocamentos de significado que ela então fez, expressando a possibilidade de defletir, mas a nosso ver, ao fazê-lo, não gerava alienação de seus sentimentos, e sim transformações de suas emoções tão intensas e, muitas vezes, tão polarizadoras: "De tão apaixonado ficou alegre... de tão alegre ficou terno... e ficou espantado... este espanto virou orgulho e foi uma satisfação essa paixão... Mas de tão apaixonado ficou com medo e chorou de raiva " (2003, p. 46).

Travou longos diálogos sobre esses olhares, revelando a dificuldade de aceitar ser olhada. Vendo cada olhar que trouxe para aquela montagem de imagens, falou de seus sentimentos e revelou o segredo sobre seu grande medo: "Tenho medo de que a noite dure para sempre e que não haja mais luz" (2002, p. 46).

Enfim, pelo não-verbal as expressões das emoções se ampliavam e se diferenciavam, terminando em construções poéticas e histórias. Grandes avanços foram percebidos em seus diálogos e construções, em meio à sua instabilidade emocional:

> Em outro momento, mais adiante, fez manchas e comentou:
> – Mancha negra vem sorrateiramente, rouba e vai embora sem ser visto.
> Questionada sobre algo que o faria ir embora, ela diz que era só acender a luz (pinta, ao lado, uma luz). Fez então, uma carinha alegre na mancha e escreveu ao lado: "superação do meu medo... eu tinha medo e ele passou". Indagada sobre o que expressaria essa superação, pintou uma árvore com frutos, o céu e um sol, escrevendo ao lado: vida luz (2003, p. 53).

Doris conseguiu que A. abrisse muitas portas, ampliando sua possibilidade de olhar para outros ângulos e criar, resgatando as saída e as luzes, no nível simbólico, mas os desafios eram grandes e o trabalho psicopedagógico tinham seus limites nessa construção com o outro. A mãe, que mantinha uma relação simbiótica com A., corta, com justificativas circunstanciais, a continuidade desses diálogos.

Esse é um exemplo que ilustra as possibilidades de resgatar o aprender naqueles que se acham paralisados, se olharmos o todo da pessoa e deixarmos que as manifestações ocorram dentro dos limites e das condições, na dialógica Eu-Tu.

## OS ENCONTROS SE AMPLIAM: EVOLUÇÃO DAS OFICINAS PSICOPEDAGÓGICAS—ARTETERAPÊUTICAS EM DIREÇÃO A UMA ABORDAGEM "HOLOGRÁFICA-ECOSSISTÊMICA"

Como usamos e abusamos do nome "oficinas", tanto na psicopedagogia como na arteterapia, buscando autorias recentes!

### Em busca de significados para oficinas

Precisamos resgatar, no entanto, os sentidos das oficinas, no passado, na história da educação. Nessa retomada, é importante identificar o que se mantém da essência entre aquelas oficinas do "antes" e nas de "agora". Em publicações passadas, tive a oportunidade de comentar sobre o significado das oficinas pedagógicas, localizando em 1920 a concepção pedagógica e arrojada de Celestin Freinet:

> [...] Em vez de postar, sonolento, diante de um quadro de leitura, no começo da aula da tarde, partia com as crianças, pelos campos que circundavam a aldeia. Ao atravessarmos as ruas, parávamos para admirar o ferreiro, o marceneiro ou o tecelão, cujos gestos melódicos e seguros nos inspiravam o desejo de os imitar.
> [...] Sentíamo-los com todo o nosso ser não só objetivamente mas com toda a nossa sensibilidade natural...
> Disse então para mim mesmo: se pudesse mercê de um material de impressão adaptado à minha aula, traduzir o texto vivo, expressão do passeio, em página escolar que substituísse as páginas do manual, encontraríamos relativamente à leitura impressa o mesmo interesse profundo e funcional que nos inspirava a preparação do mesmo texto...
> Tentei então materializar o meu sonho... Lancei a semente a terra. Ajudei-a a dar fruto para demonstrar que a necessidade de criação e de expressão é uma das idéias força com base nas quais se pode fundamentar uma renovação pedagógica... O futuro irá darme razão (1975, p. 23).

Considerando o que se fala hoje sobre as "oficinas", há algo que se mantém, na sua essência, desde as construções de Freinet, quando as definimos como

> [...] um contexto em que acontecem construções concretas e criativas, utilizando os recursos das artes e dos jogos, em busca da realização de um projeto. Este espaço se caracteriza pela valorização do processo de construção e do fazer que instiga a busca criativa de recursos, e as múltiplas possibilidades de montagens, utilizando as diferentes linguagens expressivas (Fagali, 2002, p. 28).

Piaget e Wallon, nos anos de 1960, contribuem cientificamente para a concepção sobre oficinas quando definem que o conhecimento e o pensamento se constroem e nunca se fecham, e que o aprendiz é ativo e construtor do conhecimento, levando em conta as construções sensoriomotoras, as perceptivas concretas, o jogo e as integrações entre corpo, mente, afetividade.

Por outro lado, a Gestalt-pedagogia, inspirada na Gestalt-terapia, amplia essa concepção de aprender como "experienciar", buscar o sentido do que se constrói, viver as relações, em um jogo interativo eu–outro.

> O ensino gestalt-pedagógico significa criar sempre novas situações e possibilidades que permitam aos alunos uma aprendizagem repleta de sentido. [...] O ensino como esse baseia-se no método pela vivência [...] o professor cria situações nas quais os alunos vivenciam as coisas que lhes são importantes (Burow, 1985, p. 124).

Com base na Gestalt-pedagogia e na Gestalt-terapia, desenvolvíamos já em 1980, na Faculdade de Educação Artística Santa Marcelina, diferentes recursos de sensibilização, enriquecidos pela interação entre diferentes linguagens expressivas. Faço considerações sobre esse conceito de sensibilização, numa publicação dessa época, sobre as experiências em artes:

> Atualmente deparamos com certas experiências muito em voga no meio educativo, principalmente na área de expressão e comunicação, com especial destaque às atividades de educação artística. São os processos denominados "sensibilização", "laboratórios", "encontros para vivência", "dramatizações" [...] Todos esses processos citados têm como ponto comum o "estabelecimento" de uma ponte entre as elaborações intelectuais e os dados da experiência, de um vínculo entre a teoria e a prática, entre o concreto e o abstrato, de uma integração entre o conteúdo e a forma (Fagali, 1983a, p. 255).

Esse processo de sensibilização – mobilização das sensações, ampliando o campo perceptivo na exploração das diferentes formas de contato do homem com o mundo, na dinâmica relacional eu–outro – estava sempre presente nos projetos de oficinas educacionais e pedagógicas.

Em uma publicação no *Boletim da Associação Estadual de Psicopedagogia*, apresentei, em um projeto desenvolvido pela equipe de educação artística da Faculdade Santa Marcelina (1983, p. 20), os níveis de sensibilizações para crianças de educação infantil. Essas construções se desenvolviam nos espaços que chamávamos de oficinas de educação artística, à luz das reflexões psicopedagógicas.

Considerávamos, nesse projeto, além das contribuições de Piaget, as concepções sobre os bloqueios de aprendizagem segundo a visão da Gestalt-terapia.

## A ampliação do significado

A concepção de oficina tem, no entanto, se ampliado, considerando a complexidade do conhecer e do aprender. O enfoque mais atual sobre o transitar nas diferentes inteligências, ou entre estilos cognitivo-afetivos, numa interação entre a intuição, o conhecimento empático, o perceptivo-sensorial concreto e o pensamento lógico, tem trazido mais recursos para essa construção na relação de aprendizagem.

Nas pesquisas e supervisões feitas com uma equipe de psicopedagogos (Núcleo Psicopedagógico Integração), levamos em conta essa rede de interações cognição-afeto, e diferentes formas de pensar e de expressar, nas oficinas que denominamos de "Oficinas Psicopedagógicas Integrativas".

> Estas oficinas, finalmente, passaram a se configurar como "Oficinas psicopedagógicas-arteterapêuticas" quando buscavam uma maior sistematização e fundamentação, segundo as contribuições da arteterapia adquiridas no curso de formação do Instituto Sedes Sapientiae, com o intuito de aprimorar o olhar e a intervenção arteterapêutica, principalmente com base na Gestalt-terapia (Fagali, 2002, p. 28).

## As oficinas integrativas "psicopedagogia-arteterapia" numa abordagem ecossistêmica

Considerando o pensamento de E. Morin, podemos dizer que essas construções das oficinas precisam levar em conta, além da integração entre diferentes formas de pensar e de ser no mundo, o olhar e pensamento holográfico, em que se considera a dinâmica entre partes e todos. Nas partes se encontra o todo, mas cada uma delas possui a sua dinâmica própria e singular que se manifesta no todo, apenas sob alguns aspectos. O todo não é a soma das partes:

> É um princípio que poderíamos chamar de hologramático. Holograma é a imagem física cujas qualidades de relevo, de cor e de presença são devidas ao fato de cada um de seus pontos incluírem quase toda a informação do conjunto que ele represente. Bem, nós temos esse tipo de organização no organismo biológico. Cada uma de nossas células contém a informação genética do ser global. É evidente que só há uma pequena parte de informação expressa nessa célula, ficando o resto inibido. Nesse sentido podemos dizer que não só a parte está no todo mas também que o todo está na parte. A mesma coisa de um modo completamente diferente acontece nas sociedades [...] Por isso, a inteligibilidade de formas globais ou gerais necessita de circuitos e de um vaivém entre pontos individuais e conjuntos (Morin, 1996, p. 181-2).

Esse olhar se aplica também às dinâmicas psíquicas e no processo do aprender. O olhar ecossistêmico vem ampliar ainda mais essa dinâmica do movimento em rede, se considerarmos as interações entre as forças culturais e dos contextos, que refletem na dinâmica do aprender.

## Experiências de oficinas numa abordagem ecossistêmica para o desenvolvimento profissional

Nesses encontros que ocorrem nas oficinas, ora predomina o enfoque psicopedagógico, ora o arteterapêutico. Por isso, preocupo-me principalmente com a formação do profissional que atua em diferentes instâncias, comprometidas com o desenvolvimento integrado do homem, em suas condições humanas e criativas.

Considerando essas construções entre profissionais, concluo minhas reflexões trazendo experiências de “oficinas psicopedagógicas-arteterapêuticas integrativas-ecossistêmicas” que resgatam o movimento criativo do homem, no jogo entre todos e partes, e nas pulsações rítmicas entre as forças imersas na cultura e aquelas mobilizadas pelo indivíduo:

*Oficina 1 – As pulsações alternadas do todo e das partes em busca da "mandala gigante"*

A atividade desenvolve-se em torno de construções de "mandalas gigantes" em que a pessoa, situada no núcleo desta, focaliza o que considera seu centro, imaginando cores e formas que saem dele e que vão se configurando e se expandindo em torno dela. A pessoa no centro busca com um olhar, no movimento de "ir e vir", a visão panorâmica e a focada, mobilizando-se na relação eu–outro, com movimentos circulares de contenção e expansão. Nesse movimento holográfico, com a pulsação entre conter e se expandir, buscamos diferenciar as forças e os mitos da cultura, interagindo-se com a força e os mitos pessoais (Figura 4).

**Figura 4** Construindo mandalas gigantes a partir do corpo.

*Oficina 2 – Transitando do espelho para a fotografia em movimentos circulares*

O exercício consiste em convidar a pessoa a olhar para o espelho e focalizar aspectos que quer ressaltar, projetando na superfície sentimentos e qualidades, com cores e movimentos. Logo depois, busca-se uma fotografia nos "guardados", aquela que a pessoa mais quer resgatar nesse momento, do presente ou do passado. Desloca-se então o olhar do espelho para a fotografia, e vice-versa, em busca de integração. Nesse deslocamento de olhar, espelho–fotografia, mobilizam-se criações em busca de uma única composição. Essa construção será o centro de uma nova mandala, de onde sairão cores e movimentos, ampliando as possibilidades de ser e de estar no mundo, em movimentos circulares, diferenciando o que a pessoa deseja e o que traz da história, das condições do meio e da cultura.

Deise B. Paula, psicopedagoga e arteterapeuta, ao comentar em sua monografia sobre o casamento arteterapia–psicopedagogia (PUC, 2000), relembra essa experiência vivida, destacando, em primeiro plano, o contato com a força das imagens fotográficas. Reflete sobre as contribuições de Regina Santos, ao enfatizar a fotografia como importante mediação arteterapêutica. Coloca então em evidência o congelamento das imagens, muito bem expressa por João Frayse:

> O fragmento da realidade gravado na fotografia representa o congelamento do gesto e da paisagem, a perpetuação de um momento [...]. A cena registrada na imagem não se repetirá jamais. O momento vivido, congelado pelo registro fotográfico é irreversível (Frayse-Pereira, 1988, apud Santos 1997/1998, p. 51).

O diálogo de Deise com essa imagem imutável, fixada em um tempo e em um espaço, possibilita-lhe o contato com outros congelamentos associados a cristalizações de sentimentos e ações no ontem e no hoje. Continua a relatar a experiência, referindo-se ao deslocamento do olhar para o espelho, em busca das tentativas de alterações. Explora então os ângulos de sua imagem refletida, procurando expressar, na lâmina, pinceladas que sugerem mudanças. Em movimento constante à procura de descobertas, volta à fotografia e arrisca interferir na imagem com novas composições, numa construção em forma de mandala. Descobre, então, que apesar dos conteúdos ainda cristalizados, há aqueles que já se alteram no presente, mobilizando sua crença na mudança saudável e expressa: "Deposito muita esperança na minha capacidade de transformar e na ajuda da arteterapia como instrumento de auxílio nesse processo" (Paula, 2000, p. 46).

A continuidade e a ampliação dos projetos psicopedagógico-arteterapêuticos atuais de Deise comprovam a sua crença na transformação, dando significativas contribuições para a consolidação desse encontro entre arteterapia e psicopedagogia. Encontro que considero uma construção de mandalas a várias mãos, em um movimento de construção e desconstrução, retratando transformações e cristalizações. No pulsar entre conter e expandir, ocultar e revelar, acontecem construções que possibilitam o aprender e a cura.

Para representar, esse encontro com uma linguagem figurativa, proponho substituir a metáfora "encontro de rios", usada em publicações anteriores, por outra: o movimento configurando um "oito deitado entreaberto", símbolo do infinito, que se abre sempre para outros oito em um movimento espiralado. Movimentos elípticos que se entrelaçam uns aos outros, com expansões, contenções, pontos de encontro e diferenciações dos espaços delimitados pelas elipses. Movimentos com pulsações, gerando alterações dos pontos de interseção e dos limites de espaço, que nos desafiam para novas percepções e atuações, e que mobilizam também o medo das ameaças, da perda de espaço já dominado por aqueles envolvidos no diálogo.

## Referências bibliográficas

### Livros e artigos

BUBER, Martin. *Eu e Tu*. São Paulo: Moraes, 1977.

BUCHBINDER, M. *A poética do desmascaramento*. São Paulo: Ágora, 1996.

BUROW, K. S. *Gestalt pedagogia, um caminho para a escola e a educação*. São Paulo: Summus, 1985.

CIORNAI, S. "Arteterapia: o resgate da criatividade na vida". In: CARVALHO, M. *A arte cura? Recursos artísticos em psicoterapia*. São Paulo: Psy II, 1995.

FAGALI, E. Q. *A dinâmica relacional, a subjetividade, o múltiplo e o transitar na aprendizagem do adolescente de quinta série*. Tese (Doutorado). São Paulo, PUC, 2003.

____. "O encontro da arteterapia com a psicopedagogia". *Arte-Terapia: Reflexões*. São Paulo, Instituto Sedes Sapientiae, ano 6, n. 5, 2002, p. 26-9.

____. *Múltiplas faces do aprender*. São Paulo: Unidas, 2001.

____. "Oficinas integrativas: musicoterapia, arteterapia e literatura". Revista *Arte-Terapia: Reflexões*. São Paulo, Instituto Sedes Sapientiae, ano 3, n. 2, 1997/1998, p .43-9.

____. "Outras experiências: sensibilização no uso integrado das sensações". In: MARTINS, M. C. *Temas e técnicas em artes plásticas* (produção independente), 1983.

____. "Sensibilização e expressão: um projeto criativo para a pré-escola". Local de publicação, *Boletim da Associação Estadual de Psicopedagogia*, ano 2, n. 3, 1983, p. 21-4.

FERNANDEZ, A. *A inteligência aprisionada*. São Paulo: Artmed, 2001.

FREINET, C. *As técnicas Freinet da escola moderna*. Lisboa: Estampa, 1975.

HYCNER, R. L. J.; JACOBS, L. *Relação e cura em Gestalt-terapia*. São Paulo: Summus, 1997.

IRVING, P. *Gestalt-terapia integrada*. Belo Horizonte: Interlivros, 1979.

JUNG, C. *O homem e seus símbolos*. São Paulo: Nova Fronteira, 1987.

____. *Psicologia e religião ocidental*. Petrópolis: Vozes, 1991.

MORIN, E. *Ciência com consciência*. Rio de Janeiro: Bertrand Brasil, 1996.

____. *O método 3: o conhecimento do conhecimento*. Porto Alegre: Sulinas 1999.

PIAGET, J. *A formação do símbolo na criança*. Rio de Janeiro: Zahar, 1978.

SANTOS, R. "Fotografia: ressignificando a própria história". *Arte-Terapia: Reflexões*. São Paulo, Instituto Sedes Sapientiae, ano 3, n. 2, 1997/1998, p. 50-5.

VON ZUBEN, N. A. "Introdução". In: BUBER, Martin. *Eu e Tu*. São Paulo: Moraes, 1977.

## Monografias

ALMEIDA, M. N. *Uma dança a dois: teoria e prática*. São Paulo, Instituto Sedes Sapientiae, 1999.

BLAJ, L. D. *O traço contando história*. São Paulo, PUC, 1999.

GONZALEZ, C. C. *Colorindo a creche e a escola de educação infantil*. São Paulo, PUC, 2002.

NOWA, L. D. *O saber da lua: dialogando com o simbolismo das deusas gregas, rumo ao encontro do si mesmo*. São Paulo, PUC, 2003.

PAULA, D. B. *Psicopedagogia e arteterapia: novos caminhos para a formação de educador*. São Paulo, PUC, 2000.

PRADO, A. P. *A aprendizagem mediada pela arteterapia e pelo mito da psique*. São Paulo, Instituto Sedes Sapientiae, 2003.

RUZANTE, D. P. L. *Saber ou não saber, eis a questão*. São Paulo, PUC, 2003.

SNECK, A. C. B. *O baú do tesouro*. Porto Alegre, PUC-RS, 2000.

TRIPODE, A. A. *Matemática e mito: uma aproximação*. São Paulo, PUC, 2001.

# Oficinas com recursos expressivos na formação de educadores: mãos que criam arte, reflexão e vida

*Márcia Murinelly Gomes*

Este texto explora a formação contínua de educadores, apresentando uma experiência de capacitação com profissionais de educação infantil por meio do uso de recursos expressivos em oficinas. A educação infantil, destinada às crianças até seis anos, é a primeira etapa da educação básica, constituindo hoje um segmento importante do processo educativo. Ainda é possível escutar, segundo minha experiência de trabalho como formadora, em cursos de formação de profissionais de educação infantil, depoimentos sobre o tratamento oferecido às crianças pequenas, que ainda sofrem com a pouca formação dos profissionais que atuam com elas, muitas vezes permanecendo presas em espaços pouco favorecedores de novas aprendizagens, bem como de um contato pobre com esses educadores.

Admite-se que a formação do professor é um dos fatores mais importantes para a promoção da qualidade na educação. Entendemos que a formação dos profissionais que atuam com crianças pequenas deva ser baseada em uma concepção integrada de desenvolvimento e educação infantil. Tal formação também deve promover a reflexão e integração entre teoria e prática, proporcionando possibilidades de transformações nas práticas pedagógicas. Uma formação que também priorize o cuidado na perspectiva de ajudar o educador a desenvolver suas capacidades poderá contribuir para a qualidade das relações entre educadores e educandos.

Acreditando que "[...] educar é substantivamente formar, educar não é transferir conhecimentos, mas criar as possibilidades para a sua própria construção" (Freire, 1996, p. 52), dispus-me a pensar em uma das estratégias dessa formação: as oficinas como possibilidade de integração de aspectos teóricos e práticos importantes para o desenvolvimento global dos educadores.

Assim, empregamos recursos expressivos em uma perspectiva da Arteterapia Gestáltica em um contexto escolar, a fim de desenvolver capacidades expressivas e criativas em profissionais de educação infantil. No trabalho de formação desses profissionais, os educadores desenvolvem a capacidade de se expressar pelas linguagens plástica, musical e corporal, empregando a dramatização, o contar histórias, o construir poesias e o preparo de materiais, explorando potencialidades pessoais, proporcionando o autoconhecimento e o crescimento pessoal. É preciso pensar em uma formação de profissionais de educação infantil que valorize o indivíduo como ser integral, portador de pensamentos e sentimentos os mais variados. Também é necessário prepará-lo para o desenvolvimento de capacidades nas esferas da reflexão, da intuição, da sensibilidade e da estética, entre outras, e para o aprendizado não só intelectual mas também emocional, a fim de que possa realizar um trabalho de qualidade com a criança pequena.

A reflexão também acompanha todo o processo de trabalho. Uma formação que inclui forte componente de reflexão com base em situações didáticas reais forma educadores críticos, reflexivos e autônomos.

Por intermédio das oficinas com recursos expressivos, os educadores podem desenvolver as capacidades de reflexão e de expressão de diferentes formas. Tais oficinas podem oferecer aos educadores o desenvolvimento da habilidade de se expressar por diferentes linguagens verbais e não-verbais, um potencial natural de todos os seres humanos (Ciornai, 1994). No contexto escolar, esse trabalho tem como aliado o lúdico, elemento fundamental a ser explorado na formação de profissionais de educação infantil (Kishimoto, 1998).

Buscar a expressão que ficou perdida na infância é, muitas vezes, um trabalho que exige coragem do educador. Rollo May diz que criar é um ato de coragem. Segundo ele:

> [...] a palavra coragem tem a mesma raiz que a palavra francesa *coeur*, que significa coração. Assim como o coração irriga braços,

> pernas e cérebro, fazendo funcionar todos os outros órgãos, a coragem torna possível todas as virtudes psicológicas [...], a coragem é necessária para que o homem possa vir a ser (1982, p. 11).

Assim, a ação mobilizada pela coragem e pelo coração é necessária diante das oportunidades de novas aprendizagens que a vida propõe. Para Ostrower (1993:5), "[...] confrontam-se no indivíduo dois pólos de uma mesma relação: a sua criatividade, que representa as potencialidades de um ser único, e sua criação, que será a realização dessas potencialidades já dentro do quadro de determinada cultura". Segundo a autora, criar é, basicamente, formar (Ostrower, 1993). As oficinas com recursos expressivos podem oferecer aos educadores, em um contexto escolar com trabalhos grupais, a capacidade de "se formar" ao estabelecer contato com seu próprio potencial criativo e com a produção cultural da humanidade, explorando as linguagens expressivas.

Para que a educação seja realmente transformadora, é preciso ampliar o grau de consciência dos educadores em todos os níveis. Apropriamo-nos da palavra consciência como possibilidade de tematização e reflexão da própria prática de trabalho. Como nos diz Freire,

> Transformar o mundo através de seu trabalho, dizer o mundo, expressá-lo e expressar-se é próprio dos seres humanos. A educação qualquer que seja o nível em que se vê, se fará tão mais verdadeira quanto mais estimule o desenvolvimento desta necessidade radical dos seres humanos, a de sua expressividade (1977, p. 24).

## AS OFICINAS COM RECURSOS EXPRESSIVOS

As linguagens plástica, poética e musical, entre outras, podem ser um caminho de expressão, reflexão e interação para os educadores. Recursos expressivos em uma perspectiva da Arteterapia Gestáltica (Rhyne, 1973; Ciornai, 1994) procuram ativar nos educadores seu melhor potencial, a fim de que percebam, durante a representação de seus trabalhos, em suas mensagens visuais, suas necessidades e seus recursos. São muitas as finalidades da representação: proporcionar um modo de refletir e interpretar suas experiências, evocar recordações, criar um senso de história e comunicar idéias aos outros (Edwards, Gandini e Forman, 1999). Assim, esses momentos de criação poderão ser assimilados e integrados pelos educadores, contribuindo tanto para o desenvolvimento pessoal quanto para a identidade profissional e uma prática com maior reflexão, criatividade e contato com a criança pequena.

O trabalho de Arteterapia Gestáltica tem Janie Rhyne (1973) como pioneira. Segundo a autora, o aumento da percepção e da consciência possibilita o desenvolvimento das potencialidades humanas, da autonomia e do senso de escolhas com maior responsabilidade diante da vida.

Ciornai escreve que o principal objetivo da Arteterapia Gestáltica é a expansão da consciência (*awareness*) mediante o uso de recursos artísticos e criativos. Segundo ela, esta é "[...] uma abordagem processual, na qual tanto o fazer da arte quanto o processo de elaboração e reflexão sobre o que é produzido é visto como tendo potencialmente valor transformador (1994, p. 4). Ainda segundo a autora, em arteterapia não nos referimos à "arte" realizada por artistas, mas à atividade expressiva do ser humano. "A Arteterapia Gestáltica é um modo de usar recursos artísticos em e como terapia, sob uma compreensão teórica e filosófica do crescimento das pessoas" (1994, p. 6).

Fayga Ostrower considera "[...] a criatividade como um potencial inerente ao homem; e a realização desse potencial, uma de suas necessidades" (1993, p. 5) para o pleno desenvolvimento humano. O símbolo configurado em materialidade leva à compreensão, transformação, estruturação e expansão de toda a personalidade do indivíduo que cria. Ao se expressar, o educador reorganiza as próprias percepções, além de encontrar outros caminhos de comunicação. Para Ostrower, criar é dar forma, formar. Dando forma à argila "[...] com a carga de emoções e conhecimentos", o homem "[...] deu forma à fluidez fugidia de seu próprio existir, captou-o e configurou-o. Estruturando a matéria, também dentro de si ele se estruturou; criando, ele se recriou" (1993, p. 51).

Assim, no trabalho com os recursos expressivos, o fazer em si é potencialmente revelador e transformador. Educadores começam a se expressar e a descobrir a importância das próprias produções e a necessidade de trabalhar e explorar a expressão. Ao ampliar seu repertório de imagens de qualidade estética, têm a possibilidade de expandir e apurar o olhar tanto para seu interior quanto para o exterior que os circunda.

O trabalho com os recursos expressivos possibilita a ampliação do olhar do educador sobre a dimensão social das manifestações artísticas, ou seja, a percepção de como se manifesta e se expressa a arte de cada cultura e o modo pelo qual cada povo atribui significados e valores em sociedade.

Na interação com o meio ambiente, o homem transforma-o e transforma-se ao criar. No processo da criação, ao fazer, isto é, ao seguir certos passos para configurar uma matéria, o próprio indivíduo com isso se configura. "Em todas as linguagens, ao articular uma matéria, o homem deixa a sua marca" (Ostrower, 1993, p. 51). Cada cultura e cada momento histórico são representados por uma iconografia própria.

Assim, pelo desenvolvimento de sua própria expressão, o educador expande seu olhar para outras imagens, para a expressão produzida pela humanidade, para o acervo cultural e artístico acumulado. É preciso que os cursos que preparam o profissional de educação incentivem-nos e nutram-nos por intermédio de importantes segmentos da cultura, como museus, centros culturais, brinquedotecas, cinemas, bibliotecas, videotecas, teatros, circo. A interação com esses significativos elementos da cultura possibilita a ampliação da capacidade imaginativa do indivíduo e pode contribuir para o desenvolvimento de sua sensibilidade. São muitas as modalidades artísticas e expressivas ao alcance do contexto escolar para a formação de educadores com recursos expressivos. Conhecer a técnica, a especificidade de cada linguagem, de cada material utilizado, também é necessário para o bom desenvolvimento desse trabalho. Algumas dessas modalidades artísticas e expressivas são: modelagem, desenho, colagem, pintura, construção com a palavra e a música, todas facilitadoras do contato e do movimento expressivo.

As oficinas com os recursos expressivos propõem um trabalho que integre as linguagens verbal e não-verbal.

As atividades expressivas podem tornar-se facilitadoras do contato, da comunicação e da integração dos elementos do grupo, pois muitas pessoas com dificuldades de se expressar verbalmente podem encontrar outras possibilidades de falar de seus sentimentos pelo trabalho artístico, bem como refletir sobre o próprio trabalho.

Ao criar o educador amplia a consciência de si mesmo, podendo perceber-se de novas formas, notando sua capacidade de ordenar-se e resgatando a auto-estima – tão importante para si e, sobretudo, para a criança pequena. Acreditamos que o indivíduo está sempre em possível estado de refazer-se (Ciornai, 1998, p. 4) Ao dialogar com as várias linguagens expressivas, o educador tem a possibilidade de experimentar um rito de iniciação aos sentimentos e ao próprio afeto. Os afetos aparecem envolvidos em tintas, desenhos, construção de histórias, poesias, dramatizações; enfim, a atividade expressiva pode tornar-se lúdica pelo prazer que o educador sente ao encontrar um caminho de expressão dos próprios sentimentos, o que é possível graças aos recursos artísticos e expressivos.

No desenvolvimento das oficinas, ao dar materialidade ao que é difuso, pelo manuseio e experimentação de materiais diversos no trabalho de exploração, cada indivíduo poderá despertar a singularidade do seu ser. As transformações externas proporcionadas pelo contato com materiais expressivos podem gerar possibilidades de transformações internas.

A palavra mão, proveniente do sânscrito (*maia*), significa mente, pensamento. Assim, o fazer com as mãos oferece um caminho de ordenação, configuração e elaboração (Philippini, 1996).

Nas oficinas com o educador da criança pequena, as mãos que seguram outras mãos, que amassam, criam novas formas, pintam e se pintam, transformam-se em importantes elementos de contato consigo mesmas e com o outro.

Para Alessandrini, "A oficina é um lugar que deve favorecer a criação [...], viver a oficina é construir, pintar, modelar aquilo que é mais próximo de 'si-mesmo'. É o espaço onde o imaginário cria forma, adquire cor, aproximando-se de um real personalizado, sentido e vivido com alegria" (1995, p. 48).

Acreditamos que, na instituição escolar, o grande foco do trabalho de formação por meio das oficinas é a ampliação da consciência dos educadores, refletindo sobre sua prática de trabalho, utilizando-se da representação pelos recursos expressivos, explorando linguagens verbais e não-verbais.

As oficinas desenvolvidas neste trabalho foram planejadas em etapas. Para sua construção, foram usados conhecimentos adquiridos na especialização em arteterapia no Instituto Sedes Sapientiae em São Paulo. Em particular, ressalto o emprego de experimentos na abordagem gestáltica e o raciocínio terapêutico que a fundamenta, o Expressive Therapies Continuum (Kagin e Lusebrink, 1967).

Todas as oficinas apresentaram as seguintes etapas:

a. *Sensibilização:* O objetivo dessa etapa é sensibilizar o sujeito na relação com a situação por meio de dinâmicas grupais e exercícios lúdicos. As atividades desenvolvidas nesse momento têm o objetivo de vinculação do sujeito com a proposta. Conforme afirma Fagali, "[...] a sensibilização no processo de aprendizagem garante uma leitura do mundo em que integramos as nossas necessidades, sensações e emoções com as próprias informações advindas do meio..." (*apud* Alessandrini, 1995, p. 38).

b. *Expressão livre*: Este é o momento central para o desenvolvimento dos temas a serem trabalhados por meio de uma linguagem não-verbal, de um recurso expressivo mais adequado ao assunto a ser desenvolvido, adotando diversas técnicas artísticas: plástica, cênica, musical. O indivíduo expressa o seu sentimento e pensamento na experiência vivida no trabalho que realiza.

c. *Elaboração da expressão e transposição para a linguagem verbal*: No decorrer dessa etapa, há um aprimoramento do tema explorado, por meio de outra linguagem expressiva: por exemplo, solicita-se ao educador que escreva uma história sobre a modelagem que fez, referente ao projeto que desenvolverá com seu grupo de trabalho. Na transposição para a linguagem verbal, o processo adquire novo significado, de modo que se pode, segundo Alessandrini, "[...] trabalhar de forma mais diretiva e estruturada os recursos técnicos necessários ao aperfeiçoamento da linguagem oral e escrita" (1995, p. 11).

Pensamentos, poemas e histórias podem ser escritos nessa etapa, em que ocorre o aprimoramento da linguagem escolhida pelo sujeito, e a distância reflexiva* começa a ser trazida à consciência, para que o indivíduo possa elaborar sua reflexão.

d. *Avaliação*: Momento em que o educador conta ao grupo sua vivência, inclusive no nível plástico (sensações, percepções). Nesta etapa, Alessandrini escreve: "A retomada do processo permite a conscientização e percepção crítica do indivíduo na aquisição de novos conhecimentos" (1995, p. 41).

É importante destacar que, nesta abordagem da proposta de trabalho com os recursos expressivos, cada elemento do grupo dá significado à sua produção, não havendo interpretação do coordenador do grupo sobre o trabalho realizado pelo educador.

Outro aspecto importante a ressaltar diz respeito à participação do educador em cada etapa das oficinas. Este é convidado a perceber o seu limite, até onde pode participar de cada trabalho proposto, principalmente no contexto escolar. Com relação ao tempo de cada oficina, dentro dos projetos de formação de educadores, é possível realizá-las com duração de no mínimo três horas cada uma, porém com maior periodicidade.

Apresentaremos algumas oficinas realizadas no processo de formação dos educadores:

## "O educador ontem, hoje e amanhã"

Esta oficina foi realizada dentro do Projeto Formarte (Gomes, 2000, p. 58), do qual participaram 62 profissionais – funcionários de cinco creches municipais vinculadas à Prefeitura do Município de São Bernardo do Campo. O objetivo era diagnosticar como se sente esse educador hoje, como ele vê sua história e que perspectivas tem sobre o desenvolvimento do seu papel e identidade profissional. Esse diagnóstico visava suprir a necessidade de levantarmos dados concretos sobre o educador, para podermos iniciar o trabalho de formação levando em conta a trajetória do grupo na história da transformação da

* Para Kagin e Lusebrink (1967) distância reflexiva é a distância cognitiva entre a experiência artística e a reflexão do indivíduo sobre tal experiência.

creche. Esse processo forneceu aos educadores a sensibilização e o contato com sua trajetória histórica e seu papel profissional.

Para a etapa da *sensibilização* fizemos um trabalho corporal para descontração e aquecimento do grupo com músicas do Traditional Jazz Band, que apresenta cadência sonora e estimula a soltura dos movimentos corporais. Como recurso facilitador de expressão corporal, utilizamos pedaços de tule de cores variadas, para que, ao caminhar, o educador pudesse explorar o movimento corporal pela leveza do tecido. A seguir, cada educador recebeu um pedaço de argila, e pediu-se a ele que a modelasse para expressar "como se sente o educador hoje", tanto do ponto de vista pessoal quanto profissional.

Foi proposta, nesta segunda etapa, a dramatização do livro infantil *Nicolau tinha uma idéia.** A cor do tule que cada educador havia escolhido representava uma personagem, e o objetivo dessa estratégia era compartilhar, somar e valorizar as idéias de cada um dos participantes. À medida que a história ia sendo contada, os grupos representavam seus personagens e histórias em forma de expressão corporal e mímica, utilizando o tule.

Depois dessa sensibilização, pediu-se aos participantes para se dividirem em grupos, conforme a cor do crachá.

Na etapa da *expressão livre*, os educadores foram divididos em seis grupos de dez pessoas cada um, com a proposta de expressar plasticamente, usando recursos como tinta guache, pincel, lápis de cor e giz de cera, sua "linha de vida profissional", pensando na frase "O educador ontem, hoje e amanhã".

Para a etapa de *elaboração da expressão e transposição para a linguagem verbal*, pediu-se que cada um falasse um pouco sobre sua construção, a fim de compartilhar idéias, reflexões e avaliações de ontem, hoje e suas expectativas para o amanhã. Solicitamos que escrevessem um texto coletivo, expressando os temas emergentes do grupo. Os textos produzidos nos pequenos grupos foram apresentados para todos os educadores reunidos num grupo único.

Como *avaliação*, ao som de uma música introspectiva, pediu-se que, aos poucos, os educadores expressassem com o corpo uma ima-

* Rocha, Ruth. *Nicolau tinha uma idéia.* 12 ed. São Paulo: Quinteto Editorial, 1990.

gem coletiva congelada que espelhasse as reflexões do dia. Neste momento, foi lido um texto de Octavio Ianni, suscitando a idéia de transformação do homem a partir de si mesmo, de sua força e poder.

### "Construindo o papel do educador"

Com base nos aspectos levantados pelos educadores na oficina anterior sobre "O educador de ontem, hoje e amanhã", estabeleceu-se um diagnóstico em que se percebia com maior clareza a linha profissional dos educadores participantes, uma vez que tal reunião possibilitou a reflexão sobre seus valores, sentimentos, expectativas e o resgate de sua história. Surgiram os seguinte dados:

- relacionados com o "ontem": faltava uma visão educacional, o profissional era reprimido, sem autonomia, não conseguia expressar suas idéias;
- relacionados com o "hoje": o educador aparece com maior autonomia, já possui uma visão educacional, porém ainda tem dúvidas sobre o trabalho a ser desenvolvido com a criança pequena;
- relacionados com o "amanhã": há a expectativa de um trabalho de melhor qualidade com a criança, de um profissional de educação infantil mais preparado e mais valorizado, com seus direitos respeitados.

Com esses dados, organizamos a segunda oficina, recorrendo à idéia da reciclagem de materiais, a fim de relacioná-la com a construção e a reconstrução do papel do educador.

Apresentamos uma dinâmica de *sensibilização* cujo objetivo era relacionar a teoria com a expressão plástica e o trabalho grupal. Visando à reflexão dos educadores sobre seu papel e sua identidade, escolhemos frases de textos diversos relacionados com sua formação, como: "É preciso reafirmar a concepção de criança como cidadã, como sujeito histórico, entendendo as populações infantis e os profissionais que atuam na sua condição de sujeitos da ação". Com base na idéia do jogo de quebra-cabeça, foram colocadas frases e palavras embaixo das cadeiras, e pediu-se aos educadores que as procurassem e as juntassem montando painéis com recursos de colagem, pintura, dobradura etc. Concluída esta etapa, foi feita a apresentação dos painéis com a leitura das frases.

Após a sensibilização, foram formados subgrupos para dar continuidade à reflexão sobre a construção do papel do educador. Solicitou-se que cada um preenchesse o jogo do curtigrama; posteriormente, houve reflexão e troca de idéias, construindo o curtigrama coletivo. Essa vivência proporcionou maior contato deles com seus desejos, sonhos, dificuldades, medos, valores dentro da função que exerciam profissionalmente.

Para a etapa da *expressão livre,* explorando a técnica de reciclagem de materiais, lançamos a seguinte questão: quando pensamos na palavra reciclar, a que outros "re"(s) ela nos remete? Em seguida, eles elencaram palavras como: renovar, relembrar, resgatar, reorganizar, relacionar, realizar, reunir, reviver etc.

Com a mobilização dos sentimentos ligados a essas palavras, iniciamos as técnicas de reciclagem de papel e grafite/serragem (obtidos apontando os lápis). A reciclagem de papel foi trabalhada em três grupos e a técnica com material de lápis apontados, em outros três grupos. Solicitou-se aos educadores que, ao picar o papel ou ao apontar os lápis, se permitissem entrar em contato com o que desejassem reorganizar, reciclar, reviver, reunir em sua identidade profissional naquele momento. Ao terminar a reciclagem, propusemos que o grupo construísse com sucata e materiais plásticos "o novo educador" que pôde ser reciclado durante a oficina.

Como *elaboração da expressão e transposição para a linguagem verbal* solicitou-se, então, a elaboração de um texto escrito coletivo.

Como *avaliação* o grupo pôde compartilhar sentimentos vividos na realização das tarefas e refletir sobre a identidade do profissional de educação infantil.

## A construção da colcha de retalhos

Na terceira oficina, tínhamos como intenção avaliar tanto as contribuições que o Projeto Formarte havia trazido para a prática do trabalho como para as construções pessoais. Assim, utilizamos o livro infantil *A colcha de retalhos da boneca da vovó**, que conta as memórias de um tempo vivido, para sensibilização do grupo.

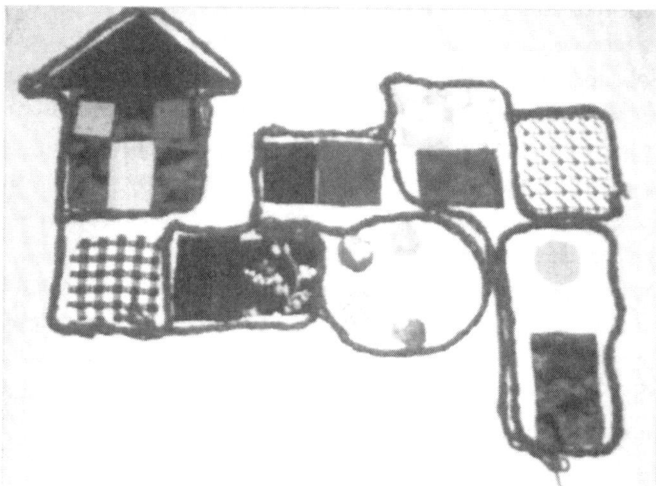

**Figuras 1 e 2** Partes da colcha de retalhos elaborada pelos participantes da oficina.

---

* Bolton, Janet. *A colcha de retalhos da boneca da vovó*. Tradução Marcos Bagno. São Paulo: Ática, 1995.

Na etapa da *expressão livre* solicitamos que os educadores montassem uma colcha de retalhos com tecidos, lãs e linhas coloridas, contando sua rotina de prática de trabalho, expressando sua relação com as crianças, com os funcionários, com as famílias.

Para *elaboração da expressão e transposição para a linguagem verbal* todos escreveram um texto sobre a produção plástica realizada.

Na *avaliação* pudemos dimensionar o trabalho realizado até ali e planejar as próximas oficinas. Os educadores puderam refletir, avaliar e sintetizar a experiência de participação no Projeto Formarte.

### "Novos olhares"

Linguagens exploradas: cênica, musical, visual, plástica – construção de materiais, lúdica, oral e escrita.

Objetivos: sensibilizar o olhar do educador para os materiais já produzidos, como livros e filmes; expandir a possibilidade de criar; explorar o lúdico na formação do educador da criança pequena.

Como *sensibilização* exploramos a possibilidade de novos olhares, recorrendo ao trabalho corporal, a músicas e à criação de novos personagens, recurso alcançado com o uso de maquiagem.

Na *expressão livre,* para explorar a construção de novos personagens e a expressão do educador, bem como a linguagem cênica, apresentamos o vídeo *Os contos que as caixas contam.** O tema da "Construção de caixas-histórias" foi desenvolvido baseado na escolha de um livro infantil entre muitos que estavam à disposição. Ao escolher um dos livros, o educador deveria construir plasticamente uma caixa-história correspondente à obra selecionada.

Para *elaboração da expressão e transposição para a linguagem verbal* cada educador apresentou ao grupo sua história dentro da caixa-história.

Na *avaliação* pudemos refletir sobre a importância do olhar, da narrativa e de seus recursos, assim como sobre o valor do livro infantil e das histórias para o trabalho com a criança pequena.

---

* Vídeo: "Os contos que as caixas contam". Equipe do Cindedi coordenada pela professora Clotilde Rossetti, da USP-Ribeirão Preto, 1996.

## DANDO NOVO SIGNIFICADO AO PROCESSO

Dar voz ao professor por meio de diferentes linguagens expressivas foi o objetivo dessa experiência. Na instituição escolar, o grande foco desse trabalho é a ampliação da consciência dos educadores, que, ao refletir sobre a sua prática, podem agir com mais consciência e mais qualidade com a criança. Em virtude do acesso a diferentes possibilidades de expressão, os profissionais apresentarão um trabalho mais consciente com crianças, evitando a simples reprodução de técnicas adquiridas.

Um aspecto bastante valorizado no decorrer das oficinas realizadas nesse trabalho é a importância da expressão dos educadores, especialmente daqueles que apresentavam dificuldades de se expressar. Estes puderam encontrar caminhos para entrar em contato consigo mesmos e para entender a expressão da criança.

O enfoque nas relações, no grupo de trabalho, na valorização da identidade pessoal e profissional e na possibilidade de o educador penetrar em partes de seu íntimo ainda desconhecidas integrou o planejamento de todas as oficinas realizadas. Nesse trabalho de formação com recursos expressivos, a sensibilidade, como característica importante a ser cultivada no educador que trabalha com crianças até seis anos, desenvolve-se e se fortalece.

O lúdico, elemento que deve ser repensado nos projetos de formação para profissionais de educação infantil em nosso país, encontra um significativo espaço nessa formação mediante as oficinas.

A valorização da auto-estima dos profissionais que atuam com crianças pequenas e trabalham em creches foi essencial na realização de todas as oficinas realizadas no projeto, sendo trabalhada pela descoberta de uma forma de se expressar com diversas linguagens expressivas.

Conforme propõe Freire (1977), a educação torna-se mais verdadeira à medida que estimula a expressividade dos seres humanos. Desse modo, o trabalho de formação em oficinas com os recursos expressivos pode valorizar a construção dessa capacidade na formação dos profissionais de educação infantil.

## Referências bibliográficas


ALESSANDRINI, C. *Oficina criativa e psicopedagogia.* Tese de mestrado. São Paulo: Instituto de Psicologia da Universidade de São Paulo, 1995.

BOLTON, Janet. *A colcha de retalhos da boneca da vovó.* Trad. Marcos Bagno. São Paulo: Ática, 1995.

BRASIL. Ministério da Educação e do Desporto. Secretaria de Educação Fundamental. Departamento de Políticas Educacionais. Coordenação Geral de Educação Infantil. *Por uma política de formação do profissional da educação infantil.* Brasília: 1994.

BRASIL. Ministério da Educação e do Desporto. Secretaria de Educação Fundamental. *Referencial curricular para a educação infantil.* Brasília: 1998.

CIORNAI, S. *The arts in psychotherapy.* Feyeteville, Nova York: Ankho International Inc., 1983. p. 63-76, v. 10.

_____. "Arteterapia Gestáltica: um caminho de expansão de consciência". *Revista de Gestalt.* São Paulo: Departamento de Gestalt do Instituto Sedes Sapientiae, v.1, n. 3, 1994. p. 5-31.

_____. "Arteterapia Gestáltica: uma abordagem fenomenológico-existencial". Trabalho apresentado no XII Congresso Internacional de Psicopatologia da Expressão, Rio de Janeiro, 1998.

EDWARDS, C. et al. *As cem linguagens da criança: a abordagem de Reggio Emilia na educação da primeira infância.* Porto Alegre: Artmed, 1999.

FAGALI, E. Q. "Oficinas integrativas: musicoterapia, arteterapia, literatura". *Revista de Arteterapia.* São Paulo: Departamento de Arte Terapia do Instituto Sedes Sapientiae, n. 2, 1997/1998, p. 43-9.

FREIRE, P. *Ação cultural para a liberdade.* 2. ed. Rio de Janeiro: Paz e Terra, 1977.

_____. *Pedagogia da autonomia: saberes necessários à prática educativa.* 13. ed. São Paulo: Paz e Terra, 1996.

FOCILLON, H. *Vida das formas.* Rio de Janeiro: Jorge Zahar, 1983.

GOMES, M. M. "Oficinas com recursos expressivos: espaços de interação para a expressão e reflexão na formação de educadores". Tese de mestrado apresentada ao Instituto de Psicologia da Universidade de São Paulo, 2000.

KAGIN, S. L.; LUSEBRINK, V. *The Expressive Therapies Continuum. The Arts in Psychotherapy.* Feyeteville. Nova York: Pergamon Press. vol. 5. 1967, p. 171-80. (Traduzido e compilado por Selma Ciornai).

KISHIMOTO, T. "Escolarização e brincadeira na educação infantil". In: SOUZA, Cinthia (org.). *História da educação – Processos, práticas e saberes.* São Paulo: Escrituras, 1998.

MAY, R. *A coragem de criar.* 3. ed. Rio de Janeiro: Nova Fronteira, 1982.

OSTROWER, F. *Criatividade e processos de criação.* 9. ed. Petrópolis: Vozes, 1993.

PHILIPPINI, A. "Materialidade e Arteterapia". In: *Imagens da Transformação – Revista de Arteterapia.* Clínica Pomar. Rio de Janeiro, v. 3, 1996, p. 13-7.

RHYNE, J. *The Gestalt art experience.* Monterey: Brooks & Cole, 1973.

RIBEIRO, J. P. *Gestalt terapia – refazendo um caminho.* São Paulo: Summus, 1985.

ROCHA, Ruth. *Nicolau tinha uma idéia.* 12 ed. São Paulo: Quinteto Editorial, 1990.

_____. *Gestalt art experience.* Monterey: Brooks & Cole Publishing Company, 1977, p. 3-23.

TELLEGEN, T. *Gestalt e grupos: uma perspectiva sistêmica.* São Paulo: Summus, 1984.

YONTEF, G. "Gestalt Therapy: clinical phenomenology". *Gestalt Journal,* Nova York, primavera de 1979.

# Tecendo fios entre céus e terras por meio da arte: uma experiência de arteterapia no contexto educacional*

*Clara Paulina Coelho Carvalho*

## COM OS FIOS NAS MÃOS

Escrever hoje sobre uma experiência com oficinas criativas no contexto educacional é, de certa forma, retomar o início de um caminho, ir ao encontro do que me moveu a trabalhar com a arte: a riqueza dos processos deflagrados pela criação artística em grupo.

Lembro-me de que, quando cursava a graduação em psicologia, fiz uma disciplina no curso de pedagogia sobre arte-educação, um curso vivencial em que descobri o prazer de estar com grupos de educadoras. Juntas, exploramos o ambiente com todos os sentidos e conhecemos algumas de nossas facetas primordiais.

No decorrer dessas primeiras vivências, fui descobrindo a arte como um modo de apropriar-me da realidade, desvelando mundos e recriando-os poeticamente. Esse foi o início de um caminho que me fez redescobrir a beleza da educação e começar a delinear um modo próprio de atuação em psicologia escolar.

O trabalho vivencial pela criação artística ajudou-me a compreender que, para uma real transformação dos paradigmas educacionais, é necessário ao adulto educador (sejam pais, professores ou funcionários das escolas) ter a oportunidade de experienciar uma nova forma de aprender. Somente com a atualização de suas impressões é possível dar

---

* Neste texto, relato a experiência de estágio como parte da formação em Arteterapia Gestáltica do Instituto Sedes Sapientiae, realizado sob a supervisão de Iraci Saviani.

novo sentido a si mesmo, ressignificando a função da educação. Partindo-se dessa concepção, tornar-se educador é descobrir o prazer de estar sempre experimentando e recriando o mundo como aprendiz. A escola, por sua vez, passa a ser compreendida como fonte de constante aprendizagem e atualização de potenciais humanos para todos que dela fazem parte.

Nos encontros vivenciais, imprescindíveis à atualização e à capacitação profissional contínua, a criação artística traz a potência da expressão por inteiro, sendo o alicerce de uma aprendizagem que não parte simplesmente de uma crítica ao modo de ser atual do educador, mas vai às suas raízes como ser humano, respeitando sua experiência ao mesmo tempo que o convida a viver situações que nunca teve a oportunidade de viver anteriormente. Nesse sentido, os encontros vivenciais emergem como espaços de construção e aprendizagem de novas formas de ser no mundo, conectando o sentimento ao corpo, à fala e à expressão plástica.

O meu processo de aprendizagem em Arteterapia Gestáltica me fez sair do lugar existencial que eu habitava.[1] Mudei, destruí e construí raízes em novas terras, revisitei meu mundo com novos olhares, com um novo corpo e um novo pulsar. Ao longo desse intenso encontro com a arte de viver minha vida de outros modos, retornei ao espaço escola e, de uma outra forma, pude trabalhar com oficinas e com educadores.

A Arteterapia Gestáltica me balizou um novo olhar em direção à terra e ao ar do ambiente educacional. A terra do espaço escola me ajudou a sedimentar um modo de contribuir para a construção e a transformação das relações humanas nesse contexto. Ajudou-me a vislumbrar a arte como linguagem propiciadora de organização, planejamento e frutificação de novas possibilidades. Descobri a criação artística como alimento e forma de enraizamento do educador nesse contexto. Na direção do ar vem trazendo o frescor, a sensação de parir o novo a cada momento de criação. A leveza ao olhar para o outro por uma fresta até então desconhecida e assim fluir com ele para novas direções. O ar da arte reenergizou muitos espaços, convidan-

1. Como nos coloca Critelli em *Educação e dominação cultural*, educar vem do latim e significa *'edūcere'*, "conduzir alguém (ou algo) para fora do lugar onde se encontrava; levar para fora; conduzir ou levar alguém no seu sair fora do lugar onde estava" (1981, p. 44).

do as pessoas para uma forma de comunicação tão primordial quanto a mais profunda respiração, despertando para uma nova forma de ter o outro dentro de si e, ao mesmo tempo, poder soltá-lo, libertá-lo de antigas impressões.

O trabalho com oficinas criativas que relato a seguir foi realizado em uma instituição filantrópica Espírita, que presta serviços assistenciais a 165 famílias moradoras de Vila Brasilândia, bairro da periferia de São Paulo. A instituição atende às famílias que considera em situação de extrema pobreza. Pais desempregados, sem condições sequer de alimentar seus filhos, ou famílias desestruturadas, em que a violência familiar contribui para a falta de condições na construção de um suporte interno próprio.

Além de oferecer apoio aos pais, a instituição oferece ainda um serviço de educação infantil para crianças entre dois e seis anos em tempo integral e serviço de apoio educacional para aquelas que já estão freqüentando o ensino fundamental.

O trabalho de oficinas ocorreu com um grupo de educadoras e as duas auxiliares de assistência social da instituição (14 pessoas), tendo a Arteterapia Gestáltica como instrumento de análise e intervenção.

As vivências com arte ofereceram às participantes um momento de aprendizagem envolvendo suas múltiplas formas de contato com o mundo e consigo mesmas. Um trabalho que buscou a integração entre sensações, expressão corporal, sentimentos e imaginação. Considero esse processo um modo de *tecer fios entre céus e terras*, já que buscamos acolher os valores religiosos da instituição e, ao mesmo tempo, integrá-los às reais necessidades da expressão humana: seus desejos, limites e necessidades, incentivando o contato e o respeito de cada um com sua forma de ser no momento presente.

## DESVELANDO A RELAÇÃO COM O TRABALHO PELO DIÁLOGO ENTRE A FALA E A EXPRESSÃO PLÁSTICA

Como ponto de partida, as entrevistas individuais me permitiram conhecer as pessoas e acolher, dentro do imenso universo que é a relação educador-escola, os temas referentes ao processo singular vivido por essa instituição, os quais puderam ser enfocados e trabalhados durante as oficinas.

Cada uma das quatro questões feitas às educadoras, foram respondidas mediante um recurso plástico:

1) Que sentimentos costumam emergir no seu cotidiano de trabalho?
2) Que espaço o trabalho ocupa na sua vida?
3) O que a traz até aqui?
4) Olhando o percurso do tempo, como você delinearia o caminho do seu trabalho do início até aqui? Como você vislumbra o futuro?

Essas questões me ofereceram referências provisórias, temas geradores, focos que mostraram um perfil do modo pelo qual vem acontecendo o trabalho para as educadoras. Elas permitiram a escolha de aspectos a serem processados, os quais foram agrupados em núcleos temáticos pertinentes às necessidades, dificuldades e potencialidades do grupo.

Inicialmente pedi para que a pessoa procurasse expressar a sua resposta por intermédio do recurso plástico e, em seguida, conversávamos sobre a produção. Desse modo, sua relação com o trabalho era simbolizada criativamente. No momento em que falávamos sobre o que a pessoa havia feito, trabalhávamos a recuperação do verbal sentida plasticamente, sendo construída uma aproximação entre fala e expressão plástica.

Desenhos, colagens e pinturas foram me ajudando a conhecer essa realidade de uma forma não-interpretativa, constituindo-se, no entanto, em ricos portais para o acesso ao mundo simbólico do grupo, abertos por cada pessoa ao seu próprio modo.

As entrevistas tiveram como objetivo iniciar um processo de *awareness*[2] com relação ao movimento do educador em seu mundo-trabalho. Primeiro houve, portanto, a necessidade de conhecer nuanças

---

2. De acordo com Yontef: "*awareness* é uma forma de experienciar. É o processo de estar em contato vigilante com o evento mais importante do campo indivíduo/ambiente, com total apoio sensorimotor, emocional, cognitivo e energético (1998, p. 215).

desses movimentos para, em seguida, focalizá-los pelos recursos expressivos no decorrer das oficinas.

Ao abordarmos pela expressão plástica alguns aspectos dessa relação, estávamos iniciando um encontro com as necessidades prioritárias do ser em relação ao seu trabalho, para que, dessa forma, ele pudesse investir sua *energia*, *excitação* e suas *emoções* em direção a elas.

## O SER NO MUNDO E SUA OBRA

Partindo de uma perspectiva fenomenológico-existencial, compreendemos que o ser educador irá se desvelar no modo pelo qual ele habita o mundo-trabalho interagindo com os outros, inserido em uma temporalidade e espacialidade.[3]

Ao referirmo-nos à realidade da escola como fenômeno, vislumbraremos as vidas humanas que a constituem como *perpétuo deslocamento*, um deslocamento no qual vão sendo *alterados os significados e os sentidos que as coisas fazem* (Critelli, 1996, p. 16-7).

Para a fenomenologia heideggeriana, o homem é concebido como *ser-no-mundo*. Desse modo, Heidegger deixa claro que o mundo é constitutivo do homem, ou seja, viver é estar lançado no mundo. E o mundo, como nos diz Critelli, "[...] é uma sutil e poderosa teia de significação que nos enlaça e dá consistência ao nosso ser, nosso fazer, nosso saber" (1996, p. 18).

Nessa perspectiva, as produções artísticas realizadas pelas educadoras foram concebidas como revelações de um movimento do existir humano no mundo-trabalho em dado momento. As criações revelaram-se entranhadas às vivências humanas em suas sensações e sentimentos. O que elas nos levaram a conhecer? Perspectivas, significados tecidos na relação com o mundo, uma tessitura marcada pela *provisoriedade, mutabilidade* e *relatividade.*

Como ressalta a mesma autora, o *ser das coisas,* o que as coisas são e como são, "está numa trama de significados que os homens vão tecendo entre si mesmos e através da qual vão se referindo e lidando com as coisas e com tudo o que há" (1996, p. 17).

---

3. A temporalidade e a espacialidade como constituintes do homem são colocadas por Heidegger em *El ser y el tiempo.*

Escolhemos o enlace da fala com a expressão plástica como um modo de entrada no mundo do trabalho, com a perspectiva de nos aproximarmos um pouco da maneira pela qual essa sutil e mutante teia de significados vem sendo tecida. Afinal, como afirma Heidegger (1992, p. 25), por meio da obra *fita-nos* um mundo. Um mundo que *se insinua* e emite um *apelo calado.*

As criações artísticas são expressões dessa trama de significados tecida no contato do homem com o mundo. Elas nos permitem, portanto, o desocultar das coisas, a abertura do que elas são e como são (Heidegger, 1992, p. 27-8). Poderíamos inferir que, ao expressar plasticamente a relação com o trabalho, este se põe por um dado instante *na clareira do seu ser.* A produção artística *abre um mundo* e, nesse sentido, Heidegger diz: "Ao abrir-se um mundo, todas as coisas adquirem a sua demora e pressa, a sua distância e proximidade, a sua amplidão e estreiteza." (1992, p. 35).

Por intermédio das questões formuladas, deslizamos entre alguns fios que constituem a trama da escola, tendo como guia o modo pelo qual as respostas foram dadas a cada pergunta, seja pela palavra, pelo silêncio, pela hesitação, por cores ou formas.

## As tramas iluminadas pelas questões propostas

### *1. Que sentimentos costumam emergir no seu cotidiano de trabalho?*

Em resposta a essa questão foram focalizadas, pela pintura em guache, impressões que emergem no contato diário com o trabalho. Sentimentos que modelam um jeito de olhar e movimentar-se nesse espaço.

A abordagem fenomenológica do real leva-nos a compreender que a abertura da pessoa ao mundo se dá mediante um estado de ânimo. São os sentimentos que permitem *encontrar-se* com o mundo. É pelas emoções que descobrimos facetas diferentes da realidade. Com base no que se sente é que vão sendo tecidas as significações.

Jandira (Figura 1) desenhou um grande coração vermelho ao lado de uma árvore. Acima da árvore, no canto superior direito da folha, uma mancha preta. Ao conversar sobre o seu desenho, ela disse: "Trabalho pelo coração". A árvore simbolizou a sensação de crescimento com as crianças. A mancha negra, aspectos que considera negativos no trabalho. Coube a esses aspectos um espaço mais restrito, no canto da folha.

**Figura 1** Jandira em seu cotidiano de trabalho.

Muitas educadoras expressaram o sentimento de *gostar*, de se *sentir bem* no trabalho. No entanto, ao falarem sobre os momentos em que surgem a *angústia* ou o *nervosismo*, logo procuravam diluir esses sentimentos com algo que consideram positivo: orar, meditar, projetar esperanças para o futuro ou pensar positivamente. Mostraram não se deter diante do que contraria, incomoda, entristece: a esses aspectos cabia um espaço mais restrito, no canto da folha.

Os desenhos indicaram a necessidade de abrir um espaço para as dificuldades encontradas no cotidiano, de mobilizarmos, por meio da arte, um novo olhar para aspectos que também constituem as educadoras como seres humanos: a raiva, a impaciência, os conflitos, a falta de informação.

Essas primeiras produções deram indícios de que havia uma espiritualidade que não estava conseguindo aterrissar, já que emergia como oposição a alguns aspectos que também constituem o humano. Como essa espiritualidade poderia realmente adquirir uma feição humana? Como poderia concretizar-se em pessoas que também enfrentam conflitos, se angustiam, sentem raiva?

### *II. Que espaço o trabalho ocupa na sua vida?*

Como foi mencionado anteriormente, a vida humana é deslocamento; na relação com o mundo estamos sempre nos aproximando ou nos afastando de algo. O distanciamento ou a aproximação, movimentos próprios do existir humano, vão acontecendo no decorrer do tempo, sendo o afeto o elemento propulsor desse deslocamento. Desse modo, a pessoa move-se no mundo de acordo com suas escolhas: criando, ampliando ou reduzindo os espaços em que habita. Nesse sentido, a espacialidade não se refere simplesmente aos lugares físicos, mas ao modo pelo qual cada um vivencia o seu deslocamento em cada contexto, na sua relação com pessoas e objetos.

De que ou de quem cada educadora desse grupo se sente mais próxima? O que, para ela, possui um grande espaço em sua vida? Como é a relação entre os espaços (trabalho, família, lazer...) que ela habita?

Para abordarmos essa questão, ofereci uma forma circular (bandeja redonda de papelão) e pedaços de papel laminado de diferentes cores. O círculo (a bandeja) representaria seu mundo. Pedi então que cada pessoa fizesse uma colagem nesse espaço (utilizando os papéis) sobre o que faz parte desse mundo. Que cor, tamanho, forma possui cada coisa? Qual o espaço ocupado pelo trabalho?

Paula (Figura 2) colou de um lado do círculo sua casa e, do outro, a escola. Entre esses lugares, vários pedaços de papel de cores e formas diferentes. Ela falou em dedicar muito tempo à instituição, a qual está presente como uma forma de trabalho espiritual. Os recortes que ficam entre esses lugares são seus pensamentos e preocupações com as crianças que ensina, mesmo quando está em casa. Como suas colegas, Paula passa o dia inteiro na instituição, mas quando está em casa pensa muitas vezes em como estariam as crianças naquele momento.

**Figura 2** O mundo de Paula.

Para o grupo, o trabalho foi ressaltado como um espaço de crescimento espiritual, de evolução da espiritualidade. Podemos relacionar esse aspecto ao fato de ser esta uma instituição filantrópica religiosa. Algumas pessoas disseram que no centro de sua vida estão Deus e o amor divino, uma energia presente em todos os lugares em que elas estão.

A família e o trabalho foram sempre mencionados como os dois espaços mais significativos para as educadoras; muitas delas, inclusive, ressaltaram que sua vida é *de casa para o trabalho e do trabalho para casa.*

O trabalho aparece como exercício de doação, sem, no entanto, propiciar nutrição a si mesmas. Não se colocam como eixo central desse processo de evolução, em que o dar com prazer a si mesma possa se fazer presente.

A percepção que obtive das respostas dadas é de que há um peso, um cansaço na relação com esse trabalho, como se essa doação e esse crescimento espiritual não incluíssem prazer, leveza.

Ao visualizarem a colagem, o conjunto das formas que recortaram para simbolizar os lugares que fazem parte de sua vida, algumas pessoas verbalizaram o quanto esses espaços se interligam. Foram colocados como mundos distintos que, no entanto, se influenciam: um está presente no outro. Nesse sentido, foi expressa a preocupação com a situação de vida das famílias, em especial das crianças que a instituição atende. Essa preocupação, muitas vezes sentida como impotência diante das dificuldades e dos limites do trabalho, é levada para casa, servindo como a pesada ponte entre esses espaços.

Ao término desse rápido passeio pelas fronteiras que constituem o mundo das pessoas entrevistadas, foi possível focalizar os seguintes temas a serem trabalhados nas oficinas:

- A relação entre o trabalho e os outros espaços da vida;
- A importância do prazer nesse processo de evolução espiritual;
- A criação de um espaço para si mesma no trabalho. Um olhar-se com profundidade e respeito, podendo sentir o que cada pessoa está doando a si mesma;

*III. O que a traz até aqui?*

Com essa questão conhecemos aspectos que mobilizam, impulsionam o seu movimento até o trabalho. O recurso utilizado foi o desenho com giz de cera.

Shirlei (Figura 3) fez um desenho de si mesma com o giz de cera verde, primeiro bem pequena, depois um pouco maior e, em seguida, maior ainda e com um bebê nos braços.

Conversando sobre o desenho ela disse: "São as crianças. Hoje eu estou aqui porque também quero ir crescendo com elas". Em seguida, comentou: "Com as crianças vi que tinha mais para dar de mim. Quando eu cheguei me senti pequena, mas vou me sentindo grande diante elas. Você sente que tem tudo pra crescer com elas. É muito bom isso".

**Figura 3** O crescimento de Shirlei com as crianças.

Em resposta à pergunta: "O que a traz até aqui ?", percebi que a criança é o principal motivo que a conduz ao trabalho. No entanto, ao tentar ajudá-la em sua aprendizagem, senti como se as educadoras não conseguissem perceber-se nesse processo, pouco falando de si e da relação com suas colegas.

Com base nessa observação destaquei o seguinte tema: como a educadora se coloca nessa relação de aprendizagem? É possível recriar o espaço de trabalho de modo a transformá-lo em um local que enfatize o processo de aprendizagem do adulto, do ser educador?

*IV. Olhando o percurso do tempo, como você delinearia o caminho do seu trabalho do início até aqui? Como você vislumbra o futuro?*

Para a resposta a essa pergunta, pedi que a pessoa simbolizasse esse percurso colando um barbante sobre o papel. Por sua dinâmica (direções e tensões), o barbante seria o fio do tempo.

Na perspectiva fenomenológica, o tempo dá direção ao ser. O existir humano é concebido como um deslocamento, um desdobramento no tempo. Ser, portanto, é verbal, é temporalidade. Para Heidegger (1971, p. 26-9), o tempo é o genuíno horizonte de toda compreensão e interpretação do ser. O ser é no-tempo.

Vislumbrando-se em possíveis transformações no fio do tempo, como esse percurso poderia ser então "fotografado", registrado? O que suas ondulações, curvas, subidas ou descidas poderiam revelar? Que direção a temporalidade convoca cada uma a seguir?

Lúcia (Figura 4) no primeiro trecho, o do início do seu trabalho, delineou ondulações que simbolizaram a sensação de estar perdida. Em um segundo trecho, com uma linha reta, simbolizou o entusiasmo, a sensação de aprender e dominar a atividade que está fazendo atualmente na instituição. A subida representa a sua bagagem: "O que consegui tirar das ondulações". Em seguida, apareceu uma subida que simboliza os momentos em que pensa muito, "encucando". No trecho seguinte, ela disse: "Preciso de ondinhas, de dificuldades para crescer". Por último, delineou uma subida: "O ser melhor no futuro aqui ou em casa. E é assim: acertando, errando...".

Focalizando o movimento de cada educadora no transcurso do tempo, foi possível conversarmos sobre suas transformações e aprendizagens por meio do trabalho.

Os momentos de dificuldade, insegurança ou desafio diante dos obstáculos foram simbolizados por ondulações na linha do tempo. Essas ondulações também expressaram o sentimento de estar perdida, em conflito ou nas chamadas "recaídas". Com o movimento de descida do fio, simbolizaram seus medos e dúvidas.

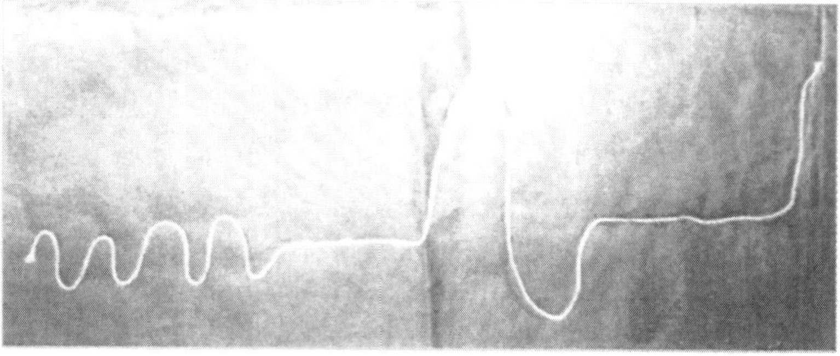

**Figura 4** O percurso de Lúcia em seu trabalho.

O processo de crescimento e aprendizagem, que muitas sentiram ter sido proporcionado pelo trabalho, foi exposto pelo movimento ascendente do fio. Para o futuro, observei a expectativa de que as "ondulações" possam diminuir, ficando em seu lugar a estabilidade e a tranqüilidade. Senti a necessidade de que esses percursos possam subir cada vez mais.

O caminho do trabalho em sua temporalidade deixou claro o aprendizado que a instituição vem proporcionando a cada educadora.

Lúcia afirmou que as ondulações (as dificuldades) são necessárias em seu caminho profissional; no entanto, ficou evidente em muitas colagens a dificuldade em lidar com obstáculos e conflitos suscitados no cotidiano de trabalho. O desejo de ter no futuro um caminho isento de ondulações me fez destacar um importante aspecto a ser trabalhado nas oficinas:

> É possível proporcionarmos um espaço que ofereça apoio suficiente para que as dificuldades sejam trabalhadas de modo a gerar maior amadurecimento e crescimento profissional?

## CONECTANDO CÉUS E TERRAS: A POSSIBILIDADE DE RECRIAÇÃO DO SER EDUCADOR PELA ARTE

No decorrer das oficinas criativas, as necessidades, os sentimentos e a dinâmica relacional entre as pessoas puderam aparecer de múltiplas formas: pelo olhar, pelo toque, pela dança a dois ou em grupo, pelo desenho, pela escultura... No entanto, as vivências propiciaram não só o contato com o modo pelo qual essas relações vinham sendo estabelecidas, mas ofereceram um momento de aprendizagem, com a criação de novas formas de contato consigo e com o outro. Juntas, as pessoas puderam experienciar uma abertura de suas fronteiras, ousando conhecer a si e ao outro de uma forma até então desconhecida. Na perspectiva gestáltica, a fronteira de contato é "onde a experiência tem lugar, não *separa* o organismo e seu ambiente; em vez disso limita o organismo, o contém e protege, ao *mesmo tempo* que contata o ambiente." (Perls, Hefferline e Goodman, 1997, p. 43).

O trabalho ocorreu no sentido de expandir essas fronteiras, procurando ampliar a qualidade do *contato* da pessoa com ela e com o outro. Como afirma Ribeiro:

> Contato é um ato de autoconsciência totalizante, envolvendo um processo no qual as funções sensoriais, motoras e cognitivas se unem, em complexa interdependência dinâmica, para produzir mudanças na pessoa e na relação com o mundo, através de uma energia de transformação que opera em total interação eu–mundo (1995, p. 8).

A força impulsionadora do processo de aprendizagem ocorrido nas oficinas foi, portanto, o contatar, e o fluir entre as polaridades existentes em cada pessoa do grupo, presentes também nas relações interpessoais: o mundano e o divino, as sensações e as idéias (pensamento, imaginação), o cognitivo e o intuitivo, o ideal e o real, o que ofereço ao outro e o que ofereço a mim, o ser adulto e o ser criança...

O processo criativo despertado teve como eixo a conexão de potenciais, aclarando a diversidade interna de cada um e a diversidade entre as pessoas, focalizando com isso o ser como um todo, com suas diversas facetas: a força e a fragilidade, a dependência e a autonomia, o estar só e com o outro, o dar e o receber, o contato com o mundo externo e com o interno.

Tornou-se figura, isto é, foco de atenção no processo, o modo pelo qual cada uma despertava seus movimentos e canais sensoriais, descobrindo-se em novas situações e podendo *recriar-se* por novas expressões.

## Reconstruindo pontes com o despertar dos sentidos

Tivemos como ponto de partida a visualização do corpo inteiro. No trabalho com o desenho do corpo[4] na forma como ele é sentido, encontramos um modo de desvelar a identidade de cada pessoa. Pelo desenho, fizemos o que Spangenberg (1996, p. 127) chamaria de via-

4. A partir do desenho da silhueta do seu corpo inteiro, cada educadora passou a fazer uma colagem de gravuras sobre esse desenho, procurando responder, com imagens, às seguintes questões: Que alimento eu venho oferecendo a mim? Que alimento eu gostaria de me oferecer? O que venho oferecendo ao outro mas não ofereço a mim? Localizando-as nas diferentes regiões do corpo.

gem às fronteiras de si, na exploração das partes com as quais a pessoa possui ou não contato.

Tornou-se possível perceber preferências, desejos e necessidades que estavam sendo negligenciadas. Observando sua fronteira de contato com o mundo, elas perceberam que muitas vezes buscavam oferecer aos outros o que não ofereciam a si mesmas, esquecendo de si em casa ou no cotidiano de trabalho.

Em muitos desenhos havia uma ausência de gravuras nos membros inferiores do corpo (pelve, pernas e pés); essa era uma região silenciosa. As mulheres que associaram imagens aos pés as relacionaram ao contato com a terra: o trabalho e as dificuldades enfrentadas no dia-a-dia em virtude das desigualdades sociais. Nos pés de Ruth estava a frase: "A hora de enfrentar o dragão".

O trabalho sensorial[5] veio em seguida como uma forma de propiciar um experienciar-se de maneira mais inteira e integrada. Esse foi um caminho escolhido para a recuperação do prazer, do estar com o outro e poder compartilhar sensações que dão maior encantamento ao cotidiano, trazendo-lhe um outro sabor.

Segundo Zinker (1979, p. 83), o trabalho sensorial propicia um contato mais pleno com as sensações. Um re-aprender a olhar, saborear, tocar, ouvir, ver, de modo que as pessoas possam apreciar todos os aspectos de si mesmas e do outro.

Foi muito interessante observar que, no decorrer desses encontros, a primazia da fala deu lugar ao que eu chamaria de silêncio ritualístico. A roda que se formava em torno dos elementos a serem compartilhados parecia dar espaço a uma cerimônia, em que estava presente o cuidado e o respeito.

Senti também muita leveza e frescor no sorriso e movimento das educadoras ao saborearem com as outras os alimentos no centro da roda.

Ao final desses encontros conversamos sobre o processo de nutrição que havia sido realizado e do prazer vivido a partir da troca.

---

5. Após a visualização do corpo por inteiro através da colagem, tivemos uma série de encontros onde foi dada primazia ao tocar e ser tocado de maneira sutil, o cheirar, o degustar diferentes sabores, o sentir diferentes texturas. Momentos em que as educadoras puderam compartilhar entre si diferentes sensações a partir de diversos elementos que foram colocados no centro do grupo (perfumes, condimentos, frutas, tecidos e objetos diversos).

Paula disse que se sentira como se estivesse em um banquete. Nesse momento, comentei que todos os elementos presentes naquelas vivências poderiam ser encontrados no cotidiano da escola. Em seguida, perguntei por que aqueles momentos não estavam presentes no dia-a-dia e Paula ressaltou que ali estivera presente o amor, o carinho entre as pessoas.

O trabalho com as funções de contato (ouvir, olhar, tocar, falar, degustar, cheirar e movimentar-se) foi necessário para intensificar a *presença* e a *abertura* ao outro, fundamentais para a recriação do mundo e de si mesmo.

## Limites e possibilidades do feminino: um encontro com as deusas interiores[6]

Depois das vivências que enfatizaram as funções sensoriais, passamos a enfocar as diversas facetas femininas em um nível mais imagético e intuitivo. Procuramos desvelar cada educadora como uma mulher que está presente no trabalho com toda sua diversidade de papéis. O trabalho como um local onde estão presentes sua atitude diante do amor conjugal, da maternidade e seus ideais de vida.

Nessa etapa das oficinas trabalhamos com contos e modelagem em argila. Foram trazidas as histórias de sete deusas da mitologia[7] grega, as quais exerciam as funções de mãe, guerreira, esposa, amante, mística... Elas nos faziam evocar imagens arquetípicas,[8] imortalizadas ao longo dos tempos e presentes ainda hoje em nossa sociedade.

Ouvindo a história de cada deusa, as pessoas puderam fazer identificações. E, ao modelar em argila algo que pudesse simbolizar a presença de cada deusa em sua vida, iam situando-se diante dos diversos papéis desempenhados, detectando semelhanças e diferenças entre as deusas e as mulheres do grupo.

---

6. Nessa etapa das oficinas, a leitura de *As deusas e a mulher*, de Jean Bolen, ofereceu preciosa contribuição.

7. As deusas evocadas foram: Ártemis, Atenas, Héstia, Hera, Deméter, Perséfone e Afrodite.

8. O arquétipo é uma tendência para formar representações de motivos que se perpetuam através dos tempos. As imagens arquetípicas são, portanto, formas primitivas relacionadas com a *herança coletiva da humanidade*. Elas podem se manifestar em sonhos, fantasias, expressões artísticas, ou ainda, revelar a sua presença apenas como imagens simbólicas. (Carl Jung, 1964 p. 67-75).

Para o encontro consigo mesma, cada pessoa estava diante de mulheres distintas que podiam refletir aspectos seus mais atuantes ou encobertos. Cada deusa representava elementos da totalidade feminina que poderiam, ou não, ser vividos pelas mulheres do grupo.

Como ressalta Bolen (1990), o trabalho com as deusas evoca qualidades que possuímos ou que nos faltam. O contato com essa diversidade toca os centros criativos de cada pessoa, despertando seus sentimentos e sua imaginação. É dada a cada uma a oportunidade de reafirmar suas escolhas, colocando-se diante delas.

No entanto, ao deparar com qualidades que não estão presentes em seu momento atual de vida, a pessoa pode escolher privilegiá-las daí em diante, reconhecendo-as como necessidades até então encobertas.

Em presença das várias facetas da mulher, estávamos diante de um jogo de polaridades, com a possibilidade de despertar qualidades desejadas e ainda não-experienciadas *per se.*

Na última etapa desse processo, cada mulher ali presente pôde escolher a faceta feminina que gostaria de tornar figura no seu atual momento de vida, em contato com a qualidade que mais a atraiu e gostaria de presentificar, torná-la sua.

Após a escolha, veio o momento de dar expressão, forma e cor à qualidade por meio da dança e da produção de fantasias. Foi um momento alegre, divertido e, ao mesmo tempo, profundo e integrativo. Uma festa para a qual muitas Afrodites[9] haviam sido convidadas. Roupas vermelhas e corações pintados nos rostos davam forma à necessidade de encantar, de trazer a paixão para os seus dias. Outras mulheres integraram Afrodite às qualidades que sentem já possuir atualmente: Hera e Afrodite, Ártemis e Afrodite foram alguns dos enlaces feitos.

Em dado momento, alguém pediu um espelho para que cada pessoa pudesse se ver por inteiro: momento de risos e magia, em que os olhos percorriam todo o corpo. Desse modo, elas puderam exaltar qualidades e lançar-se em direção a outras possibilidades, dando abertura às novas escolhas existenciais.

---

9. Na mitologia grega, Afrodite é considerada a deusa do amor e da beleza. A deusa alquímica, devido a seu poder de transformação, inspirando paixão e vida nova (Bolen, 1990).

**Figura 5** A festa das deusas.

## FIANDO NOVAS TRAMAS: A CONSTRUÇÃO DE OUTRA REALIDADE SIGNIFICATIVA

O caminho percorrido pelas oficinas não foi o de conversarmos sobre o que há hoje nas relações entre as educadoras, mas, concretamente, tecermos os fios de uma nova trama, um outro modo de convivência, em que a corporeidade, com suas sensações e singularidade puderam ser anunciadas e postas em evidência.

A troca e a partilha saíram de um plano "ideal" e tomaram corpo, cheiro, sabor: aterrissaram no humano. A espiritualidade pôde entrelaçar-se com o corpo e com o prazer que ele proporciona, ela "se encarnou"; foi sendo recriada, inserida de outra forma na proposta de trabalho da instituição.

Visualizamos a mulher educadora como uma síntese relacionada ao modo como está presente em todos os seus espaços de vida. O educar como um movimento ligado à sua luta por autonomia e, ao mesmo tempo, ao modo como tece seus relacionamentos.

No último encontro que tivemos, quando fizemos uma avaliação do trabalho de oficinas, Teresa comentou que antes havia certo receio em tocar o outro, em aproximar-se e expressar carinho corporalmente. Hoje, ela sente que essa distância diminuiu, que as pessoas estão mais próximas umas das outras.

Depois dessa experiência, Ivone percebeu maior *clareza* em relação aos *rumos* de seu trabalho. As oficinas auxiliaram cada pessoa a situar-se, a visualizar com mais nitidez o sentido daquilo que faz.

Amélia salientou quanto se sentia *leve* após os nossos encontros; e Kátia, a maneira gostosa de *aprender* e *conhecer o outro.*

Celina percebeu as pessoas mais *engajadas* e *criativas* para solucionar os problemas e angariar recursos para a realização dos trabalhos da instituição.

Pelo que senti das avaliações, as oficinas em arteterapia potencializaram a busca de crescimento das pessoas e fortaleceram a identidade do grupo. O trabalho realizado foi o início de um processo que, hoje, o grupo sente necessidade de continuar, integrando-o aos seus momentos de capacitação.

Com as oficinas, abrimos um espaço acolhedor e, com isso, demos continência à expressão, ao mostrar-se e se deixar ser vista pelo outro de forma mais abrangente e profunda.

## Com tessituras nas mãos

Enquanto fiava com as educadoras a tessitura que unia suas diversidades, polaridades que pediam expressão, eu caminhava pelos fios que me conduziam à formação de uma outra tessitura: minha perspectiva de psicologia escolar – uma psicologia que pode dar sua contribuição à formação contínua de educadores.

Atualmente, fala-se muito sobre a urgência de melhoria na qualidade dos espaços educacionais e da necessidade de professores críticos e reflexivos. Muito tem-se discutido sobre a importância do resgate da cidadania no contexto histórico em que vivemos.

Acredito que essa construção passa não apenas pela crítica à desqualificação das instituições educacionais, mas, sobretudo, pela abertura de espaços para que os seres humanos que constituem a escola possam emergir por inteiro. Espaços em que os educadores, homens e mulheres, possam religar os fios que constituem a sua identidade, interligando-os ao seu movimento existencial como um todo. São necessários, portanto, recursos que diminuam o hiato entre trabalho e prazer, educar e aprender, refletir e intuir, sistematizar e criar. Nesse sentido, a arteterapia revelou-se para mim como um poderoso instrumento, capaz de mover a pessoa em direção à recuperação de sua inteireza.

As oficinas criativas com grupos de educadores têm mobilizado a capacidade de expressão de cada pessoa e, com isso, desperta sua força para falar ou calar: dizer sim ou não quando realmente deseja fazê-lo. Uma força que nasce da união de potenciais, agora mobilizados pela criação em grupo.

Na experiência que procurei relatar, partimos do acolhimento do silêncio, do respeito ao modo pelo qual as pessoas estavam se abrindo ao mundo-trabalho naquele momento, mesmo que pela indiferença. Desse acolhimento passamos a criar juntos, por meio da arte, outros modos de abertura.

O contato com os materiais plásticos, a dança, os exercícios de imaginação, ajudaram cada pessoa a descobrir a si e ao outro em novas perspectivas, o que redimensionou as relações no grupo.

## Referências bibliográficas

ALESSANDRINNI, C. A. *Oficina criativa e psicopedagogia*. São Paulo: Casa do Psicólogo, 1996.

BOLEN, J. S. *As deusas e a mulher*. São Paulo: Paulinas, 1990.

CRITTELI, D. M. *Analítica do sentido: uma aproximação do real de orientação fenomenológica*. São Paulo: Brasiliense, 1996.

_____. *Educação e dominação cultural: tentativa de reflexão ontológica*. São Paulo: Cortez, 1981.

FEINSTEIN, D. & KRIPPNER, S. *Mitologia pessoal: a psicologia evolutiva do self*. São Paulo: Cultrix, 1988.

HEIDEGGER, M. *A origem da obra de arte*. Lisboa: Edições 70, 1992 (Biblioteca de Filosofia Contemporânea).

_____. *El ser y el tiempo*. 2.ed. México: Fondo de Cultura Económica, 1971.

JUNG, C. *O homem e seus símbolos*. 4. ed. Rio de Janeiro: Nova Fronteira, 1964.

MACHADO, A. M.; SOUZA M. P. *Psicologia escolar: em busca de novos rumos*. São Paulo: Casa do Psicólogo, 1997.

PERLS, F.; HEFFERLINE, R.; GOODMAN, P. *Gestalt-terapia*. São Paulo: Summus, 1997.

POLSTER, E.; POLSTER, M. *Gestalt-terapia integrada*. Belo Horizonte: Interlivros, 1979.

RIBEIRO, J. P. *Gestalt-terapia: refazendo um caminho*. São Paulo: Summus, 1985.

_____. "O ciclo de contato". *Gestalt – Temas básicos*. Brasília: n. 1, 1995, p. 1-4.

SPANGENBERG, A. *Terapia gestáltica e a inversão da queda*. São Paulo: Paulinas, 1996.

YONTEF, G. *Processo, diálogo e awareness. Ensaios em Gestalt-terapia*. São Paulo: Summus, 1998.

ZINKER, J. *El proceso creativo en la terapia guestaltica*. Buenos Aires: Paidós, 1979.

# A relação dialógica no processo terapêutico de crianças com dificuldades de aprendizagem

*Dilaina Paula dos Santos*

## CONTATOS IMEDIATOS COM O LEITOR

É comum receber em minha oficina de psicopedagogia crianças cujos pais e escola se queixam de distração, falta de atenção e de concentração. O que tenho percebido no decorrer dos encontros com essas crianças é que, na realidade, elas têm concentração. O que ocorre é que a atenção está focada em outro lugar, está voltada para um mundo imaginário, diferente daquele exigido nos ambientes escolares. "O aqui-e-agora" da aprendizagem sistemática não é vivido, e essas crianças passam a apresentar dificuldades no aprender.

Para compreender melhor o acontece com a criança na escola, no que se refere à atenção/desatenção, convido você, leitor, a realizar uma experiência em que acessaremos sua memória.

Antes de mais nada, procure ficar em uma posição confortável, feche os olhos por alguns instantes e respire profundamente, tentando manter-se atento à sua respiração...

Como foi? Você conseguiu realmente ficar com a atenção na respiração ou milhões de outras coisas vieram à sua mente? Que coisas foram essas? Preocupações? Ansiedades?

Procure se lembrar agora das situações do seu dia-a-dia. Algumas vezes você se percebe em situações em que sua atenção não está inteiramente nelas? O que acontece?

E quando era criança? Você se lembra das vezes em que ficava desatento durante as aulas ou os deveres escolares? O que desviava sua atenção? Será que as aulas eram muito chatas? Talvez algumas situações fossem difíceis de ser vividas... Talvez houvesse algo em que pensar muito mais significativo e interessante. Havia espaço para você expressar o que pensava? Havia com quem falar das suas questões, isto é, alguém o compreendia sem criticá-lo?

Feche os olhos por mais alguns instantes, tentando se lembrar de imagens que lhe vinham à mente quando ficava "desatento". Tente se lembrar das cores, das formas, do movimento... Experimente pegar uma folha de papel e expressar algumas dessas imagens.

E, então, como foi?

Tente escrever uma pequena história sobre essa imagem. Ao terminar, procure perceber que relação existe entre o conteúdo da história e da imagem com a sua vida.

Respire...

Perceba com "o que" você entrou em contato. Isso o ajuda a imaginar o que pode estar acontecendo com as crianças que apresentam dificuldades de atenção?

Não perca o contato com isso enquanto lê o restante deste texto. Não se esqueça de que você, adulto de hoje, foi a criança de ontem...

Certamente você conseguiu se lembrar de momentos da vida atual em que sua atenção é desviada. Isso nos faz observar que, independentemente da nossa idade, todos temos ansiedades e dificuldades em algum aspecto, mas nós, adultos, temos um funcionamento cognitivo que nos permite criar estratégias para que essas questões não nos atrapalhem tanto; buscamos alternativas e soluções ou, pelo menos, tentamos. Já a criança não tem nem estrutura cognitiva nem afetiva para lidar com o que se passa com ela e, se não receber apoio de um adulto, suas dificuldades provavelmente se tornarão cada vez maiores.

É importante salientar que essa dificuldade de "concentração" a que me refiro não é *déficit* de atenção causado por problemas de ordem orgânica, para os quais, muitas vezes, recomenda-se tratamento medicamentoso. Nos casos que menciono, a dificuldade de atenção deve-se a problemas de ordem afetiva ou a um estado confusional em que os pensamentos não são coerentes, pois são invadidos por outros pensamentos – o que desvia o foco da aprendizagem e prejudica a criança na aquisição dos conteúdos escolares.

## A RELAÇÃO DIALÓGICA

Por que essas crianças ficam presas a esse mundo de fantasias? Talvez porque a realidade seja difícil demais para ser olhada; talvez porque o mundo imaginário seja facilmente controlado, um lugar seguro para nos refugiarmos...

Lembro-me da *História sem fim* de Michael Ende: um menino se refugia no mundo da fantasia porque não consegue viver o dia-a-dia sem a presença da mãe, e vai perdendo o contato com o que é real. E de *Alice no país da maravilhas* de Lewis Carroll, que retrata uma menina que deixa de perceber a diferença entre sonho e realidade.

É importante frisar que o imaginário, a fantasia e o refúgio são imprescindíveis para nossa vida; o problema surge quando não conseguimos discernir um do outro, quando permitimos que tomem conta de nossa vida e deixamos de viver a realidade; quando as crianças sonham acordadas nas aulas de matemática; quando adolescentes ficam sempre pensando no tempo reservado para estudar para a prova do dia seguinte, no grupo de amigos com o qual vão sair ou, então, quando a ansiedade de terminar a prova é tão grande que não a analisam, não a relêem, ou mesmo não conseguem fazê-la. A dificuldade de viver o real pode levar a situações bem mais drásticas para a juventude, para um lugar quase sem volta – o mundo das drogas.

Esse fenômeno não acontece apenas com crianças e jovens. Quantos adultos, deixam de viver o presente por estarem presos ao passado que nunca "passa"? Ou vivendo o que está por vir de forma ansiosa? Pessoas que, submersas em vivências que não as do presente, perdem gradualmente o contato consigo mesmas e com os outros, deixando de viver o presente. Você se lembra do momento que vivenciou há pouco?

Perls afirma que o homem moderno "passa um tempo infinito tentando recapturar o passado ou moldar o futuro. Suas atividades no presente são meramente tarefas aborrecidas que se deve tirar do caminho. Às vezes, nem se dá conta de suas ações no momento" (1977, p. 11).

A abordagem gestáltica denomina esses fenômenos "situação inacabada", em que a energia fica retida em uma situação que não se resolve. Ciornai escreve:

> Em *Maturação e recordação da infância*, Perls, Hefferline e Goodman [...] falam de situações passadas não-resolvidas, isto é, gestalts incompletas, que ficam como formas fixas no presente, obstruindo o fluxo livre e criativo de percepção e resposta às situações novas. Da mesma forma, defesas criativamente elaboradas no passado em resposta a avaliações acuradas de situações reais, ao se repetirem automaticamente, colocam o organismo em permanente estado de prontidão, obstruindo o fluxo do sentir (1989, p. 6).

Para completar, cito Hycner: "Quando a presença é diminuída, o sentimento de plenitude da vida também sofre" (1995, p.114).

Mas esse passado, esse presente, esse imaginário, enfim, esse "lugar" onde a pessoa deposita sua "energia vital" e em que vive submersa é extremamente importante para ela. Nós, terapeutas, não podemos negá-lo e fingir que não existe, não podemos deixá-lo de lado, pois ele *existe* nesse momento.

A família e a escola acreditam, erroneamente, que a saída é "arrancar" a criança e o adolescente desse mundo. Mas o que acontece é que, se os desprezarmos, eles podem continuar achando a realidade chata e difícil, pois, mais uma vez, não são entendidos e seus pensamentos e sentimentos não são valorizados.

Ao contrário disso, em meu trabalho terapêutico tenho buscado resgatar esse mundo imaginário de forma viva, fazendo que ele venha pulsando, confirmando sua existência no mundo.

Esse encontro terapeuta–cliente é o pressuposto da abordagem dialógica, inspirada na filosofia do diálogo de Martin Buber. É o processo terapêutico fundamentado no "entre" da relação em que, terapeuta e cliente encontram-se como pessoas que já trazem consigo um arsenal de vivências e de experiências. Não são como telas em branco em que simplesmente se acrescenta algo, mas pessoas que precisam ser aceitas para ser confirmadas em sua existência.

> A suposição da abordagem dialógica é que os bloqueios neuróticos ou "interferências" surgiram, ao menos em parte, porque outras pessoas não foram capazes de entender, considerar e valorizar a experiência dessa pessoa. Em conseqüência, ela não pode se sentir confirmada e, portanto, capaz de apreciar e valorizar a própria experiência (Hycner, 1995, p. 113).
> Tal abordagem preenche diversos objetivos importantes. Primeiramente, comunica ao cliente que o terapeuta está genuinamente e profundamente interessado em sua experiência (Hycner, 1995, p. 120).

Ao entendermos e apreciarmos as experiências do outro, estabelece-se uma relação que nos permite adentrar o universo dele e encontrá-lo lá. É buscarmos o outro onde ele está e não onde gostaríamos que estivesse.

Recordo-me de uma cena do filme *Patch Adams – o amor é contagioso*. No hospital psiquiátrico em que Patch havia voluntariamente se internado, seu companheiro de quarto não consegue ir ao banheiro porque via esquilos que o atacariam caso ele tentasse se locomover até lá. Patch Adams entra na fantasia de seu colega e começa a guerrear contra os animais; juntos eles destroem todos eles, e seu companheiro se sente calmo e tranqüilo para ir ao banheiro. Patch Adams, ao contrário do que faziam os médicos e psiquiatras daquele hospital, com suas seringas cheias de tranqüilizantes, ajudou o outro paciente a criar estratégias para lidar com uma fantasia que, para ele, era tão real. Patch Adams entrou na fantasia do outro, e, mesmo de forma intuitiva, usou recursos que adotamos muito em arteterapia: o da fantasia dirigida e o da linguagem teatral.

Gostaria aqui de contar um conto hassídico que trata dessa mesma temática:

**O príncipe que se tornou um galo**

Era uma vez um príncipe de um belo país que ficou louco. Ele insistia em dizer que ele não era um ser humano, mas sim um pássaro, um galo, para dizer a verdade. Ele não vestia roupas, ficava embaixo da mesa, comia apenas grãos de milho e imitava o cantar de um galo. Seu pai chamou médicos de todo o mundo na esperança de curá-lo, mas de nada adiantou.

Finalmente, um estudante muito esperto do Talmud se apresentou ao rei e disse que poderia curar seu filho. Após o rei dar seu consentimento, o sábio tirou a roupa, foi para baixo da mesa com o príncipe, começou a pegar um grão aqui, outro ali, e cantou como um galo. O príncipe fez de conta que não notou o sábio mas, depois de algum tempo, ele disse: "Quem é você?"

"E quem é você?", perguntou o sábio.

"O que você está fazendo aqui?", perguntou o príncipe.

"E o que você está fazendo aqui?", replicou o sábio.

"Bem, eu sou um galo e estou comendo."

"E eu também, como você mesmo pode ver."

Juntos, eles permaneceram embaixo da mesa por vários dias, pegando os grãos, até que começaram a se acostumar um com o outro. Quando o sábio sentiu que o príncipe o conhecia suficientemente bem, pediu aos servos do rei que trouxessem camisas. Ele vestiu a camisa e se virou para o príncipe. "Você acha que o fato de eu vestir uma camisa interfere no meu jeito de ser um galo?"

"Bem, eu não sei", respondeu o príncipe.

"Eu sou um galo ou não?"

"Sim, claro que você é", disse o pobre príncipe.

"Bem, então, nós dois somos galos. Se eu sou um galo e posso vestir uma camisa, você também pode."

O príncipe considerou lógico o que o sábio havia dito e vestiu a camisa.

Vários dias se passaram quando o sábio, então, trouxe duas calças. Ele vestiu uma calça e disse para o príncipe: "Você acha que isso me torna menos galo? Eu me sinto um galo como nunca". O príncipe, então, concordou em vestir a calça, pois isso não o tornaria menos galo, assim como o seu amigo. E, dessa maneira, pouco a pouco, o sábio convenceu o aflito príncipe a vestir todas as suas roupas – meias, cueca, terno, sapatos e todos os acessórios para a cerimônia.

Um dia, o velho sábio pediu aos servos que trouxessem comida. Ele começou a comer. Então, virou-se para o príncipe e disse: "Eu sou menos galo agora que estou comendo comida de gente?"

O príncipe concordou que ele ainda era um galo tão bom quanto antes e começaram a comer um pouco de comida de gente. Mais alguns dias se passaram e o sábio disse ao príncipe: "Você acha que galos sempre se escondem debaixo da mesa? Claro que não. Eles andam por onde querem. Olhe, igual a mim". Dizendo isso, saiu de baixo da mesa, andou pela sala e foi até a janela. Mais uma vez, o príncipe seguiu o sábio. Ele saiu de baixo da mesa e andou como homem. Então começou a se comportar como um homem (Certener, 1961, p. 73-5).

Tanto Patch Adams quanto o sábio do conto do príncipe foram ao encontro das pessoas, reconhecendo suas aflições como verdadeiras e sendo, de certa forma, cúmplices delas. Assim como eles, tenho tentado reconhecer as experiências das crianças que vêm até mim, utilizando-me da arteterapia para me conectar com elas, percebendo que esta é um excelente canal de comunicação, pois é linguagem viva; isto é, a pessoa se expressa e se comunica no momento do "aqui-e-agora" do encontro com o terapeuta.

Essa comunicação ocorre entre mim e a criança, entre o mundo imaginário e o real. A criança que encontra um espaço para vivenciar suas fantasias não precisa buscá-las em tantos outros lugares. Assim, ela tem a possibilidade de se reconectar com o real, pois consegue concretizar seu mundo imaginário.

Para haver aprendizagem é necessário haver interação do sujeito com o objeto de aprendizagem no *aqui-e-agora* da situação pedagógica. *Aqui-e-agora* é um conceito da Gestalt-terapia que significa estar presente e envolvido.

"Essa presença é uma atitude altamente ativa, de estar inteiro, aberto, disponível, energizado, é estar com aquilo que é mais do que com aquilo que foi, poderia ou deveria ser" (Tellegen, 1982, p. 95).

Em meu trabalho com crianças com dificuldades de aprendizagem, percebo-as, muitas vezes, sem envolvimento no aprender, percebo como a "não-presença" se revela nessas situações. Daí a queixa de professores da tal desconcentração do aluno. A conquista desse "estar presente" ocorre pelo contato da pessoa consigo mesma; é preciso que ela veja a si mesma, se conheça, perceba suas possibilidades para, a partir daí, transformar a relação que estabelece com seu processo de aprendizagem.

A Gestalt-terapia nomeia esse estar "presente" de *estado de awareness*, em que a pessoa fica mais atenta e percebe melhor o mundo que a rodeia. Nesse estado, o ego se amplia, ampliando também as funções de percepção, discriminação e orientação. A *awareness* e o aprendizado estão diretamente relacionados, como aponta Ciornai:

> É no processo de *awareness* que o indivíduo aguça e percebe tanto os sentidos como as relações de significado que estabelece entre eles, que tanto experiência como percebe a forma com que organiza as suas experiências, e é por isso que processos contínuos de *awareness* são sempre acompanhados de novas informações, isto é, da formação de figuras que criam um novo saber (1989, p. 5).

## A BORBOLETA APRENDENDO A POUSAR

Neste ponto, gostaria de ilustrar o que disse até agora com o caso de uma garota atendida por mim em psicopedagogia, a qual chamarei de Kate.

Kate estava com 10 anos de idade, cursando a quarta série do ensino fundamental, em uma escola particular de São Paulo. Seus pais me procuraram porque ela estava com muita dificuldade em entender os conteúdos escolares. A dificuldade de atenção foi observada por eles e pela escola. Kate se mostrava insegura diante da aprendizagem e de novas situações que tinha de enfrentar no seu dia-a-dia.

Kate gostava muito de animais, tanto que levava bichinhos de pelúcia para a escola e ficava brincando com eles e desenhando-os durante as aulas. Como havia sido proibida de levá-los para a escola, escondia-os nos bolsos e passava a maior parte do tempo pensando neles, em seus desenhos televisivos favoritos e em seus animais de estimação. Isso parecia, para ela, um jeito de se sentir segura.

Nas sessões, Kate fazia desenhos desse mundo para que eu pudesse conhecê-lo. Fez desenhos de seus animais: cachorros, gatos, lobos, cobras etc. Eu a incentivava a fazer esses desenhos, pois valorizava o que ela considerava importante (Figura 1).

Um dia, a partir de uma atividade plástica, Kate criou uma história com um garoto que queria saber o que havia "embaixo do mar"; o garoto pediu ao pai que lhe comprasse um submarino, e este, não dando importância ao assunto, mandou-o dormir. Mas o garoto, não satisfeito, sonhou que era chefe de uma tripulação, tinha seu próprio

**Figura 1** Desenho dos animais de Kate.

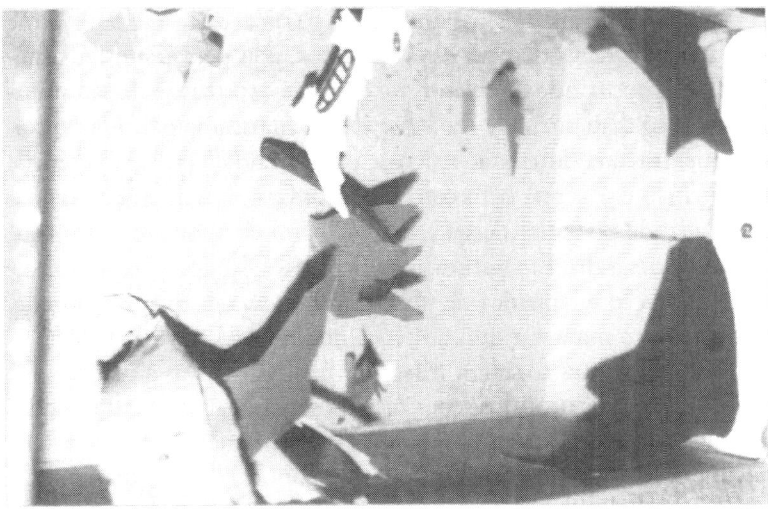

**Figura 2** Construção do fundo do mar.

submarino e também uma missão: conhecer o fundo do mar. Quando acordou, foi correndo contar o sonho a seu pai.

Esse sonho parecia causar em Kate um sentimento de negação do outro, o que ela considerava importante. Percebendo a necessidade de levar esse sonho em consideração nas sessões, a fim de acolhê-lo e mostrar que o que ela pensava e desejava era importante, propus uma fantasia dirigida dentro de um submarino. Nessa fantasia, ela se imaginou no fundo do mar e viu vários peixes e outros animais marinhos. Sugeri, então, que construísse plasticamente esse mar dentro de uma caixa de sapato, utilizando diferentes papéis (Figura 2).

Após a construção desse cenário, propus que retomássemos a viagem imaginária, a fim de, posteriormente, transpormos seu enredo para a linguagem escrita. Desta vez, no entanto, ela se imaginou com roupa de mergulho. Contou-me que os peixes a deixaram um tempo sozinha em uma caverna. Perguntei-lhe como se sentira e ela disse que pudera voltar a esse lugar fora do submarino e não tivera medo, pois, "quando voltamos a um lugar já conhecido, nos sentimos mais seguros".

Sugeri a Kate algumas outras vivências de passeios a lugares imaginários para representá-los nas linguagem plástica, oral e escrita. Ela me contou que gostava de fazer esses trabalhos, pois permitiam-na visitá-los depois, apossando-se deles. Kate olhava a construção de seu mundo aquático diariamente e dizia que ele lhe transmitia paz. Ela expressou que, nos atendimentos, sentia-se compreendida em seu potencial imaginativo e se sentia bem com isso. Conversamos a respeito de como e quando podemos deixar esse imaginário vir à tona sem nos atrapalhar no dia-a-dia. Em termos gestálticos, essa vivência permitiu a Kate a elaboração terapêutica de uma *gestalt oculta* de sua interioridade, auxiliando-a a manter a atenção plena no presente.

Kate, que antes se sentia insegura diante de novas situações, foi descobrindo seus próprios recursos para se sentir mais segura, o que, acredito, tenha-se expressado na idéia de permanecer dentro de um navio enquanto estava em um lugar desconhecido e ir, aos poucos, conhecendo esse lugar. Com essa experiência, ela percebeu que poderia, sozinha, enfrentar desafios, que tinha potencial e autonomia para isso.

Tornei figura de minha atenção, como terapeuta, o mundo imaginário de Kate, focando o que estava emergindo para ela. Aos poucos ela foi se sentindo cada vez mais aceita por compartilhar essas experiências comigo. Conversamos sobre sua antiga distração durante as aulas, e ela verbalizou que antes parecia viver em outro planeta, que "viajar" era bom, mas que agora sabia quando ir e como tomar o caminho de volta (Figura 3).

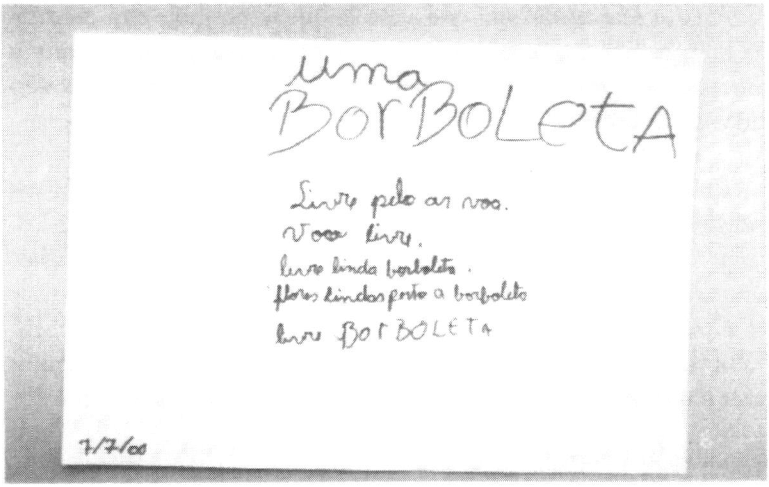


**Figura 3** Poema de Kate ao final do processo terapêutico.

## NOVOS CONTATOS

Muitas são as crianças ditas "avoadas", como Kate. O que acontece é que, se não forem atendidas de alguma forma, se tornarão cada vez mais desatentas e distantes do mundo real, do dia-a-dia que têm de enfrentar.

Crianças com dificuldades relativas à atenção estão em toda parte, mas os adultos que lidam com elas parecem lidar, também, com questões semelhantes, embora em uma outra ordem: não estão atentos à criança que está a seu lado. Muitas vezes, a criança que demonstra desatenção é rotulada de preguiçosa, problemática, incapaz, e por não se sentir aceita refugia-se novamente em seu porto seguro. Se a criança se mostra desatenta, seja por ansiedade, ou por se refugiar no mundo da imaginação, está querendo dizer que existe algo que está difícil de ser vivido da maneira exigida, que uma realidade interna não está sendo bem compreendida. Essas crianças precisam de suporte para buscar, em seu mundo, um jeito próprio de lidar com as exigências da realidade e atendê-las. Precisam de espaço de expressão para que isso ocorra.

Gostaria, assim, de finalizar este texto propondo outras questões:

*Para os educadores:* será que a escola que temos hoje está preparada para acolher essas crianças e a maneira pela qual elas lidam com os processos de aprendizagem? Talvez a escola promova ainda mais os estados de desatenção, causando, muitas vezes, indisciplina ou apatia.

*Para os pais:* será que estão atentos a seus filhos, respeitando sua individualidade e permitindo que vivam os próprios processos? Vocês percebem e aceitam que, algumas vezes, eles precisam de auxílio?

*Para nós, terapeutas:* procuramos estar conscientes de nossos clientes, indo ao encontro de seu mundo interno? O que mais podemos fazer para auxiliar a escola, os pais e a criança a ficar mais atentos?

## Referências bibliográficas

CERTENER, S. (org.) *101 Jewish stories.* Nova York: Board of Jewish Education on Greater, 1961.

CIORNAI, S. "Em que acreditamos?". II Encontro Nacional de Gestalt-terapia, Caxambú, Minas Gerais, 1989 (mimeo).

HYCNER, R. *De pessoa a pessoa: psicoterapia dialógica.* São Paulo: Summus, 1995.

OAKLANDER, V. *Descobrindo crianças: a abordagem gestáltica com crianças e adolescentes.* São Paulo: Summus, 1980.

PERLS, F. *A abordagem gestáltica e testemunha ocular da terapia.* Rio de Janeiro: Jorge Zahar, 1977.

SANTOS, D. P. "A arte de construir bonecos e de contar a própria história". In: ALLESSANDRINI, C. D. (org.). *Tramas criadoras na construção do "ser si mesmo".* São Paulo: Casa do Psicólogo, 1999, p. 109-31.

TELLEGEN, T. A. "Atualidades em Gestalt-terapia". In: PORCHAT, I. (org.). *As psicoterapias hoje: algumas abordagens*. São Paulo: Summus, 1982, p. 79-98.

# Parte II

# Arteterapia e Saúde

# A saúde, mais do que a ciência: arte, filosofia e antropologia

*Walter Müller*

A filosofia nasce, como prenúncio da ciência, no apagar das luzes do domínio político greco-romano, e nos deixa esse legado que abrirá um novo paradigma nos séculos vindouros, constituindo pouco a pouco uma razão instrumentalizada. Chamo, talvez imprecisamente, assim, a esta nova forma de abordagem que faz da razão objeto de si mesma, pois a partir dos pré-socráticos, na Grécia, surge uma nova maneira de perceber a realidade, suplantando aquela que a atrelava apenas às religiões e a seus mitos e ritos particulares, e pela primeira vez ousa pensar independentemente de todas as amarras, questionando o já questionado, desdizendo o já dito do pensamento e estabelecendo-o como criação permanente, recriação contínua.

Os gregos desataram o nó e multiplicaram as possibilidades de especulação sobre as grandes questões da vida, da natureza e da existência, mas principalmente enunciaram o pensamento como permanente **invenção**, e isto posto, poder-se-ia dizer que ele também é uma forma de **ficção**.

"A crença em 'certezas imediatas' é uma ingenuidade moral que nos honra a nós filósofos", como nos diz Nietzsche em *Para além do bem e do mal* (1974). Podemos, nos passos das ciências, encontrar argumentos para tudo fundamentar, e nos ensina a filosofia o tempo todo a de tudo desconfiar. Será que temos parâmetros suficientes para definir e diferenciar o "verdadeiro" do "falso", e, nesse sistema precário e provisório de especulações e "verdades", poderíamos, como quer Nietzsche, relativizar as oposições entre "verdades" e "mentiras", acreditando apenas construir um regime provisório de verdades, como mais tarde enunciou Foucault?

O que os gregos estabeleceram como ponto de partida consensual, a idéia da *Phisis*, funcionou como o denominador comum de onde partiram vertentes especuladoras: uma idéia que pudesse estabelecer uma unidade mínima, um princípio unificador de tudo. E o que é esta *Phisis*? Para os pré-socráticos é a natureza, a origem das coisas, que para Tales de Mileto é a água; já Heráclito dizia que é o fogo; Demócrito que é o átomo, não importando tanto a idéia de qual é o elemento, mas sim que essa unidade mínima existiria e seria comum a todos. Para eles, o mesmo princípio atravessaria tudo, corpo e pensamento, pois se em tudo existe a *Phisis*, tudo se irmanaria: bichos, coisas, seres, pensamentos; estabelecendo uma horizontalização e uma igualdade substancial a que os estóicos, posteriores aos pré-socraticos, denominariam de imanência. Para outra corrente filosófica, a dos platônicos, o corpo seria o aprisionador da alma, do pensamento, que tende, em oposição ao corpo, às alturas, à evolução.

O corpo é o mal a ser combatido, o corpo é um simulacro de algo perfeito que habita o "mundo perfeito das idéias" (lá nas alturas!). A construção dessa idéia marca toda nossa civilização, já que conceitos, quando se tornam hegemônicos na base de um novo modelo ou paradigma civilizatório, passam a contaminar toda a construção de pensamentos ou conceitos. Ou seja, quando pensamos chegar a um conceito ou ter pensado um conceito, nada mais fizemos do que repetir passo a passo todo o encadeamento adquirido culturalmente por nós, a forma como fomos ensinados a pensar, e que, mesmo imperceptivelmente, reproduz toda nossa filiação filosófica, sub-reptícia e incorporada, todos os nossos vícios lógicos e conclusivos – e, por que não dizer, toda nossa mitologia, nossa **crença**.

Nossos regimes precários de verdades construídas cumprem suas funções civilizatórias, especulativas, e nada nos garante suas veracidades, já que não importa o julgamento moral de serem verdades, no sentido de sua permanência.

O universo para o qual a física newtoniana tornou-se uma verdade, projetado cosmicamente, tornar-se-ia uma mentira. Retornando à questão da *Phisis*, se a física quântica a retomasse numa outra dimensão, a ciência biológica se apropriaria dela como código e arquivo para estabelecer a hegemonia e o controle da vida a ser capturada. Seqüenciam-se genes, seqüestram-se patentes biológicas da natureza e do humano, por meio de suas unidades mínimas – os genomas –, como formas capturáveis por essa nova fórmula chamada biopoder.

Se a medicina, com o seu discurso higienista no século XIX, constituiu-se como poder, estabelecendo-se com medidas asépticas e antissépticas, apropriando-se dos espaços públicos, intervindo em usos e costumes e determinando o que seria lícito ou ilícito fazer, ao mesmo tempo passou, de maneira ostensiva, a desautorizar outras formas de pensamento, como se esta ciência positivista, de filiação platônica, pudesse estabelecer uma planilha de crescimento contínuo e ascendente, rumo ao "mundo perfeito das idéias" de progresso, dividindo o mundo em civilizados ou bárbaros, apontando a ciência médica como preponderante, por exemplo, em relação às ciências sociais e ao "obscuro" universo psicológico ao qual a ciência biológica buscou categorizar e hierarquizar ao máximo para obter o aval e o controle sobre ele, por meio de um discurso apropriador.

Estabelecido que a ciência é um regime precário e provisório de verdades construídas culturalmente, isto a aproximaria do pensamento mágico ou "selvagem", no aspecto de que o que importaria seria principalmente sua eficácia social, e se justificaria sua permanência enquanto cumprisse sua função no seu tempo. Nesse aspecto, o dito "pensamento mágico" seria um regime de verdades muito mais eficaz e de mais alta longevidade, agregando a comunidade e explicando o mundo. Vem crescendo um pensamento de uma antropologia da saúde, que estabelece um diálogo no respeito aos outros saberes, outros regimes de verdades de cultura, inclusive embarcando em sua eficácia para estabelecer no respeito às práticas tradicionais e multidisciplinares uma melhor adesão aos tratamentos ou para, invertendo esta lógica, abrir espaço para outros saberes atuarem onde esta ciência não alcança.

Em um período em que atuei como médico na Reserva Indígena do Xingu, fui visitar uma índia idosa, pelos parâmetros locais, e pude constatar que vivia uma vida normal, cumprindo todas as tarefas habituais. Estava na aldeia Yawalapti, cujo cacique é Aritana, importante liderança indígena que transita fluidamente no universo do homem branco. Fui introduzido na oca por Parú, pai de Aritana, que tinha a ciência das ervas e da medicina, tratando dos enfermos da aldeia. Contou-me a seguinte história: havia sido diagnosticado câncer de colo de útero, e assim os médicos acharam por bem levar a enferma para ser tratada em Brasília. Aritana, que tempos depois foi visitá-la, constatara que ela havia piorado e emagrecido; e assim sendo, disse: "Se é para ficar aqui e piorar, prefiro que fique na aldeia, junto de sua família, e sendo tratada por Parú. Já que é para morrer, vai morrer junto de seus amigos e familiares".

Seu retorno à aldeia proporcionou sua reabilitação. Voltara a se alimentar melhor, recuperando forças, e voltou a trabalhar, o que para os conceitos de saúde locais quer dizer SAÚDE. Índio doente é o que fica na rede, não podendo cumprir suas funções. Mesmo que algum dia possa morrer, saúde é estar inserto socialmente, cumprindo suas funções, fazer suas obrigações habituais e rituais, viver em comunidade e estar de acordo com os espíritos. E se para o universo do homem branco as psicoterapias, inclusive a arteterapia, cumprem sua função pela conexão que têm com o nosso universo de simbolização e significação. Para o outro universo, seus ritos, danças e pinturas corporais estabelecem funções singulares que devem ser respeitadas e a elas deve a comunidade ser remetida, respeitando seus referenciais culturais específicos.

A antropologia contemporânea vem caminhando no sentido de reorganizar na horizontalidade os pensamentos, questionando a verve hierárquica (verticalizadora) do platonismo de que somos herdeiros, e que, por vício talvez, não abandonamos. Ela vem nos colocando a idéia da inexistência da linha de evolução (histórica) dos saberes, e desmistificando a idéia de que a ciência seria uma evolução do pensamento mágico, uma superação de um pensamento "atrasado ou primitivo". Um não seria a continuação ou evolução do outro, mas sim caminhos separados, regimes de verdades ou pensamentos diferentes. A falsa noção de "primitivo" cai por terra, no caso brasileiro, quando por exemplo descobrimos a complexíssima taxonomia e classificação de pássaros, animais e plantas feitas por nossos ameríndios, que foi literalmente copiada pelos cientistas europeus que aqui vieram nos tempos coloniais – que também não conseguiam distinguir muitos aspectos dessas nuanças de classificação, tamanha a riqueza e sutileza de detalhes e observação. O pensamento dito "selvagem" produz coisas espantosas para nós, como o sistema de navegação das ilhas Trobriand, que seus nativos criaram e que são até hoje utilizadas em sua rica nomenclatura pela ciência dos navegadores. A ciência, também embora não admitamos, é carregada de pensamento mágico, pois remete às experiências, às crenças. Sem contar os acasos das descobertas no decorrer ou não das experiências. Não seria a eficácia das práticas empíricas dos povos, no decorrer de centenas de anos, fator legitimador suficiente? Não temos visto categorias estabelecidas como normal/anormal, saúde/patologia, serem questionados e contestadas?

> [...] é este feixe algo caótico de fragmentos de discurso científico, carente de organicidade, que serve de suporte a uma prática historicamente intolerante com suas concorrentes às quais acusa de "não-científicas", como se ela própria fosse. E é, ela mesma, um emaranhado igualmente desarticulado, no qual se misturam várias peças dissimétricas, que incluem em proporções variadas, tradição, ciência, pressão das indústrias farmacêuticas e de equipamentos e uma larga margem de incerteza. O que pretendo aqui é, pôr a nu, tanto essa desarticulação metodológica quanto o enraizamento ideológico, que a meu ver dão sustentação à prática médica hoje hegemônica [...] (Birman, 1991).

Uma vez estabelecidas essas idéias como base legitimadora das diferentes práticas atreladas às idéias de saúde, e reafirmando a idéia de multiplicidade em sua abordagem, temos presenciado em nossas práticas a importância do trabalho numa rede de disciplinas, para melhor atender à complexidade das questões que a contemporaneidade nos apresenta, tais como drogadição, trabalhos de intercessão social, com deficientes físicos etc. Nesse contexto, a arteterapia se apresenta como possibilidade diferenciada no estabelecimento e aprofundamento do vínculo terapêutico, diferenciando-se de outras práticas psicoterapêuticas porque a própria linguagem criativa, os materiais utilizados (cores, texturas, possibilidades de expressão com cada material), agregados ao olhar terapêutico modalizador, tornaram-se incentivadores das experimentações de expansão ou continência necessárias em cada momento do processo. A arteterapia utiliza esses elementos de tal forma que eles são, em grande parte dos casos, um instrumental de melhor adesão terapêutica e que têm menos possibilidade de suscitar resistências – que ocorreriam nas psicoterapias verbais, já que nelas os pacientes têm amplo domínio da linguagem racional verbal e maior capacidade de manipulação, dissimulação e controle.

Em outro trabalho com um adolescente que acompanhava terapeuticamente, pude estabelecer nosso vínculo por meio do gosto que tinha pelas pichações e pelo grafite. Mostrei trabalhos feitos em painéis de Nova York e passamos a nos encontrar para, por intermédio de fotos de murais, reproduzirmos os desenhos em papéis milimetrados. Qual a razão dessa escolha? Tratava-se de estabelecer "limites a serem respeitados", já que este é um dos principais problemas enfrentados pelo drogadicto, e o pretexto dos limites do "quadriculamento" desse papel foi riquíssimo sem que, de maneira mais direta e passível de esbarrar em resistências, abordássemos a questão. Era uma metalinguagem arteterapêutica!

A arteterapia parte de um "princípio de prazer", de exercícios criativos, de grandes possibilidades de envolvimento mais imediato, de permanente experimentação de campos intensivos, de irrupção de devires desconectadores das linhas duras racionalísticas que nos atravessam e nos impedem de vivenciar a riqueza de nossos processos de subjetivação.

## Referências bibliográficas

BIRMAN, Joel. "A *Phisis* da saúde coletiva". Rio de Janeiro, *Revista de Saúde Coletiva da Uerj*, ano I, n.1, 1991.

FUGANTI, Luís A. "Os estóicos e os portais do tempo". Curso semanal de Filosofia realizado em residência, 2000.

NIETZSCHE, F. "Para além do bem e do mal". In: *Nietzsche*. São Paulo: Abril, 1974 (Coleção *Os Pensadores*).

____. "Sobre verdades e mentiras no sentido extramoral". In: *Nietzsche*. São Paulo: Abril, 1974 (Coleção *Os Pensadores*).

STRAUSS, Lévi. *O pensamento selvagem*. Rio de Janeiro: Jorge Zahar, 1983.

# Arte e corpo como cura

Vera Maria Rossetti Ferretti

Os trinta anos de atendimento clínico e de supervisão de alunos possibilitaram-me a construção de um método de trabalho pessoal, que explora a relação entre o trabalho corporal e o processo criativo visando à ampliação da consciência, seja em um trabalho psicoterápico, seja em um trabalho mais voltado ao processo de autoconhecimento.

A partir da década de 1970 comecei a estudar e a adotar técnicas de relaxamento e de psicomotricidade em atendimento, no consultório, de crianças e adolescentes com dificuldades de aprendizagem e problemas de comportamento. Em 1978 fui uma das fundadoras do curso de especialização em psicopedagogia do Instituto Sedes Sapientiae, onde ensino até hoje, e, em 1993, passei a integrar a equipe do curso de arteterapia do mesmo instituto. Tive a oportunidade de ensinar técnicas corporais para os alunos desses dois cursos, contato esse que me possibilitou a elaboração dos conteúdos que considero essenciais à formação do terapeuta e a seus instrumentos de trabalho.

Ao longo dos anos, minha caminhada por diferentes trilhas produziu um trabalho que integra diversas abordagens corporais: a metodologia Laban de expressão corporal, a eutonia, a integração psicofísica, o *kum nye* e a Dinâmica Energética do Psiquismo. No entanto, o trabalho de formação e de atendimento me mostraram quanto os processos criativos associados às atividades e às manobras corporais podem favorecer e facilitar o caminho psicoterápico e de autoconhecimento.

À medida que os grupos viviam as dinâmicas corporais integradas à arteterapia, mais e mais a criatividade emergia, manifestando-se tanto no movimento corporal quanto no potencial artístico de cada um, por meio de poesias, crônicas e trabalhos plásticos. Pude perceber como a descoberta dessas novas formas de linguagem, que muitas vezes expressavam conteúdos inconscientes, e a compreensão desses conteúdos – por vezes expressos de forma simbólica – viabilizavam novos diálogos e maior conhecimento de si mesmo.

A palavra *cura* tem o significado de cuidar, e é baseada na abordagem que conceituo aqui como um longo caminho de transformação, uma busca constante do indivíduo na ampliação de sua consciência. E esse tem sido um caminho que venho trilhando em meu percurso como professora e psicoterapeuta, pois, por muitas vezes, tenho acompanhado pessoas em processos de cura. Nessas experiências, estava sempre presente a seguinte inquietação: que recursos o terapeuta deve desenvolver em si mesmo para ser um canal energético e facilitar a trajetória curativa do cliente sem perder seu eixo?

Muitas vezes, percebemos que, com grande facilidade, sentimo-nos arrastados pelas energias que fluem em alguns atendimentos, perdendo nosso centro referencial e dificultando a canalização de uma energia superior que sustente o processo que está ocorrendo. Centrar na respiração, por exemplo, ajuda o terapeuta a manter seu eixo, pois, nessa condição, pode seguir o fluxo energético do paciente, propiciando, assim, melhor qualidade na intervenção terapêutica.

Tenho desenvolvido um trabalho de consciência do corpo tanto no âmbito da psicoterapia quanto no da formação de psicopedagogos e arteterapeutas. Nesse processo, recorro tanto a exercícios corporais que favorecem a introspecção, quanto a automassagem, aos exercícios de eutonia e *kum nye* e a movimentos expressivos baseados na metodologia de Laban. Ou seja, dependendo do contexto, em certos momentos a pessoa é solicitada a "mergulhar" no seu mundo interno, enquanto, em outros, a expandir seu potencial expressivo.

No trabalho de expressão corporal, muitas vezes emprego materiais como panos, tules, elásticos, bambus e bolinhas para facilitar o processo terapêutico. Cada material sugere um repertório de movimentos e qualidades. Por exemplo, ao trabalharmos com elásticos, além de ampliarmos a fluência, também desenvolvemos a flexibilidade do corpo e de comportamentos. Esse tipo de trabalho pode culminar em uma dança expressiva, como também desenvolver primeiro a relação interpessoal, propiciando uma interação energética entre pessoas, para depois culminar em uma harmonia de movimentos.

Quando trabalho com grupos, às vezes começo com vivências individuais para aos poucos explorar atividades em duplas e chegar a uma dinâmica que envolva a todos. Nesse tipo de processo cada um se expressa inicialmente de forma individual no contexto grupal, o que leva à relação com o grupo e criativamente desencadeia, em sintonia com os outros, a sutileza do encontro de duas ou mais almas.

É importante ressaltar que o repertório de movimentos vai se formando no decorrer da vida do indivíduo, isto é, na infância, na adolescência... O movimento se manifesta de forma peculiar nos diferentes ciclos de vida Por exemplo, se pensarmos no adolescente que nessa fase de crescimento deseja explorar seu corpo, percebemos como ele o faz por manipulações e exercícios físicos, como a dança e os diversos esportes. Já o pré-adolescente muitas vezes coloca-se diante do espelho e ali vive a fantasia de ser um grande bailarino, o que, ao mesmo tempo que lhe proporciona um sentimento de prazer, lhe dá a sensação de tornar-se senhor de seus gestos. Nessa época, o púbere não tem consciência do quão importante é viver essa fantasia, que lhe abre um caminho para maior contato com o poder expressivo do seu corpo.

Retomando o eixo, quero ressaltar a importância do *grounding* ou do aterramento energético para o terapeuta em formação. Em minhas atividades pude perceber que quanto mais enraizamos o primeiro chacra, mais sentimos fluir a energia na relação terapêutica, ajudando as pessoas a fazerem seu próprio caminho.

A palavra chacra em sânscrito significa roda. O movimento energético do chacra assemelha-se a vórtices de energia, que se distribuem na superfície do corpo etérico ou energético do ser humano. "Os chacras, ou centros de força, são pontos de conexão pelos quais flui a energia de um a outro veículo ou corpo do homem" (Leadbeater, 1993, p. 19).

No *grounding*, os pés são representados como raízes. O terapeuta deve poder percorrer os mundos da consciência e do inconsciente, acompanhando o trajeto energético de seu cliente, mas sem se misturar. Isso me faz lembrar do mito de Hermes, o mensageiro dos deuses, que também precisa transitar por diferentes mundos. Para conseguir isso, Hermes conhecia os códigos dos diferentes mundos pelos quais transitava e também os caminhos de saída. Além disso, Hermes tinha pés alados, o que lhe possibilitava o enraizamento com o movimento dinâmico. Assim, associo o mito de Hermes ao papel do terapeuta, que acompanha dinamicamente os mais diversos caminhos de seus clientes.

Ao mesmo tempo, os pés também são responsáveis por dar equilíbrio e sustentação ao corpo, ao psiquismo e à vida espiritual. A forma como tocamos o solo nos dá a percepção do caminhar pela vida e da descoberta do mundo à nossa volta. Os pés, portanto, estão diretamente ligados ao crescimento interno. É o que Jung denomina *individuação,* um processo de crescimento em busca da essência. Individuação, segundo Sharp, é "[...] o processo, levado a termo de modo consciente, que conduz à realização do *self* como uma realidade psíquica maior do que o ego" (1997, p. 92). "Assim, talvez não seja por acaso que a palavra pé, *podos* em grego, esteja estreitamente relacionada à palavra *paidos*, usada para significar criança" (Leloup, 1998, p. 34).

Diante dessas colocações, gostaria de salientar a importância de o terapeuta cuidar do enraizamento de seu cliente, pois os pés trazem a criança que todo homem carrega dentro de si. Sabemos que quanto mais trabalhamos os pés com massagens, relaxamentos e diferentes modos de andar, mais e mais os pés vão se enraizando no chão e a energia do corpo aos poucos torna-se mais equilibrada. Além disso, os pés como base do equilíbrio e do movimento do corpo também ajudam a desenvolver o equilíbrio do psiquismo e da espiritualidade, pois se comportam como raízes do nosso ser.

Certa vez recebi uma menina de 10 anos de idade que apresentava dificuldades de se centrar nas atividades. Percebi que ela caminhava sem apoiar completamente os pés no chão. Fomos trabalhando seu eixo, isto é, sua coluna, por meio de massagens utilizando bolinhas, bambus e toques sutis, acompanhadas por desenhos da sua imagem. Ao mesmo tempo desenvolvemos sua consciência dos pés como base do corpo, com massagens nas articulações pequenas (técnica criada por Petrö Sándor), e todo tipo de andar (formas variadas de se deslocar). Como resultado, percebemos que ela não só mudou a forma de se movimentar como ampliou sua capacidade de refletir a respeito de seus sentimentos no cotidiano e apresentou-se mais equilibrada diante de situações novas, mostrando mais coragem frente ao mundo.

Por outro lado, a energia física e psíquica pode ser mobilizada pela respiração consciente que, uma vez que vai se tornando mais profunda, proporciona maior contato com o psiquismo. A respiração tem suma importância nos processos de contato com o inconsciente, pois pode promover a passagem dos conteúdos deste para o consciente. A respiração é, portanto, tanto um caminho para o relaxamento quanto um caminho para acessar e transmutar conteúdos profundos.

> Os núcleos de potenciação que arrastamos em nosso processo encarnatório, por ressonância magnética, nos conduziram para o ambiente físico, no qual pudemos fazer emergir nossa lição de vida, por meio do caráter que constituímos. Os núcleos de potenciação se manifestam por nossas crenças básicas nas quais nós nos movemos, crenças que nos impedem de nos mover de outra forma. Transmutar a estratégia de caráter significa desvendar e transformar essas crenças em novas crenças que permitam a cada um de nós ser o que somos em nossa essência, e não aquilo que aparentamos ser em nossa estratégia de caráter (Basso e Pustilnik, 1996, p. 5).

Em outras palavras, os núcleos energéticos de cada pessoa mobilizam-nos a buscar nosso caminho de vida. As crenças que nos regem podem dificultar ou facilitar nossa atuação no mundo de tal forma que, à medida que as transformamos e as desvendamos, temos a possibilidade de buscar nossa essência e mudar nosso padrão de comportamento, aproximando-nos mais das necessidades do nosso ser.

Considerando que o desenvolvimento individual atua por ressonância nos indivíduos da mesma espécie, podemos ampliar nosso pensar considerando a ressonância magnética associada ao conceito de campo morfológico.

> Sheldrake sugere que todos os sistemas são regulados não somente por energia e fatores materiais conhecidos, mas também por campos invisíveis de organização. Toda vez que um membro de uma espécie aprende um novo comportamento, modifica-se o campo cau-

> sativo da espécie. Forma-se uma matriz invisível, um campo morfogenético, que envolve ação a distância e a ressonância mórfica dirá respeito à espécie inteira (Eston, 1998, p. 12).

Conceituaremos então estratégia de caráter como os mecanismos de defesa do ego que se manifestam no nível do comportamento, pois são usadas pelo ser humano para se defender da dor e do sofrimento. Nessas condições, as pessoas funcionam com a energia condensada em algumas regiões do corpo, desenvolvendo uma postura corporal e um movimento expressivo que condizem com essa acumulação energética.

Nos grupos, como também individualmente, com a realização de vivências corporais, pude observar que as pessoas entravam em contato com conteúdos muito profundos mediante as sensações do corpo, dos sentimentos e das imagens. Tratando de temas comuns, com freqüência esses conteúdos transpunham as histórias individuais. Muitas vezes, a possibilidade de transformá-los artisticamente facilitava o diálogo. O colorido e as linhas espelhadas no papel ou na tela construíam uma relação entre consciente e inconsciente. O trabalho de arte propiciava um contato objetivo com os símbolos pessoais ou coletivos, pois mediante a imagem projetada no material plástico abre-se a possibilidade de refletir sobre e compreender os sentimentos e as percepções que emergem da produção artística. É interessante salientar que esse processo promove modificações no olhar, nas relações consigo mesmo, com o trabalho e com a família, pois é o cinzel que revela a obra de arte contida na matéria.

O emprego de diferentes materiais nas propostas corporais me fez refletir sobre as características de cada material, sobre os conteúdos pessoais que são mobilizados e sobre a maneira pela qual cada pessoa manifesta seus sentimentos. Como tenho trabalhado com grupos e em atendimento individual, apresentarei neste capítulo alguns relatos de processos vividos.

## DESCOBRINDO-SE POR MEIO DOS VÉUS

Os véus transformam a visão do mundo observado banhando o ar com diferentes coloridos. A transparência e a textura lançadas no espaço trazem o ritual das sacerdotisas. Sua elasticidade e leveza possibilitam a exploração de movimentos novos com amplitude e feminilidade. O jogo do corpo com o material recupera lembranças guardadas ao longo do tempo. A pessoa, ao lançar os tules no ar, perde o controle do movimento descrito pelo tecido, pois este não corresponde ao gesto que o lançou. Quando propomos um trabalho em parceria ou em grupo, a interação entre as pessoas é facilitada pela fluência de movimentos, ao mesmo tempo que o olhar do outro se modifica pela transparência do colorido. O trabalho com tules desvela lembranças que podem estar ligadas tanto aos arquétipos do feminino quanto às memórias de infância, casamento ou morte.

Após uma vivência com tules recebi o seguinte relato:

*"Repentinamente a grande dor, o tule que cobria o corpo do meu filho [...]. De outro lado, novamente o prazer [...] foi muito importante, pois me levou a uma maior concentração nos meus sentimentos, nas minhas percepções e atitudes [...] fui construindo algo e ao mesmo tempo sendo construída"* (Zazá, 1998).

Observo que, quando as pessoas relatam suas vivências corporais, amplia-se a descoberta do seu corpo, bem como dos sentimentos que afloram do seu ser. A complementação do trabalho com artes plásticas possibilita que elas vejam uma pintura como um recorte de si mesmas e dialoguem com ela.

Exemplifico com a fala de outra cliente:

*"Sei que mudei a postura, o olhar, o tom da voz e o colorido [...] sinto-me começando o que parece não ter fim [...], sinto-me vulnerável [...]. Como me vi perdida, sozinha, sem saber que rumo tomar [...], tive de armazenar certas conquistas [...] aprender a lidar com as dificuldades da vida e com as potencialidades da mulher adulta"* (Lila, 1998).

Com esses relatos, podemos perceber como cada pessoa é tocada nos seus sentimentos, recuperando a lembrança de que necessita para transformar algo dentro de si. Esse jogo de corpo e arte ajudam a resgatar sentimentos profundos e escondidos, ao mesmo tempo que a energia mobilizada segue o seu curso, procurando uma nova configuração.

## CONHECENDO O CORPO COM O BAMBU

A massagem com bambus remete as pessoas ao contato com o elemento terra, trazendo a flexibilidade da madeira.

Os sábios do Oriente aprenderam com a natureza. Durante séculos, calígrafos chineses pintaram bambus como um exercício espiritual. O bambu é gracioso, ereto, forte, vazio por dentro, receptivo, humilde, curva-se com o vento e não quebra. As "pessoas-bambu" são flexíveis habilidosas, abertas a novas possibilidades, fortes em qualquer situação; evitando o orgulho e a rigidez, ajustam-se às mudanças da vida, harmonizando seus padrões de crescimento. O bambu curva-se e cresce, ajustando-se às mudanças dos ventos. Exemplifico com este relato:

> *"Realmente tenho vivido um momento de organização interna, arrumação de sombras desagradáveis, caos [...] embora esteja caminhando [...]. Eu explorava o corpo com o bambu e o bambu era explorado pelo meu corpo [...] de pé, tive a sensação de estar dividida no meio, como cortada por uma guilhotina [...] fechei os olhos e vi uma silhueta [...] a silhueta era perfeita, repartida no meio como se fossem duas partes totalmente diferentes, mas simetricamente iguais [...] de um lado, preto, com algumas manchas brancas [...] de outro, branco, com pedaços transparentes, com manchas brancas e pingos vermelhos e azuis"* (Lia, 1989).

Analisando a fala e o desenho de Lia, concluí que ela entrou em contato com elementos sutis de seu corpo, permitindo-se viajar por sensações de fusão entre o corpo e o objeto. Associando essa vivência sensório-afetiva à sua fala e ao desenho da imagem que ela visualizou, deduzo que entrou em contato com seu corpo emocional, percebeu que estava energeticamente cindida ao meio. Penso, então, que o contato com o bambu deu-lhe a consciência dos conflitos emocionais que estava vivendo.

Considerando as qualidades do bambu descritas anteriormente, à medida que Lia entrou na relação corpo–bambu, dialogou com o oco do bambu, que também é uno. Sendo assim, as qualidades do bambu serviram de referencial para que ela dialogasse consigo própria e, ao mesmo tempo, que entrasse em sintonia com a unidade do vazio e o invisível do espírito.

Muitas vezes essas descobertas são exteriorizadas por choro ou lembranças perdidas ao longo do tempo. É importante notar que algumas pessoas se surpreendem com as imagens ou sensações, achando tudo mágico, não conseguindo fazer a relação entre o corpo e o psiquismo.

## SITUAÇÕES DE GRUPO

Quando enfocamos o grupo, à medida que trabalhamos a respiração associada às expressões corporais, amplia-se o campo energético individual, dando oportunidade para surgirem movimentos coletivos, inicialmente em pequenos agrupamentos. Os participantes que passaram por vivências de respiração e *grounding* mantêm-se centrados, porém com muita liberdade de movimentação, comunicação e exploração do espaço grupal. Os movimentos crescem da parceria para o grupo como um todo, ritmos e gestos vão nascendo, dando origem a uma coreografia. Utilizo nessas sessões de grupo materiais como panos, elásticos e barbantes, pois estes facilitam as movimentações e dão margem à criatividade.

Na interação grupal as pessoas têm a oportunidade de vivenciar diferentes sentimentos, como rivalidade, acolhimento, agressividade, amorosidade etc. Nessas situações, tenho observado que, com estratégias de *grounding*, de relaxamento, de expressões grupais e artes plásticas, as pessoas vão flexibilizando suas estratégias de caráter e transmutando algumas crenças. A partir do mergulho em seu mundo interno e das transformações no nível da psique, a pessoa abre espaço para novas interações energéticas com o grupo.

Por outro lado, alguns mostram-se resistentes a entrar no fluxo energético grupal, negam-se a participar e, ao mesmo tempo, sofrem por não conseguir integrar-se com os demais. Apesar de se manterem nesse comportamento, isso me faz crer que, de alguma forma, essas pessoas foram tocadas, por ressonância magnética, pela energia do grupo. "Essas ondas vibratórias positivas são produzidas por meio de nossos atos conscientes, sejam eles simples ou complexos, desde que estejam em consonância com aquilo que somos como *self* transpessoal" (Basso e Pustilnik, 1996, p. 8).

Como pudemos observar no exemplo anterior, a quebra do padrão antigo está vinculada à consciência do indivíduo de se colocar em uma condição de humildade, abrindo espaço para o novo conhecimento de si mesmo. É importante pensarmos que, quando se trata de um processo energético e do psiquismo, muitas vezes as transformações ocorrem sem que nos apropriemos da ocorrência do fenômeno, pois é assim que a humanidade cresce, é assim que a energia da consciência individual se propaga "na ordem implicada". Cabe ao terapeuta ou educador intervir, assinalando o ocorrido. No entanto, o despertar da consciência só acontecerá para aquele que desvelar seus olhos, enxergar e confiar.

A criatividade é um caminho que nos ajuda a transmutar as sensações e os sentimentos, que trazem consigo o prazer de se desafiar na conquista do novo. Muitas vezes, manifesta-se de forma sutil, em um olhar, um gesto, uma dança, uma cor, mas sempre nos provoca alguma reação, desde estranheza até prazer. Francis Bacon relata quão foi importante para ele deixar que as tintas dessem a forma que quisessem à pintura, pois somente assim ele entrava em contato com aquilo que é mais intenso dentro de si. Isso quer dizer que, quanto mais deixamos o poder criativo fazer seu papel, mais nos aprofundamos no conhecimento do nosso ser. "Como é grande o criativo! Ele é firme e forte, moderado e correto, puro, sem mescla e espiritual" (Reich, 1995, p. 29-30).

O ponto fundamental da criatividade é que a alma entra em contato com a essência e, nesse diálogo maravilhoso, o humano alimenta-se do divino, trazendo, por meio das mãos, a energia da essência para o mundo.

Na arteterapia, a interação da pessoa com o material é um facilitador para o ato criativo, pois, à medida que nasce a imagem concreta, abre-se uma nova relação da pessoa consigo e com seu mundo mais intenso. O diálogo entre sujeito e objeto dá-se na dialógica entre a obra e a subjetividade de seu criador.

## Referências bibliográficas

ALEXANDER, G. *Eutonia: um caminho para a percepção corporal.* São Paulo: Martins Fontes, 1983.

BASSO, Theda; PUSTILNIK, Aídda. *O inconsciente emergente.* São Paulo: Instituto Cultural Dinâmica do Psiquismo, 2000.

_____. *Corporificando a consciência.* São Paulo: Instituto Cultural Dinâmica Energética do Psiquismo, 2000.

_____. *Expansão e retração energética do corpo: caráter e procedimento de cura.* São Paulo: Instituto Cultural Dinâmica Energética do Psiquismo, 1996, apostila.

BOHM, David. *A totalidade e a ordem implicada.* São Paulo: Cultrix, 1998.

BRENNAN, B. A. *Mãos de luz.* São Paulo: Pensamento, 1995.

CARVALHO, M. Margarida de (coord.). *A arte cura?* São Paulo: Psy II, 1995.

ESTON, V. R. de. *A nova visão da física e da psicologia.* São Paulo, 1998, (apostila).

FELDENKRAIS, Moshe. *Consciência pelo movimento.* São Paulo: Summus, 1997.

GROF, Stanislav; GROF, C. *Emergência espiritual.* São Paulo: Cultrix, 1997.

HERRIGEL, E. *A arte cavalheiresca do arqueiro zen.* São Paulo: Pensamento, 1995.

KOLTUV, B. B. *A tecelã: ensaios sobre a psicologia feminina extraídos dos diários de uma analista junguiana.* São Paulo: Cultrix, 1997.

LAO-TZU. *Il libro del Tao – Tao-teh-ching.* Trad. de Girolamo Maancuso. Milão: Ed. Integrale, 1995.

LEADBEATER, C. W. *Os chacras.* São Paulo: Pensamento, 1993.

LELOUP, J. Y. *O corpo e seus símbolos.* Petrópolis: Vozes, 1998.

PIERRAKOS, J. C. *Energética da essência.* São Paulo: Pensamento, 1997.

REICH, Wilhelm. *I Ching: o livro das mutações.* São Paulo: Pensamento, 1995.

SAMUELS, A. *Dicionário crítico de análise junguiana.* Rio de Janeiro: Imago, 1988.

SHARP, D. *Léxico junguiano.* São Paulo: Cultrix, 1997.

SHELDRAKE, Rupert. *O renascimento da natureza.* São Paulo: Cultrix, 1993.

WILBER *et al. Além do ego.* São Paulo: Cultrix/Pensamento, 1997.

# Para além da fonoaudiologia: a cor e a emoção da linguagem

*Selma Reyes*

Expressão...
Sufocada expressão!
A pressão das palavras não ditas,
das malditas palavras,
das palavras mal-ditas,
Palavras insuficientes
Palavras vazias...

Consigo atualizar e reavivar na memória o prazer resultante de meus processos criativos quando eu era criança e desenhava, modelava, recortava, inventava. Numerosas vezes percebi-me em busca de autoconhecimento, submetendo-me a diversas linguagens artísticas. Em minha trajetória pessoal a arte despontava como um canal de contato íntimo com meu *self*, meu EU mais singular. Foi assim, deparando com esse portal que indicava o caminho para o encontro com meu ser criativo, que enveredei por múltiplos e infinitos labirintos, em um caminho sem volta.

A linguagem da arte é ilimitada. É a linguagem das formas que comunicam. A arte não é descritiva ou descritível, é expressiva. Ela expressa a perplexidade do ser humano diante da vida e do mundo, podendo manifestar a experiência universal da consciência humana.

O encontro com a arte foi fundamental na constituição do meu SER pessoal e profissional. Trouxe-me a possibilidade de "ler" o mundo amplamente. Incorporei ao meu olhar a cor, a forma, o traço, o movimento. A arte, numerosas vezes, foi a mediadora que facilitou meu mergulho no mundo simbólico, levando-me a procurar novos sentidos e auxiliando-me na possibilidade de um constante ressignificar.

Apropriada da emoção de experienciar a arte, a arteterapia desponta como um campo fértil para a criação de novas articulações. Ela me trouxe um novo e fascinante instrumento de trabalho e tem-me ajudado na ampliação das fronteiras da fonoaudiologia.

Atualmente, na fonoaudiologia e em diversas áreas do conhecimento, prega-se uma visão totalizante do ser humano. A ação tem de estar direcionada à pessoa que tem determinada patologia e não à patologia que a pessoa tem. Manter uma visão fragmentada é contribuir com um crescente tecnicismo, não considerando os aspectos subjetivos e interpessoais imbricados na comunicação. O discurso científico fala sobre a importância de uma visão holística; no entanto, a prática fragmenta e cinde as pessoas, levando o profissional às superespecializações.

Já é sabido que o cérebro humano não tem compartimentos separados dedicados exclusivamente à razão ou à emoção. O funcionamento do cérebro é integrado. Une funções diferentes para chegar a um resultado final específico. Não há polarização do processo criativo ao se pensar a ciência ou a atividade artística. Tanto o matemático quanto o poeta buscam continuamente a integração de suas faculdades racionais e emocionais.

Acrescento aqui, também, a importância da intuição que, sendo a capacidade de deduzir pela percepção que não depende do raciocínio, está na base do conhecimento humano e é o alimento da razão. Assim, a ação profissional deveria ser como qualquer outra atividade criativa.

É na busca por um equilíbrio entre intuição, emoção e razão que transito, procurando fazer uma articulação reflexiva entre "o ser terapeuta", numa abordagem fenomenológica, a partir de determinada concepção de linguagem, procurando, por fim, a intermediação da arte. A intenção é apropriar-me de novos campos, romper barreiras, ampliar fronteiras, expressar inquietações e dúvidas para, em seguida, fazer novos alinhavos teóricos e dar um sentido mais abrangente à minha trajetória. Trafegando por entre os portais da emoção, da ação e da razão, adentrei locais sagrados para mim, onde garimpei e garimpo vivências, sonhos, prazeres e dores que constituem os pilares que fundamentam minha construção como profissional.

## FONOAUDIÓLOGO? ARTETERAPEUTA? QUE SER É ESTE?

Questiono se há um enquadre distinto entre os diversos tipos de terapeuta e concluo que há uma ação comum norteando a atividade profissional, tenha ela qualquer especificidade.

Aprendi que para desenvolver qualquer trabalho com crianças é fundamental que o terapeuta esteja em contato com sua criança interna. É necessário aproximar-se dela, escutá-la, recuperá-la, atualizá-la, ressignificá-la e integrá-la ao adulto que somos.

Sou consciente de que minha criança interior expressa-se sempre que estabeleço vínculos – por vezes tão fortes e preciosos para o processo terapêutico – com meus pacientes. É ela que me orienta, me faz acolher e me torna cúmplice de tantas angústias e prazeres vividos por meus clientes.

Faço minhas as palavras de Cardella: "[...] não concebo um verdadeiro terapeuta que não acredite nas possibilidades humanas. E essa crença não depende do conhecimento intelectual do homem. Antes de tudo, é a manifestação da fé e do amor do terapeuta em sua relação com o mundo, com a vida e consigo mesmo, como pessoa integral" (1994, p. 64). O terapeuta deve estar disponível para o cliente.

A base comum para – ser terapeuta é levar a relação terapêutica a ser um "experimento de amor" (Cardella, 1994).

O terapeuta comprometido com a profissão deve exercitar continuamente a sua capacidade de auto-observação, autoconhecimento e respeito próprio, para então poder favorecer o crescimento daquele que o procura.

O terapeuta deve estar em contato consigo mesmo (*aware*),[1] para poder estar verdadeiramente disponível ao outro. O terapeuta deve ter habilidade relacional para criar uma relação restauradora para o clien-

1. "*Awareness:* consciência, conhecimento, percepção, tomada de consciência, sensação de presença, presentificação. Não existe tradução perfeita para o português, e a palavra *awareness* será traduzida de distintas maneiras, dependendo do contexto em que se encontra." (Perls, 1976, p. 30).

te. O processo terapêutico só é possível quando ocorre o encontro entre dois seres íntegros e diferenciados.

A esse respeito, citando Buber, Hycner ressalta que

> [...] a relação Eu-Tu é uma atitude de genuíno interesse na pessoa com quem estamos interagindo verdadeiramente como *pessoa*. Isso significa que valorizamos sua alteridade. *Alteridade* significa o reconhecimento da singularidade e da nítida separação do outro em relação a nós, *sem* que fique esquecida nossa humanidade subjacente (1995, p. 24).

Partindo desse pressuposto que considero valioso para todo terapeuta, acredito que o que me dá uma identidade específica como profissional de fonoaudiologia é, além da minha vivência, meu olhar e interesse pela linguagem. Assim sendo, faz-se necessária uma reflexão sobre a natureza da clínica fonoaudiológica.

Arantes (1994) já afirmava que as múltiplas formas de abordagem do fenômeno lingüístico revelam as perspectivas pelas quais o clínico contempla a linguagem. Quando há uma alteração da linguagem ligada a uma patologia caracterizada por algum comprometimento orgânico (deficiência mental ou auditiva, lesões cerebrais, psicoses e fissuras palatinas, entre outras), parece-me que a explicação etiológica oferece maior segurança ao clínico. Identificar a causa de uma disfunção lingüística faz parte do diagnóstico, mas não soluciona o problema terapêutico.

Compreendo o problema da linguagem, sobretudo nos casos em que a patologia não tem uma causa específica, como de origem interacional.

É comum encontrar fonoaudiólogos com a preocupação única de suprimir sintomas, deixando a linguagem à margem. Na clínica, o fonoaudiólogo deve assumir o lugar do outro – não como modelador da linguagem, mas como interlocutor igualmente participante e ativo na construção da atividade dialógica, fundamental para possibilitar a construção do pensamento, o processo de individuação e a formação de conceitos. A interlocução é co-responsável pela construção de sentidos e, portanto, da linguagem.

Lier-De Vitto (1994) enfatiza que a palavra-chave para o processo terapêutico em fonoaudiologia é diálogo.

Hycner (1995) definiu o termo dialógico relacionado não ao "discurso" como simples transmissão de mensagens, mas como um aspecto de nível fundamental e inerentemente relacionado à linguagem.

É no contexto familiar que encontramos, muitas vezes, a possibilidade de compreender por que a criança apresenta um desenvolvimento de linguagem patológico, com limitações em adquirir um discurso próprio.

O fonoaudiólogo é um interlocutor diferenciado, instrumentalizado por uma teoria de linguagem, que pode ajudar a criança com dificuldades de linguagem a criar novos significados, ampliando suas possibilidades simbólicas e propiciando-lhe a elaboração de conteúdos inéditos, tão necessários ao processo de aquisição de linguagem. Citando Wallon, Galvão define a linguagem como o instrumento e o suporte indispensável para os processos do pensamento:

> A aquisição de linguagem representa, assim, uma mudança radical na forma de a criança se relacionar com o mundo. A linguagem, ao substituir a coisa, oferece à representação mental o meio de evocar objetos ausentes e de confrontá-los entre si. Os objetos e situações concretos passam a ter equivalentes imagens e símbolos, podendo assim, ser operados no plano mental de forma cada vez mais desvinculada da experiência pessoal e imediata (1995, p. 40).

Note-se que, a partir dessa concepção de linguagem, a clínica passa a ser entendida, também, como um espaço de alteridade constitutiva. Seguindo esse raciocínio, vejo a fonoterapia como parte de um processo que vai além do terapêutico, incorporando aspectos educativos e de socialização, e que contribui para a construção da representatividade do signo, que pode ser verbal ou extralingüístico.

No processo terapêutico, há a necessidade de estar atento às condutas comunicativas da criança, reveladoras das intenções ali contidas. A linguagem é uma extensão dessas condutas. Assim, o atendimento terapêutico é um processo dinâmico que só tem sentido quando considera o indivíduo em seus diversos aspectos (afetivos, cognitivos, motores e sociais). É a articulação desses aspectos que possibilita um movimento de troca constante entre o sujeito e o meio, que o impulsiona na busca do novo, favorecendo o surgimento de *ajustamentos criativos*[2] inéditos. É no espaço terapêutico que se dá a experiência.

A qualidade do contato é fundamental. As sensações de acolhimento, segurança e aceitação serão primordiais na construção do vínculo terapeuta-paciente.

Tomando por referência o modelo da Psicologia da Gestalt, eu diria que a preocupação com a função simbólica norteia minha atuação; no entanto, nem sempre está no lugar da *Figura*.[3] Ela só poderá emergir como *figura* se houver como *fundo* a interação que dá sustentação ao trabalho.

Na concepção gestáltica, todo processo de busca de satisfação de necessidade requer *awareness*, e quanto mais clara ela se torna, maiores as possibilidades de o indivíduo apropriar-se de sua história e de sua linguagem. Assim, o processo de aquisição de linguagem está imbricado ao processo de individuação, o que para Jung é parte do processo de maturação.

Em meu trabalho terapêutico, a arte auxilia a interação com a criança e serve de acesso a seu mundo interno, pois é uma forma de expressão de sentimentos e idéias, por meio da qual podemos estabelecer um contato direto com a emoção.

O terapeuta que pode "ler" o que a criança expressa pela arte é capaz de compreendê-la de forma mais ampla, podendo assim instrumentalizar-se melhor para ser o facilitador na busca de soluções para o sofrimento dela, o qual pode ou não estar sendo expresso por um sintoma na linguagem.

Por outro lado, o profissional que utiliza a arteterapia em fonoaudiologia deve estar preparado para lidar, delicada e respeitosamente, com questões emocionais do cliente muitas vezes obscuras. A criação artística, ao recorrer a recursos como livre associação, analogias, predominância de aspectos sensoriomotores e afetivos sobre a conotação ob-

---

2. Ajustamento criativo: termo da Gestalt-terapia que caracteriza o processo de entrar em contato com a necessidade do sujeito, aceitando o que é nutritivo e rejeitando aquilo que é tóxico. Relaciona-se com a responsabilidade das escolhas e está ligado ao funcionamento saudável.

3. Os termos em itálico referem-se a conceitos de Gestalt-terapia que embasam este trabalho. *Figura* é a necessidade prioritária que emerge de um campo ou *fundo* carregado de energia.

jetiva da palavra, aponta um caminho importante que pode e deve ser incorporado, mesmo quando objetivamos um trabalho com o pensamento racional ou o conhecimento científico. Ao mesclar idéias, usar a fantasia na expressão plástica e representar conteúdos internos nebulosos, abre-se um caminho para o cliente contatar sua atividade criadora. Nasce, assim, a possibilidade do surgimento de relações inéditas que ganham sentido e ampliam a capacidade de simbolização na elaboração do pensamento da criança.

## ADENTRANDO O PORTAL DA AÇÃO — INTEGRANDO O FAZER E O PENSAR, REINVENTO A PROFISSÃO

Tive uma ampla experiência com portadores de diversos tipos de sofrimento mental. Percebi, nessa prática, que muitas vezes a linguagem verbal não era o canal de comunicação mais viável. Alguns atendimentos, que de início pareciam tão difíceis, tornavam-se verdadeiros desafios e era gratificante quando um canal de expressão era encontrado. Nesse contexto, a linguagem ganha outra dimensão. Passa a incluir o gestual, o visual, o auditivo e o tátil; ou seja, inclui as diferentes *funções de contato*.

O fato de eu ter trabalhado em equipes multiprofissionais e a possibilidade de realizar trabalhos interdisciplinares também contribuíram muito para a formação de meu "ser profissional". Minha visão expandiu-se quando somei novos e diferentes olhares ao nosso objetivo comum: o cliente.

Integrei boca, língua, funções neurovegetativas, nariz e ouvido a um ser integral que sente, pensa, age e se manifesta. Meu objetivo de trabalho passou a ser a comunicação interpessoal, em que a tônica é dialógica, centrada no vínculo e não na forma da fala. Quando se fala em vínculo pressupõe-se interação.

A linguagem verbal às vezes era a *figura* de minha ação; outras vezes, fazia parte do *fundo*. Na busca do diálogo, o mais importante passava a ser a intenção de libertar a expressão, fosse ela verbal ou não.

Na prática com meus clientes, vejo a arte possibilitando a comunicação, a troca, os *insights* e funcionando como agente modificador.

Constato que esta, nas suas diferentes manifestações (plástica, teatro, dança, música) é facilitadora para que conteúdos internos, muitas vezes inconscientes, possam emergir.

Dentre os vários casos que atendi, houve um em especial que me levou a profundos questionamentos. Esse atendimento foi determinante para que eu adentrasse o caminho que trilho hoje. Ele foi o sinalizador que me indicou a expressão plástica como um recurso terapêutico de grande importância.

## O caso de Beto[4]

Passo a descrever o caso. Ressalto que aqui não farei considerações sobre o contexto familiar em que esta criança se insere. Apesar de considerar a análise sistêmica determinante e de importância fundamental, vou me ater ao aspecto da linguagem num enquadre clínico fonoterápico.

Beto tinha 6 anos de idade e chegou ao consultório com diagnóstico de psicose infantil; no entanto, a queixa familiar localizava-se na fala. Ele não apresentava atitude comunicativa alguma: não olhava para o interlocutor, não requeria ação ou atenção, não compreendia ordens. Era ecolálico e tinha uma memória auditiva extraordinária, ou seja, repetia enunciados enormes, sem, no entanto, atribuir-lhes qualquer significado. Não explorava o ambiente, e seus únicos interesses eram lápis, papel e caneta. Suas produções gráficas eram garatujas.

Essa criança me foi encaminhada pelo setor de psiquiatria infantil, que não o medicou. Ele submeteu-se a diversos exames: eletroencefalograma, tomografia computadorizada, eletrococleografia e ressonância magnética. Todos com resultado normal.

Árduo foi o caminho para descobrir um canal de comunicação. A linguagem oral não fazia sentido. No princípio eu falava sem parar, preenchendo todos os espaços e turnos de comunicação, movida pela angústia e ansiedade que a criança me causava. Eu perguntava, eu respondia e ele só repetia tudo que eu dizia.

Depois de algumas sessões, calei-me. Foi no silêncio que pude me tranqüilizar e tranqüilizá-lo. O silêncio foi o local fértil para a constru-

4. Os nomes dos clientes usados neste artigo são fictícios.

ção de novos sentidos, com base em uma escuta espontânea que emergia das entranhas do meu SER intuitivo.

Tomando aqui as palavras de Orlandi, defino o silêncio como

> [...] a respiração (o fôlego) da significação; um lugar de recuo necessário para que se possa significar, para que o sentido faça sentido. Reduto do possível, do múltiplo, o silêncio abre espaço para o que não é um, para o que permite o movimento do sujeito [...], silêncio que atravessa as palavras, que existe entre elas, ou que indica que o sentido pode ser outro, ou ainda que aquilo que é o mais importante nunca se diz; todos esses modos de existir dos sentidos e do silêncio nos levam a colocar que o silêncio é fundante (1992, p. 13-4).

Assim, silenciosamente, eu e Beto começamos a nos comunicar. O canal encontrado foi lápis, caneta e papel. Desde o início ele já havia apontado o caminho, mas precisei desprender-me para poder percebê-lo. Imitando-o, retomei o prazer de riscar. Exploramos as cores. Olhamo-nos. Eu o imitava e ele a mim.

Pouco a pouco pudemos dividir a mesma folha de papel e interferir um no traço do outro. As formas que se repetiam constantemente foram ganhando novas possibilidades até chegarmos ao desenho representativo. Seu primeiro desenho foi o sol, depois uma figura humana, uma casa, um carro... Houve encontros de olhares, sorrisos, toques.

Ele passou a me diferenciar das outras pessoas e a diferenciar-se. Sorria ao me ver passar pela sala de espera e encaminhava-se para a sala de terapia quando me ouvia pronunciar seu nome. No processo de individuação, à medida que ele foi adquirindo uma identidade, seu nome foi ganhando significado.

Embora nesse momento a comunicação verbal ainda não fosse possível, ela ganhou um traço diferente. Beto continuava ecolálico, mas agora, ao repetir uma frase que eu havia emitido interrogativamente, ele a devolvia em uma entonação afirmativa ou negativa. Essa foi a sua primeira manifestação de intenção comunicativa oral.

A partir desse momento sua evolução se fez mais aparente. Ele passou a demonstrar que entendia ordens. O comportamento de repetir meus enunciados foi diminuindo. Começou a escrever antes de falar. Parou de repetir. Finalmente, desbloqueou a linguagem oral.

A primeira palavra emitida com intenção comunicativa, à qual ele atribuiu um significado, foi meu nome. Jamais esquecerei o olhar, o sorriso, o abraço, a emoção.

Atendi-o por quatro anos. O papel, o lápis, o desenho, a vontade, a disponibilidade e o desafio foram meus aliados.

O olhar que pôde ver a alma e apostou que ali havia um SER que despertaria possibilitou o verdadeiro encontro, a partir do qual essa criança pôde desarmar-se, desamarrar-se e renascer. Atualmente ele freqüenta uma escola normal e está adaptado.

Na época, eu não percebia a dimensão da importância desse atendimento na minha vida profissional. Agora percebo que também renasci.

O caso de Beto me leva a pensar que a percepção do mundo e as configurações conceituais podem ser captadas em uma dimensão que vai além da linguagem.

No caso de Beto, a utilização de desenhos, formas e cores foram o acesso para que seu ego começasse a interagir com o mundo real. Suas idéias eram expressas sob a forma de imagens. Seu pensamento lógico estava cindido, prejudicando, assim, a linguagem verbal.

Acredito que no momento em que suas imagens começaram a ganhar representação teve início uma aproximação entre seu mundo interno e externo. O desenho e a pintura transformaram-se na linguagem emocional, e a atividade plástica pôde adquirir o sentido de um verdadeiro processo curativo.

Dessa forma, apropriada de um fazer e um pensar profissional, adentrei um pouco mais o portal da ação em direção ao curso de arteterapia.

Eu sabia que eram necessários aprofundamento teórico e vivência em arte maiores para que eu pudesse fazer um uso mais consciente dessa especialidade, pois acredito que na busca da cura de seu cliente o terapeuta só poderá servir como instrumento se perceber, em si próprio, os efeitos do processo terapêutico a que submete seu paciente – no caso, a arteterapia.

## O caso de Dudu

Passo agora a apresentar um caso que atendi por um ano e meio. Os exemplos que serão utilizados foram extraídos de vários momentos do processo terapêutico. Tentarei, tanto quanto possível, levantar as hipóteses que estabeleci, as intervenções que ocorreram e seus resultados.

Dudu era um menino de 10 anos de idade que chegou ao consultório trazido pelos pais com a queixa de gagueira. Ele tinha duas irmãs (de 8 e 11 anos) e era o filho do meio. A família tinha um nível sociocultural-econômico bom.

Pelos dados de anamnese não houve intercorrências relevantes durante os períodos pré e pós-natal. Seu desenvolvimento neurosensoriomotor também foi normal.

Aparentemente, a relação familiar era harmoniosa. Os pais eram religiosos praticantes e realizavam trabalhos comunitários em colaboração com a igreja. Davam aulas em cursos de casais. Acho importante salientar esse dado porque acredito que ele permeia o tipo de normas, valores e padrões de comportamento que constituíam o sistema familiar de Dudu. No discurso dos pais, em especial no da mãe, percebia-se uma tendência a não permitir que sentimentos "negativos" pudessem emergir, por exemplo: "Irmãos não podem brigar, têm que se amar"; "os filhos têm de aceitar aquilo que os pais lhes dizem, porque os pais são mais experientes e sabem o que é melhor para os filhos"; "ele está um pouco mais agressivo, é um lado que a gente não quer que ele desenvolva".

Numerosas vezes, a mãe comparava Dudu ao pai nas suas dificuldades: "Ele é quieto e reservado, puxou ao pai"; "Ele é muito ruim para jogar futebol, mas o pai também é" etc. A mãe, por sua vez, mostrava-se bastante falante e freqüentemente, durante as sessões de orientação que eu dirigia ao casal, respondia e falava pelo marido. Esse tipo de conduta também foi observado em relação a Dudu.

A filha mais velha repetia o mesmo padrão de comportamento da mãe. Em relação a essa irmã, com a qual Dudu relatava haver muitos conflitos, ele afirmava: "Ela não gosta que eu gaguejo, ela tem pavor. O pai fala que ela tem que me aceitar do jeito que eu sou. Quando ela fica falando que eu gaguejo, eu nem ligo, porque sei que gaguejo mesmo".

Quanto à queixa que o havia trazido à fonoterapia, Dudu declarava: "Eu vim aqui porque eu gaguejo, só que agora eu tô um pouquinho melhor. Teve um tempo que eu parei e agora voltei a gaguejar de novo. Acho que gaguejo desde cinco anos. A minha mãe foi falando que eu gaguejava, só que também percebi... Acho que gaguejo porque tenho a língua grande e a língua fica encolhida e eu gaguejo..." "Os meus colegas falam que eu gaguejo, imitam eu." Apesar disso, relatava que não ligava para o que diziam, não brigava com eles e não ficava com raiva. Dizia ainda que os pais tentavam ajudá-lo: "Meu pai fala para eu falar devagar. Eu vou falando devagar, só que depois eu vou falando rápido e gaguejo".

Como fonoaudióloga, acredito que a gagueira desenvolve-se em um contexto emocional amplo e complexo, com origem na primeira infância, entre o primeiro e o sexto ano de vida, no período em que a linguagem está se desenvolvendo. É um período em que toda criança comete várias imperfeições ao falar, repetindo sons, hesitando antes de palavras e não encontrando algumas vezes o termo certo para se expressar. A esse processo natural e esperado denominamos disfluência fisiológica. Nessa fase, a criança está se apropriando da linguagem oral, ao mesmo tempo que vai cada vez mais elegendo-a como a forma primordial de manifestação de seu pensamento.

Aliando fatores emocionais e psicológicos a um contexto familiar em que os adultos responsáveis pela criança não a compreendem de modo adequado e reagem ao que ela diz, mandando que fale direito, fale devagar, pense ou acalme-se antes de falar, pode acontecer de a criança ver-se diante de uma situação em que não há saídas possíveis. Conforme afirma Friedman, ela "[...] nem poderá deixar de falar, porque falar é uma exigência preponderante nesse nosso mundo altamente verbal, nem poderá falar de forma diferente do que lhe é natural" (1988, p. 12). Falar tornar-se-á, então, algo temeroso e até desagradável, porque ela não sabe como fazer para falar de forma a agradar os adultos que lhe são significativos. A criança começa, assim, a fazer esforço para falar, na sua tentativa de falar melhor.

Se a situação descrita for duradoura, isto se tornará parte da imagem que a criança constrói de si como falante e, portanto, passará a fazer parte de sua identidade. Nesse contexto, na luta e no esforço para falar bem, instala-se a gagueira.

Citando mais uma vez Friedman, "[...] o bom falante é aquele que acredita na sua fala e nem pensa sobre sua articulação" (1988, p. 21). O principal fator que se esconde por trás da gagueira é o de que a pessoa não acredita na sua capacidade articulatória, travando uma verdadeira luta em que sua imagem de falante não se harmoniza com a imagem que ela considera socialmente desejável.

No processo fonoterápico, o objetivo é romper com a crença do "falar mal" e possibilitar ao cliente a construção de uma nova identidade. Para tanto, procura-se levá-lo a conscientizar-se sobre como a gagueira se origina, como ela se mantém e como propiciar mudanças na forma da fala. Esses três níveis não são estanques, mas interpenetram-se.

Promovendo o autoconhecimento, busco levar o paciente a focar sua atenção na fluência, fazendo-o perceber que esta já faz parte de sua fala. Ocorre que, como o que determina o pensamento da pessoa com gagueira é a preocupação em falar bem, sua atenção fica dirigida aos momentos de tensão. A disfluência, embora ocorra quantitativamente em número muito menor durante o discurso no portador de gagueira, assume um valor incomensurável, porque está dotada da energia causada pelo esforço que ele faz para não gaguejar. A situação é paradoxal, uma vez que quanto mais ele se esforça para falar bem, mais tensão cria-se nesse processo e maiores as chances de aparecer a gagueira.

O conceito de *figura-fundo* da Gestalt-terapia, mencionado anteriormente, facilitou a abordagem desse aspecto, uma vez que me possibilitou contextualizar e conceituar minha abordagem. Ao direcionar a atenção do paciente para sua capacidade de fluência, mudo o foco de sua percepção, tornando-a figura. A tensão que gera a gagueira passa a fazer parte do fundo.

O trabalho corporal também é importante na abordagem que proponho. Visa levar o paciente a conscientizar-se das tensões do corpo e a descobrir que pode eliminá-las. Isso o ajuda a perceber as tensões que cria ao falar, advindas da sensação do medo da gagueira, e a substituí-las pela soltura e pelo relaxamento que possibilitam a confiança na capacidade de falar. A emoção e os músculos estão estreitamente ligados, por isso o estado de relaxamento promove o bem-estar emocional.

Com o trabalho de relaxamento do corpo, enfoco também o relaxamento específico dos movimentos da fala pela consciência dos movimentos articulatórios. Levo o paciente a conhecer e analisar todos os possíveis movimentos articulatórios, de forma que ele se conscientize do modo de executar cada um deles. Dessa forma, ele vai apropriando-se da capacidade de realizá-los, como propõe Friedman (1988).

O trabalho está ligado ao momento presente, ao aqui-e-agora. O espaço da clínica deve ser um local facilitador e de acolhida, onde o paciente experimente a possibilidade de produzir uma fala solta e, consciente disso, possa recuperar a confiança na capacidade de fazê-lo sempre.

No caso de Dudu, de acordo com os princípios apresentados anteriormente, procurei estabelecer um vínculo diferenciado e de confiança, para que ele se sentisse valorizado e respeitado de maneira global, em todas as suas potencialidades, para muito além da fala.

Mediante brincadeiras, histórias e recursos artísticos, procurei favorecer sua iniciativa na busca da resolução de impasses com os quais ele se defrontava, exercitando assim o seu ajustamento criativo. Os recursos artísticos, somados às técnicas específicas para o trabalho de gagueira, em muito contribuíram para que Dudu pudesse expressar-se mais espontaneamente, interagindo muito mais por meio do intuitivo, do sensorial e do experienciado do que pela verbalização. Esse tipo de vivência o levou a recuperar sua autoconfiança, tornando-o mais responsável pelas suas escolhas e possibilitando-lhe maior liberdade para ousar e arriscar-se de maneira geral, incluindo a fala.

No início, Dudu era muito retraído e quase não falava espontaneamente. Só falava quando eu lhe fazia alguma pergunta. Não demonstrava interesse em explorar os jogos e os brinquedos existentes e tinha muita dificuldade em manter contato visual. Embora eu o estimulasse a apropriar-se do espaço, ele mantinha uma conduta de submissão, sempre pedindo autorização para intervir no espaço, ou aceitando incondicionalmente qualquer proposta que eu fizesse.

Seus desenhos demonstravam essa dificuldade de expandir-se, de explorar mais e de ousar. Não farei uma análise profunda, nem qualquer interpretação de seus desenhos. Meu objetivo é apontar o uso que ele fazia do espaço.

Dudu usava apenas uma parte do papel; em geral ocupava aproximadamente um quarto da folha e nunca usava cores. Essa observação me indicou que o trabalho com o espaço e as cores poderia ser importante. Acreditei que, metaforicamente, à medida que ele ocupasse mais o espaço do papel, poderia também ampliar suas fronteiras, o que de fato ocorreu.

Dudu era muito preso à forma e ao desenho representativo. Nunca se permitia experimentar, pensava muito antes de executar um desenho ou pintura e, quando partia para a ação, dava a sensação de que ele já havia planejado mentalmente o que seria executado. Era exatamente o mesmo movimento que ele fazia para falar. Sua fala tinha de ser toda planejada, para que ele pudesse controlá-la melhor. Esse tipo de comportamento, no entanto, fazia que ele recorresse a uma fala curta e um tanto telegráfica, na tentativa de economizar discurso. Também se notava uma limitação no fluxo de seu pensamento, uma vez que ele não permitia que suas idéias fossem elaboradas enquanto as exteriorizava.

Ao desenhar, Dudu também demonstrava sempre uma atitude de valoração de sua obra. Era extremamente crítico e não gostava de seus desenhos, atribuindo-lhes sempre qualidades negativas: "tá feio", "tá torto", "não parece com nada..."

Essas atitudes me levaram a pensar que era preciso romper com a forma estereotipada ou definida e permitir-lhe o prazer da vivência e do experimento. Achei que seria importante auxiliá-lo a livrar-se de suas amarras. Para isso, o canal encontrado no início foi levá-lo a conhecer as obras de Miró e o abstracionismo.

Pela análise de algumas obras, Dudu foi percebendo que as pinturas abstratas podem expressar sentimentos. Juntos, pesquisamos os sentimentos a que as cores nos remetiam. Ele foi classificando os quadros e atribuindo-lhes sentimentos, como alegria, tristeza, ciúme, raiva.

Verificamos também que há sempre uma cor de fundo e outras cores que formam figuras. Brincamos então de procurar figuras e dar-lhes significados. Essa atividade foi muito interessante porque houve um movimento que partiu da percepção mais objetiva para uma manifestação cada vez maior da subjetividade de Dudu. Os rabiscos, letras, círculos, triângulos e quadrados que ele inicialmente percebeu nas obras de Miró deram lugar a olhos, planetas, seres extraterrestres, pegadas de elefante, invasão interplanetária, cocô de cavalo, monstros...

Em seguida, experimentamos a produção abstrata. Dudu escolheu começar por tela e tinta a óleo. Pedi que ele pensasse em um sentimento e o associasse a uma cor, para que esta fizesse parte do "fundo" de sua obra. Ele imaginou então o vermelho e o branco. Quando lhe perguntei quais os sentimentos atribuídos a cada uma dessas cores, ele me disse que o branco era a felicidade e, para dizer qual o significado atribuído ao vermelho, apresentou bloqueio e hesitação na fala e, por fim, disse: "É um pouquinho só de raiva".

Depois de fazer o fundo, ele ficou muito indeciso, dizendo que não sabia mais como prosseguir. Sugeri que experimentasse outras cores, reforçando que ele não se preocupasse com o resultado final de seu quadro e fosse simplesmente experimentando. Ele pegou outra cor e escreveu a palavra: MATEM. Em seguida parou, olhou, pensou e continuou escrevendo, transformando-a em MATEMÁTICA. Depois, me disse que escreveu essa palavra porque matemática é a palavra de que ele mais gosta. Eu aponto que uma palavra pode fazer parte de outras. Saliento que MATEM está dentro de MATEMÁTICA e que ele havia transformado seu significado.

Aos poucos Dudu foi se soltando, soltando o traço, e passou a arriscar mais. Usou outras cores de tinta. Foi descobrindo e me indicando algumas figuras: portão, escadas, outro portão, cabo de guarda-chuva, letra japonesa, MP – "meu pai, em verde porque ele torce para o Palmeiras" etc.

Em outra sessão, Dudu decidiu que seu quadro não estava terminado e quis continuar a pintura. Dessa vez, ele passou a misturar as tintas, introduziu o amarelo, o laranja e o preto. Desenhou bordas nos cantos da tela e fez riscos como se estivesse desenhando uma moldura. Também fez um círculo no meio e disse que "desapareceram as escadas, o cabo de guarda-chuva e um dos portões". Parece-me que ele precisou estabelecer alguns limites, reduzindo um pouco a *fronteira de contato* que ele havia ampliado na sessão anterior.

Dudu disse que o amarelo e o preto no centro representam aquilo de que ele gosta bastante, e cita a mãe, o pai e a família. Também afirma que o amarelo usado para fazer as linhas que demarcam as bordas laterais de seu quadro simboliza o que ele não gosta. Deu o nome de "confusão" para sua pintura.

Acredito que esse exercício de expandir e delimitar sua pintura foi muito importante para o processo de Dudu.

Concluindo, analogamente vejo que ele estava vivenciando a expansão e a retração de sua *fronteira de contato.*[5] O expandir trouxe a possibilidade de absorver novas formas de intervenção, como o uso de diferentes cores e o traço mais solto, contrapondo-se, em um outro momento, ao uso de formas fechadas que delimitaram certos conteúdos.

Outro trabalho realizado foi a confecção de uma máscara. Utilizamos gaze gessada. Eu achei que o tato seria importante para propiciar maior contato, e que ter um material intermediário seria facilitador. A mãe de Dudu sempre falava sobre a dificuldade dele em dar ou receber um carinho, um beijo ou qualquer outra forma de contato físico. O próprio Dudu falou-me sobre sua "aflição" ao sentir na pele texturas como papel, giz, areia e alguns tipos de tecidos.

Partimos para a confecção de sua máscara. Com muito cuidado, houve a aproximação física e a aproximação de nosso olhar. A dificuldade era patente. No início, sua expressão facial transmitia-me a sensação de que ele estava assustado. Achei que ia desistir e recuar, mas resistiu, enfrentou e se entregou.

Dudu pintou sua máscara. Mais uma vez, por meio desse instrumento intermediário, ele pôde expressar com o vermelho a agressividade. Era o sangue, resultado de uma facada. Nesse momento, ele resistiu e não quis aprofundar a história do personagem que estava criando. Respeitei. Acredito que, finalmente, ele estava conseguindo expressar um sentimento bastante reprimido e que a resistência era

5. *Fronteira de contato* é um termo da Gestalt-terapia que se relaciona com o campo onde se dá a experiência.

uma proteção necessária para que ele pudesse aceitar e elaborar sua agressividade.

Em outro momento, fui buscar seus personagens internos. A proposta era escrevermos um livro. Meu objetivo principal era a elaboração do discurso oral.

O discurso gráfico foi o pretexto, uma vez que Dudu domina bem a leitura e a escrita. Eu quis atrelar o trabalho com a linguagem oral a um contexto que lhe desse segurança. No início, Dudu elaborou a história oralmente, a qual foi transcrita. Para minha agradável surpresa, ele expôs, sem maiores resistências, conteúdos internos muito profundos.

A confecção do livro, durante várias sessões, possibilitou que trabalhássemos não só na construção do discurso oral e gráfico, como também a questão da identidade, uma vez que permitiu um processo de *awareness*, em que *gestalten* foram concluídas.

Desde o título do livro – "O segredo mais que secreto que havia no quarto de João" –, Dudu já expunha uma questão que estava vivendo. Sua mãe vinha queixando-se de sua desorganização, expressa pela bagunça de seu quarto. A mãe atribuía esse comportamento a uma forma de protesto, mas não sabia dizer contra o que ele se opunha.

Durante algumas sessões de orientação aos pais, esse problema foi abordado pela mãe. Sugeri que eles deixassem que Dudu se manifestasse. O quarto havia sido escolhido como canal para a exteriorização de sua desorganização. Era necessário que ele fosse o dono, de fato, de seu espaço. Lá, ele poderia vivenciar a desorganização e experimentar seu potencial para se reorganizar.

O conteúdo da história elaborada por Dudu revela não só sua capacidade cognitiva como também sua riqueza interior e seu potencial criativo. Ao mergulhar em seu mundo imaginário, ele pôde enxergar seus medos. Deu-lhes forma, corpo, voz e, dialogando com eles, encontrou uma saída que lhe possibilitou vencê-los.

Finalizo meu encontro com Dudu, neste portal da ação, agradecendo-lhe a oportunidade de tê-lo conhecido melhor e de ele ter permitido a minha cumplicidade enquanto desvendava alguns de seus segredos mais que secretos. Em um verdadeiro processo de sincronicidade, enquanto eu refletia, analisava, descrevia e ia tornando mais nítidos os avanços alcançados por Dudu nesse processo terapêutico, ele próprio trouxe para a discussão sua alta. Afirmou estar se sentindo bem e mais confiante em relação à fala.

Agora, separamos nossos caminhos. Ele vai aventurar-se na escolha do próprio destino.

## TRANSPONDO O PORTAL DA RAZÃO

Certamente contaminada pelo conceito da antropofagia, vejo-me alinhavando diferentes teorias e construindo um novo sentido para minha ação pessoal e profissional, que me possibilita um saber próprio, único, pessoal. É, como disse Fioravante, "[...] algo semelhante aos processos digestivos, em que um organismo assimila um elemento estranho, o transforma e aproveita dele o que interessa, sem perder suas próprias características" (Trecho extraído da reportagem "Bienal é mais Brasil", caderno especial sobre a 24ª Bienal de Arte, *Folha de S.Paulo*, 2 jan. 1998). Trata-se, no entanto, de um ato visceral. Após digerir e redigerir elementos importantes de outras áreas do saber, vislumbro a possibilidade de me nutrir e incorporar novos aspectos a meu SER profissional, construindo diferentes sentidos.

Vendo-me parte de um movimento atual, integro várias abordagens teóricas que consideram como mote para o trabalho valores como o amor, a fé e a solidariedade. Buscando expandir e compreender a minha forma de pensar e conceber a razão, deparei com a relação que estabeleço com as palavras, tanto aquelas que são ditas como as que estão escondidas no silêncio e que, ainda assim, manifestam-se. Foi isso que me levou a procurar entender a materialidade simbólica do silêncio. Foram os movimentos de silêncio que me fizeram escutar a voz das imagens, do desenho e da pintura. Muitas foram as vezes em que a palavra restringiu o significado da cor que gritava. Abri-me para o silêncio e adentrei diferentes portais. Incorporei à minha bagagem pessoal a emoção, a ação, a intuição e a razão.

Mais uma vez a palavra é insuficiente para expressar os sentidos que pude construir nessa trajetória em que busco um constante ressignificar. Sigo meu caminho, para além da fonoaudiologia, apropriando-me da cor e da emoção da linguagem.

Para finalizar, gostaria de reproduzir neste artigo um desenho feito por um paciente. Trata-se de uma imagem resultante de processos terapêuticos que procuram retratar toda a riqueza e a força da arteterapia.

C. E. (9 anos), 1997 – "Vida" – aquarela e areia sobre papel.

## Referências bibliográficas

ARANTES, Lucia. "O fonoaudiólogo, este aprendiz de feiticeiro". In: LIER DE VITTO, Maria Francisca (org.) *Fonoaudiologia: no sentido da palavra.* São Paulo: Cortez, 1994, p. 23-37.

EXPANDINDO FRONTEIRAS: Anais do VI Encontro Nacional de Gestalt Terapia e III Congresso Nacional da Abordagem Gestáltica, Florianópolis, 1997.

BLIKSTEIN, Izidoro. *Kaspar Hauser ou a fabricação da realidade.* São Paulo: Cultrix, 1983.

CAMARGO, Iberê. *Gaveta dos guardados.* São Paulo: Edusp, 1998.

CARDELLA, Beatriz Helena Paranhos. *O amor na relação terapêutica: uma visão gestáltica.* São Paulo: Summus, 1994.

FERNANDES, Myrian Bove. "Gestalt e crianças: crescimento". São Paulo, *Revista de Gestalt*, n. 4, Departamento de Gestalt-terapia do Instituto Sedes Sapientiae de São Paulo, 1994.

FRIEDMAN, Silvia. *Cartas com um paciente (co-autor): um processo de terapia para a gagueira.* São Paulo: Educ, 1988.

______. *Gagueira: origem e tratamento.* São Paulo: Summus, 1986.

GALVÃO, Izabel. *Henri Wallon: uma concepção dialética do desenvolvimento infantil.* Petrópolis: Vozes, 1995.

FERREIRA GULLAR. *Nise da Silveira, perfis do Rio.* Rio de Janeiro: Relume Dumará, 1996.

HYCNER, R. *De pessoa a pessoa: psicoterapia dialógica.* São Paulo: Summus, 1995.

JENSEN, Wilhelm. *Gradiva, uma fantasia pompeiana.* Rio de Janeiro: Jorge Zahar, 1900.

JULIANO, Jean Clark. "Gestalt-terapia: revisando as nossas histórias". São Paulo, *Revista de Gestalt,* n. 02, Departamento de Gestalt-terapia do Instituto Sedes Sapientiae de São Paulo, p. 7-23, 1992.

KANDISKY, Vassili. *Do espiritual na arte.* São Paulo: Martins Fontes, 1990.

ORLANDI, Eni Puccinelli. *As formas do silêncio: no movimento dos sentidos.* Campinas: Editora da Unicamp, 1992.

PERLS, Frederick S. *Gestalt-terapia explicada.* São Paulo: Summus, 1976.

# Arteterapia no trabalho com dependentes químicos em instituição de saúde pública

*Iraci Saviani*

O trabalho com dependentes químicos nos remete ao ser humano em situação de desconforto físico e emocional, que merece em seu tratamento a atenção de profissionais que tenham uma postura de compreensão desse ser em sua totalidade. A humanização refere-se ao cuidado como um todo: físico, afetivo, mental, emocional e espiritual.

Nesse sentido, a arteterapia tem condições de atuar como nutriente para esse mundo invisível da imaginação, dos sentimentos, das idéias, das fantasias, dos desejos, facilitando sua expressão de forma criativa por meio da arte, tornando-os conscientes. A conscientização desse mundo interior possibilitará a transformação no mundo físico, visível.

Segundo Thorwald Dethlefsen, psicólogo, e Rudiger Dahlke, médico, no livro *A doença como caminho*,

> [...] nessa relação do mundo invisível como conteúdo e do mundo visível como forma, temos o conteúdo se manifestando na forma, e a conseqüência disso é que as formas se tornam repletas de significado. Nítido e compreensível para qualquer pessoa é este inter-relacionamento também na arte. A tela e as tintas possibilitam que o invisível se torne visível, o que de outra forma não se-

> ria possível, e são, portanto, a expressão física de um conteúdo metafísico (1997, p.13).

Dessa forma, os autores mostram que o sintoma da doença é um alerta desse mundo interno que se manifesta no físico, e que trabalhar um novo olhar permite derrubar uma visão preconcebida, tendo coragem de observar o mundo polarizado dos conflitos, descendo à escuridão para se elevar à iluminação.

Outro ponto de vista que destaco é o do doutor Abraham J. Twerski, fundador e diretor, médico psiquiatra do Centro de Reabilitação Gateway, instituição de tratamento da dependência de drogas e álcool:

> Todas as características de um ser humano, em sua totalidade, são o que constitui o espírito de uma pessoa. Assim, a espiritualidade é, simplesmente, a implementação daquelas características distintivas que separam os humanos dos animais (2001, p. 2).

Ele afirma que é nessa singularidade do mundo interno que devemos atuar para que a auto-estima se construa, ajudando as pessoas a refletir sobre si próprias. Acredita também que firmar a livre escolha é uma construção de extremo valor na recuperação do dependente químico.

Por outro lado, sabemos que quando esse ser humano em sofrimento recorre a instituições de saúde pública, por falta de recursos financeiros, técnicos e materiais, nem sempre essa humanização está presente. Para que o paciente tenha condições dignas de atendimento, tanto do mundo interior como do físico, acredito que se faz importante a atuação da arteterapia em instituições de saúde pública – em conjunto com profissionais de outras áreas, com recursos humanos e técnicos que atuem no desenvolvimento de projetos, somando esforços para levar a humanização a qualquer ser humano que necessite.

Com o objetivo de ampliar essas reflexões, transcrevo a seguir experiências que adquiri atuando como arteterapeuta na Prefeitura Municipal de Barueri (SP), do ano 2000 até 2004.

## ARTETERAPIA COM DEPENDENTES QUÍMICOS

Venho atuando como arteterapeuta no Centro de Referência em Alcoolismo e Drogadição (CAPSad–Crad), programa de reinserção social para dependentes de álcool e outras drogas. Esse programa existe há quatro anos e faz parte do Serviço de Assistência Médica de Barueri (Sameb), que pertence à Secretaria de Saúde da Prefeitura Municipal de Barueri. O ateliê de arteterapia é oferecido pela Oficina de Arte da Secretaria de Cultura, Lazer e Criança, da mesma Prefeitura.

O funcionamento do Crad acontece em regime de hospital-dia, de segunda a sexta-feira. Suas atividades são distribuídas em dois períodos de funcionamento: manhãs ou tardes, com atendimentos individuais e em grupo. Essas atividades são: relaxamento, prevenção contra a recaída, grupo de reflexão, terapia ocupacional e arteterapia. Os pacientes são atendidos por uma equipe multidisciplinar: médico clínico geral, psiquiatra, psicólogo, arteterapeuta, terapeuta ocupacional, assistente social, enfermeiros e auxiliares de enfermagem.

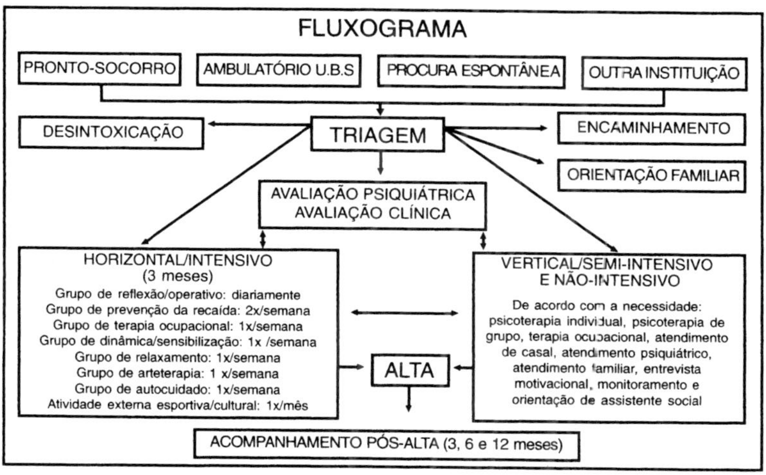


O ateliê terapêutico acontece uma vez por semana durante uma hora, no período da manhã ou da tarde, em ambiente descontraído, com a participação média de 25 pessoas por turma, em sua maioria homens.

No ateliê terapêutico os pacientes exploram diferentes materiais de artes plásticas e entram em contato consigo mesmos, com suas polaridades, trabalhando a conscientização. Os trabalhos são iniciados com a técnica da colagem, na qual cada um retira de revistas tudo que lhe chamar atenção – recortes de palavras, cores, temas, imagens, uma colagem do que gosta e outra colagem do que não gosta –, elaborando o material de maneira totalmente livre, inclusive pelo tamanho do papel, deixando assim o registro de seu jeito pessoal. Percebe-se que com esse trabalho eles mantêm contato com a realidade do dia-a-dia e com o social que surge nas imagens das revistas; assim, têm a possibilidade de exercitar a livre escolha do que gostam ou não gostam. Dessa forma, reafirmam suas escolhas e expressam de maneira fácil seu estilo pessoal de ser, tanto por temas escolhidos como pelo jeito de organizar a colagem no espaço do papel, relacionando-a com seu jeito de ser no cotidiano.

Cada paciente, a seu tempo, concluída essa fase, passa a estudar todas as possibilidades de composição que ali se apresentam, percebendo as inúmeras maneiras de compor imagens, focar em algum ponto que mais lhe chame a atenção ou casar imagens dissociadas. Esse estudo pode passar pelo desenho ou ir diretamente à pintura em tela com tinta acrílica, ou sobre tecido. Ao analisar os trabalhos plásticos, percebe-se imagens carregadas de sentimentos, percepções e conteúdos com significados simbólicos de grande importância para cada paciente e para o tratamento. Essa leitura das obras é compartilhada com os pacientes e com os profissionais, confirmando algumas percepções ou esclarecendo alguns pontos ainda obscuros.

Alguns dos temas que aparecem são mais recorrentes, como o de bebidas associados às mulheres ou de objetos industrializados que gostariam de possuir, enquanto outros têm uma visão mais política, metafísica ou de relação com a natureza.

Na Figura 1 percebemos, na pintura do sol e do corpo da mulher, o paciente reafirma as cores amarelo e vermelho que aparecem nos recortes dos carros. Além disso, na pintura em tela, coloca em primeiro plano um bloco preto, que ele denomina de pedra e que tem o formato de uma garrafa, sendo que no mesmo espaço, na colagem (canto direito inferior), aparece a imagem de um cérebro. Essas ima-

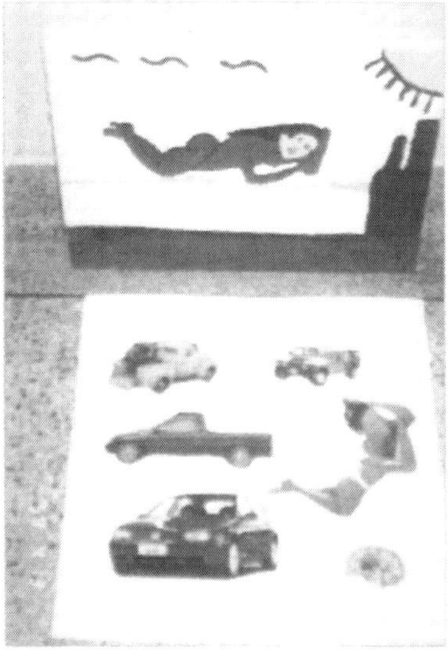

Figura 1 Recorte, colagem e pintura em tela.

Figura 2 Recorte, colagem e pintura em tela.

gens dão forma ao pensamento que o paciente expressava enquanto executava essas obras, falando de seus desejos, conflitos, bloqueios e buscas.

Nos trabalhos da Figura 2 o paciente transporta da colagem para a pintura a visão de um mundo inatingível. A chave (pintada logo abaixo do olho central) foi um grande desafio na execução, pois o paciente não a queria totalmente real, mas com uma aparência mais velada.

Esse início de processo no ateliê terapêutico, por mais simples que possa parecer, modifica a percepção de si, confirma valores internos e estéticos esquecidos ou deixados de lado porque não valorizados pelo meio social. É nesse processo de se reafirmar juntando partes, construindo, fazendo um produto estético realizado com seu sentimento, sua percepção, sua escolha, seu desejo, que acontece a possibilidade do exercício do "eu consigo", do "eu posso", do "eu sou alguém". Um caminho de aceitação de si próprio com qualidades e fragilidades, fato que se apresenta como realidade a todos os seres humanos.

**Figura 3** Pintura sobre pedra, na praça, no Dia do Meio Ambiente.

Toda essa produção plástica é muito rica para a leitura do processo de cada paciente e bastante aproveitada pela equipe no momento de cada atendimento. Diante das expressões plásticas, carregadas de sentimentos e percepções, é possível trabalhar na conscientização e transformação desse ser humano e na sua reinserção social.

Tal processo de reconstrução da auto-estima também acontece quando da participação de eventos em praça pública (Figura 3) e ao freqüentar oficinas de teatro, desenho, pintura e dança com outras pessoas da comunidade. O mesmo processo ocorre quando da montagem e participação de exposições, seja na comemoração do aniversário do Crad ou na mostra "Ordem, Arte e Progresso", na Galeria Municipal de Artes, realizada com artistas da cidade.

Outros momentos importantes são as visitas a mostras de arte, como quando foram à Bienal e à Mostra dos 500 anos de Arte Russa, onde eles tiveram a oportunidade de interagir com outras obras e artistas – ampliando referências para uma melhor leitura de si mesmos – e se perceberem inseridos no mundo como cidadãos.

Além de trabalhar com as mãos, alguns mostram-se entusiasmados por cantar, e, assim, o ambiente vai se transformando, com ensaios e projetos de apresentações futuras.

Outra oportunidade de explorar diferentes situações é no contato com novos materiais, como o concreto celular, que os entusiasma a produzir objetos para dar de presente e vender, possibilitando abertura de espaço numa Feira de Artesanato que acontece todo sábado na cidade, abrindo portas para mais um momento de integração com a comunidade de maneira criativa e produtiva.

### PROJETO ARTE & MOSAICO

Dando seqüência ao ateliê de arteterapia dentro do Crad e reafirmando as parcerias entre três das Secretarias da Prefeitura de Barueri, criou-se um novo projeto, que tem como público-alvo pacientes na fase final de tratamento.

Este projeto tem por objetivo a reinserção social por meio da vivência de um trabalho temporário formal que possibilite aos participantes reafirmar seus potenciais para si próprios e, conseqüentemente, para a família e a comunidade. Também objetiva proporcionar experiências de trocas e reflexões nas relações interpessoais, desenvolvendo essa competência indispensável no mercado de trabalho atual, e possibilitar o desenvolvimento de novas habilidades, ampliando o campo profissional. O trabalho consiste em produzir placas revestidas artisticamente com a técnica de mosaico, para serem afixadas nos pontos de ônibus da cidade.

Nessa parceria, a Secretaria de Promoção Social, por intermédio do Programa de Auxílio ao Desempregado (Proad), abre espaço aos participantes que pleiteiem as vagas que disponibilizadas à comunidade, oferecendo salário, cesta básica e vale-transporte, assegurando-lhes uma manutenção por nove meses – o que é muito importante quando leva-se em conta que a maioria da população atendida não tem as necessidade básicas supridas. Além disso, colabora com os materiais necessários para a produção artística.

A Oficina de Arte ligada à Secretaria da Cultura, Lazer e Criança participa da parceria, oferecendo aos profissionais de arteterapia e artes plásticas e o espaço físico com toda a estrutura necessária.

Já o CAPSad–Crad, põe à disposição profissionais que, além de escolherem quais participantes poderão se inscrever para o projeto, se responsabilizam pela assistência psicossocial individual e nas relações dentro do grupo.[1]

## Mosaico e o processo arteterapêutico

A arte em mosaico é milenar: data de 3500 a.C. Atingiu seu apogeu com os gregos, que reproduziam motivos humanos, geométricos e florais. Atualmente é utilizado em arquitetura de interiores, utilitários e objetos artísticos. Pode ser executado com uma variedade enorme de tesselas (fragmentos de diversos materiais), como pedra, cerâmica, vidro, porcelana e pastilhas. O trabalho executado naquele projeto objetivava a execução de mosaicos em placas e painéis utilizando pastilhas de vidro.

É importante destacar que a técnica do mosaico se constrói na materialização de partes ora iguais, ora diferentes, tanto na forma como na cor, que vão se somando para formar um todo harmonioso. Fazer uma composição com partes diferentes pode ser uma aprendizagem interna do valor que as diferenças têm nos seres humanos. Uma equipe formada por pessoas que tenham tanto potencialidades como fragilidades diferentes pode trabalhar de forma a complementar uns aos outros.

Quando o mosaico é construído por mais de uma pessoa, tendo por objetivo completar a imagem que se apresenta no desenho, requer disponibilidade para a cooperação. Pessoas reunidas em torno do fazer artístico de um mosaico podem construir uma relação de valorizar as qualidades individuais e perceber, na prática, que juntas somam um todo.

O cortar ou quebrar em partes para depois estruturar novamente faz exercitar a reestruturação com partículas a que possivelmente não se daria o mínimo valor se jogadas separadamente. Para os participantes desse projeto, fazer mosaico artisticamente não só lhes traz a aprendizagem da técnica, mas os faz perceber, com envolvimento e entusiasmo, que quebrar e restaurar fazem parte de um mesmo processo, podendo-se fazer uma analogia com a vida.

1. Participam do projeto muitos profissionais que trabalham nas Secretarias envolvidas, porém, no contato direto com os pacientes, na oficina, além da minha presença como arteterapeuta, contamos com a artista plástica Majô Ferreira e com duas profissionais do Crad: Leda Sigrist, psicóloga psicanalista, e Maria Edviges Jordão, assistente social.

A técnica do mosaico requer disciplina, uma organização em que as classificações estejam bem estabelecidas, definindo limites importantes para compor a imagem. Faz exercitar a disciplina e a paciência.

O processo da criatividade vai se mostrando em cada momento, partindo do desenho, passando pela escolha das tesselas, pela organização das cores e formas, e chegando à colagem minuciosa dos fragmentos, um ao lado do outro, deixando espaços equivalentes entre si, percebendo os contornos, as linhas curvas, os detalhes, as sutilezas de luz e sombra.

Depois de todo o processo de dedicação e persistência, o resultado é obtido. A estética se configura na imagem que atinge o fruidor pelo envolvimento desse todo mágico – pedacinhos coloridos que formam algo bonito de ver!

O Grupo Arte & Mosaico (Figura 4), nome escolhido pelo grupo de participantes, no papel de alunos e artesãos, freqüenta diariamente o espaço aberto e arborizado do Centro Cultural, tendo como tarefa executar placas revestidas artisticamente com a técnica de mosaico – utilizando o tema "artistas plásticos brasileiros" – que serão afixadas nos pontos de ônibus da cidade.

**Figura 4** Grupo Arte & Mosaico (2003). Trata-se da produção do primeiro grupo, que tinha catorze participantes.

Os encontros iniciam-se com uma abertura diária, quando é feita a leitura de frases de incentivo a uma boa qualidade de vida, algumas dinâmicas, relaxamento, exercícios de interiorizarão, conversa e trocas sobre questões do grupo. Como fechamento dos trabalhos temos músicas tocadas e cantadas pelo próprio grupo. Essas atividades têm como objetivo uma reflexão positiva e conjunta, bem como resgatar as qualidades criativas individuais e grupais.

A primeira fase do trabalho é iniciada com o curso de "Alfabetização e Leitura das Artes Plásticas", com exercícios de criatividade, desenho, pintura e história da arte universal e brasileira. Depois, estudam obras de artistas plásticos brasileiros, fazendo trabalhos de pintura sobre papel (Figura 5), ardósia, madeira e colagem como mosaico feito de papel.

Em seguida, como exercício de composição criativa em grupo, executam painéis com sobras de madeira (Figura 6), os quais passam a fazer parte da exposição permanente do Centro Cultural.

A Secretaria da Cultura encomenda tabuleiros de xadrez feitos em mosaico (Figuras 7 e 8), que são colocados nas bibliotecas, valorizando a produção criativa do grupo no papel de artesãos.

Com sobras de madeira, tesselas e pedras, os participantes criam outros objetos, que são posteriormente vendidos na Feira de Artesanato da cidade.

Paralelamente, o grupo passa a produzir as placas e painéis de mosaico (Figuras 9 a 11), sendo que os primeiros foram afixados no ponto de ônibus em frente ao Museu Municipal de Barueri.

Nesse momento, o grupo recebeu a visita do artista plástico Aldemir Martins, estudado e homenageado nesse primeiro trabalho, que apreciou muito a recriação inspirada em sua obra – o que gerou muita troca de energia e reforço ao trabalho executado pelo Grupo Arte & Mosaico.

O grupo continuou a executar mais placas de mosaico, inspiradas em obras de outros artistas, como Tarsila do Amaral, Alfredo Volpi e Cláudio Tozzi, e visitou a mostra "Portinari 100 anos".

Eles ainda participaram, como músicos, da festa de fim de ano do Crad e realizaram uma exposição no Centro Cultural, como finalização do programa, mostrando todo processo e trabalho realizados.

**Figura 5** Desenhos e pinturas.

**Figura 6** Painel com recortes de madeira.

**Figura 7** Tabuleiro de xadrex em execução.

**Figura 8** Tabuleiro de xadrex finalizado.

**Figura 9** Placas de mosaico em execução.

**Figura 10** Placas de mosaico para serem afixadas nos pontos de ônibus.

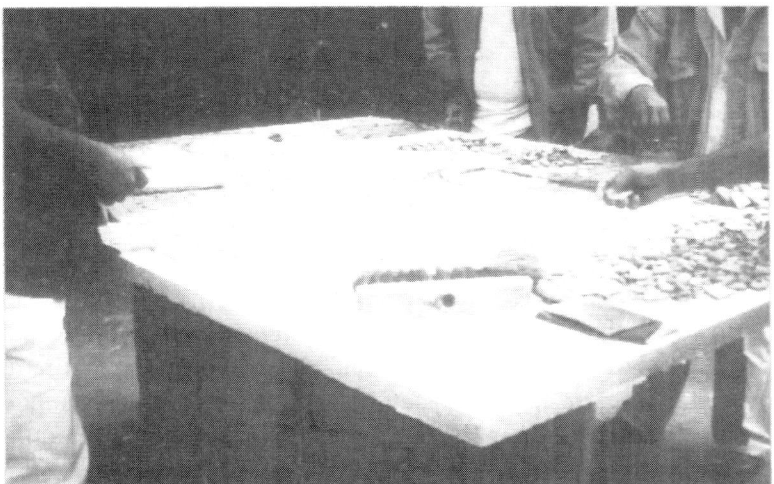

**Figura 11** Painel de mosaico 1,50 m x 1,50 m em execução.

## Depoimentos dos artesãos

Relato, a seguir, alguns tópicos valorizados pelos participantes:

- resgate da moral, do respeito e da dignidade;
- relação humana dentro do grupo;
- mosaico como profissão;
- produtividade.

Alguns fizeram suas colocações em frases eloqüentes, que foram transcritas abaixo:

- "Rezo toda noite para ter mais mosaicos para fazer."
- "Comprei um caderno e fico desenhando em casa sozinho, como diversão."
- "Eu era para ter morrido, por isso agradeço a esse trabalho."
- "Quero que esse trabalho também aconteça nos fins de semana;"
- "Tomei consciência de quanto o álcool prejudicou a minha vida... aprendi a lidar com minha dependência... resgatei minha dignidade e meu respeito."

## Avaliação

Durante o processo, realizamos uma avaliação, junto com a psicóloga e assistente social, que dividimos em tópicos:

*Evolução individual*

Durante o andamento do projeto, cinco entre catorze artesãos do grupo necessitaram de intervenção clínica, sendo que estas variaram de atendimento de apoio e medicamentoso até retorno, por um período de quinze dias, ao programa intensivo, sendo que em um único caso houve necessidade de internação hospitalar por um período de sete dias.

O processo de intervenção nesses cinco casos enfatizou o retorno o mais breve possível ao trabalho, caracterizando, dessa forma, a importância dos vínculos trabalhistas. Destacamos ainda que três desses cinco pacientes responderam positivamente à intervenção, retomando a abstinência e retornando prontamente às atividades.

Quanto aos dois pacientes restantes, são casos clínicos de dificuldade mais acentuada, sendo, portanto, maior a resistência de resposta positiva em relação à intervenção.

Considerando que dos catorze artesãos doze vêm desenvolvendo suas atividades de acordo com as metas esperadas pelo trabalho, entendemos que o resultado pode ser classificado como muito satisfatório.

*Trabalho em equipe*

Ao longo dos meses, notamos que os fatos ocorridos em relação à não-manutenção da abstinência apresentada pelos cinco artesãos citados anteriormente permitiu à equipe a intervenção não só no âmbito individual, mas também grupal, tendo sido possível trabalhar mais especificamente questões como: o papel do grupo e das inter-relações na execução do trabalho; as diferenças entre as relações profissionais e as relações pessoais; a compreensão e a apreensão das regras e dos limites que regem e regulam o contexto de trabalho e o viver em grupo e suas implicações no cotidiano de cada um.

Ressaltamos, ainda, o desenvolvimento de uma coesão grupal, trazendo aos artesãos a possibilidade de experimentar outras formas de relação, o que, ao lado dos outros fatores citados, nos permite detectar um aumento na auto-estima que acaba refletindo-se em outros momentos, bem como na acentuada autonomia demonstrada por eles e na abertura de novos caminhos profissionais.

*Produção plástica*

Foram executados diversos trabalhos, listados a seguir:

- 150 desenhos e pinturas;
- 50 pinturas sobre pedra, madeira e azulejos;
- 2 painéis de madeira afixados no Centro Cultural;
- 24 painéis de mosaico afixados – Aldemir Martins, Tarsila do Amaral, Claudio Tozzi, Volpi e criação do grupo;

- 1 painel grande de mosaico com 1,50 m x 1,50 m, afixado no ponto Aldemir Martins;
- 13 tabuleiros de xadrez.

Notamos que o conhecimento da linguagem das artes plásticas, da história da arte em geral e, mais especificamente, da produção artística brasileira cresceu enormemente.

Percebemos crescimento em outros aspectos, como o da leitura, o da expressão verbal, o da possibilidade de expressão da sensibilidade, e a maior amplitude da percepção e da criatividade. Dessa maneira, notamos a ampliação do repertório cultural tanto no grupo quanto individualmente, permitindo um intercâmbio entre a arte e a vida.

A vivência da construção do mosaico se fez presente na construção das relações pessoais e interpessoais, ampliando o nível de consciência em relação a si próprio e em relação ao outro. Concluímos que durante o andamento do projeto houve uma crescente maturidade em relação à tarefa executada pelo grupo e nas inter-relações grupais. Percebemos que os objetivos iniciais foram plenamente atingidos.

## Propostas

Em função dos resultados obtidos, levantamos algumas propostas para ampliar e melhorar os objetivos iniciais:

- criação de uma cooperativa entre os participantes interessados;
- possibilidade de encomendas de trabalhos por parte dos setores da Prefeitura e de particulares;
- abertura para que alguns ingressem em curso de nível superior;
- produção de um trabalho escrito e científico;
- início de um novo projeto para nova turma;

## Apresentações do projeto

Este projeto tem como objetivo científico pesquisar, registrar e apresentar tanto o processo como os resultados em vários congressos, para que essa experiência possa ser expandida e transformada em outros tantos projetos com mesma finalidade de atendimento. Para tanto, estivemos presentes em alguns encontros e congressos, mostrando o trabalho desenvolvido: 7ª Conferência Européia de Arteterapia, em Madri, Espanha; I Jornada de Arteterapia do Instituto Sedes Sapientiae; mesa-redonda "Arteterapia no Contexto Social Comunitário"; Apresentação no curso de Especialização em Psicanálise e Psicossomática – Cinpp-Vale – São José dos Campos; 3º Dia Metropolitano de Prevenção à Violência; Audiência Pública de Barueri – Câmara Municipal.

Finalizado o trabalho desse primeiro Grupo Arte & Mosaico, nos propusemos a dar continuidade aos encontros com os participantes, a cada quatro meses, para saber sobre os rumos de cada um, dando suporte psicossocial e registrando fatos como três artesãos que se associaram e executaram um painel em mosaico na Brinquedoteca da cidade e participam da Feira de Artesanato da cidade; uma artesã que continua produzindo e vendendo artesanato; um participante que trabalha como assistente no ateliê de uma artista plástica; outros que se sentiram fortalecidos para assumir sua profissão, reafirmando sua condição de cidadãos para a comunidade.

Após a avaliação e a constatação dos resultados positivos com o Grupo Arte & Mosaico 2003, foi aprovada a continuidade do projeto para 2004. Retomamos o trabalho com um novo grupo formado por vinte participantes, que estão dando continuidade à proposta de estudo dos artistas brasileiros como Portinari, Di Cavalcanti, Anita Malfatti, Lasar Segall e Flávio de Carvalho, recriando placas e painéis de mosaico e afixando-as em outros pontos de ônibus da cidade.

*O que for a profundeza do teu ser, assim será teu desejo.*
*O que for o teu desejo, assim será a tua vontade.*
*O que for a tua vontade, assim serão teus atos.*
*O que for os teus atos, assim será teu destino.*
*Esse é o caminho de todos nós.*

(autor desconhecido)

Agradeço a colaboração de João Palma, Secretário da Cultura, Auta Veridiana O. Dutra, Secretária da Promoção Social, dra. Maria das Graças Gonçalves, coordenadora do Programa de Saúde Mental do Sameb, dr. Ronaldo J. Kobayashi, psiquiatra coordenador do CAPSad–Crad e Maria de Fátima R. Campos, coordenadora do Proad, todos ligados à Prefeitura Municipal de Barueri (SP).

## Referências bibliográficas

DETHLEFSEN, Thorwald; RUDIGER, Dahlke. *A doença como caminho*. São Paulo: Cultrix, 1997.

SEIBEL, Sergio Dario. *Dependências de drogas*. São Paulo: Ateneu, 1999.

SAVIANI, Iraci. "O espiritual e a arte na arteterapia". *Arte-Terapia: Reflexões*, ano 1, n. 1, 1995.

____. "Ateliê terapêutico: limites e alcances". *Arte-Terapia: Reflexões*, ano 3, n. 2, 1998.

____. "Poética criativa do RE". *Arte-Terapia: Reflexões*, ano 4, n. 3, 1999.

TWERSKI, Abraham J. *O eu espiritual*. São Paulo: Maayanot, 2001.

# Arteterapia como profilaxia para o estresse do profissional de saúde

Vera Maria Rossetti Ferretti

## ESTRESSE E BURNOUT NA PRÁTICA DE PROFISSIONAIS DE SAÚDE

A utilização da arteterapia para combater o estresse ainda é uma postura inovadora na instituição hospitalar. O servidor de saúde vivencia, em seu trabalho, situações de pressão decorrentes do cotidiano hospitalar, no qual está a todo momento exposto à dor e à morte. Essas situações de tensão diante da dor do paciente e da exigência de precisão no atendimento podem produzir estresse nesse profissional.

Nestas situações, a criatividade e a expressão artística podem ser usadas como forma de cuidar do profissional cuidador e como estratégia para trabalhar os processos perceptivos e afetivos. Quando o profissional de saúde tem oportunidade de experimentar esse tipo de trabalho, percebe no seu dia-a-dia uma melhora que reflete em sua qualidade de vida.

Segundo Botega (2002) e Cortes-Maghelly (1991), citado por Silva, Martinez e Almeida (1996) o termo *estresse* quer dizer "pressão", "insistência". Assim, "estar sob pressão", sob a ação de um estímulo insistente ou submetido a um esforço podem provocar o estresse. É um termo que tem origem na física, referindo-se ao grau de deformação que uma estrutura sofre quando forças externas agem sobre ela.

No âmbito da saúde humana, "o estresse assume o significado de reação do corpo à ação de forças externas e/ou internas" (Silva, Martinez e Almeida, 1996, p. 110); é o resultado de tensões geradas quando o organismo enfrenta situações perigosas (Selye, 1951e 1976, *apud* Silva, Martinez e Almeida, 1996). Segundo Weinman (1987), *apud* Botega (2002), o conceito de estresse chegou à medicina por meio do estudo das reações adaptativas de seres vivos submetidos a agentes nocivos como dor, frio, fome, estados tóxicos e infecciosos.

No âmbito da psicologia, o estresse é associado ao ato de realizar tarefas de responsabilidade, situações inesperadas e de grande expectativa.

Porém, nos dois contextos "o termo estresse é utilizado em três condições: como situação, como reação aguda e como reação a longo prazo" (Selye, 1951, Huber, 1980, Masci, 1981 e Byrne 1985 *apud* Silva, Martinez e Almeida, 1996, p. 111).

Diante disso, podemos dizer que os estímulos do meio ambiente podem ser considerados estressantes de acordo com a intensidade, freqüência e qualidade com que possam afetar as pessoas.

Temos de considerar também que o ser humano apresenta reações tanto a situações ameaçadoras reais como àquelas consideradas potencialmente perigosas, e reage tanto a condições pessoais como a ambientes inseguros criados pelo sistema social e econômico (Botega 2002).

Assim, ao considerarmos o estresse em contextos de instituições de saúde, vemos que as principais fontes de estresse dos profissionais dessa área são: medo de cometer erros, fadiga, cansaço, falta de orientação, estar sempre sob pressão, existência de plantões noturnos e falta de tempo de lazer (Nogueira-Martins, 2002). Além disso, os familiares, assim como os doentes, nutrem sentimentos variados a respeito das relações com a instituição hospitalar, e alguns desses sentimentos são canalizados para os profissionais que os atendem, provocando neles angústias e confusão (Menzies, 1970, citado por Pitta, 1999).

No entanto, se esses fatores estão constantemente presentes na prática do profissional de saúde, sabemos também que "o estresse prolongado afeta o sistema imunológico do corpo e suas defesas naturais contra infecções e outras doenças" (Botega, 2002, p. 48).

Por outro lado, segundo Pitta (1999) e Nogueira-Martins (2002), a estrutura hospitalar alimenta uma variedade de mecanismos de defesa para que o profissional não entre em contato com situações de estresse, entre os quais podemos citar: distanciamento e negação de sentimentos, ironia e humor negro, construção de uma "couraça", fragmentação da relação profissional–paciente etc.

Os profissionais que lidam com populações especiais – como portadores de doenças graves e deficiências, crianças, presos ou pessoas carentes – ficam mais expostos ao aparecimento das manifestações que são hoje consideradas indicadores de estresse. Este, por sua vez, pode ser classificado em dois tipos: o estresse de sobrecarga ocupacional e o estresse de *burnout*.

Segundo Abreu (2002) e Nogueira-Martins (1991, 1994 e 2002), *burnout* não é o mesmo que estresse ocupacional; é o resultado de um processo prolongado de tentativas de lidar com determinadas condições de estresse. *Burnout* não resulta só do estresse em si (inevitável em profissões assistenciais), mas do estresse contínuo sem possibilidade de solução. Assim, *burnout* não é uma situação, mas um processo, e apesar de compartilhar com o estresse ocupacional a característica de esgotamento emocional e de escassa realização pessoal, dele difere pelo fator despersonalização. De acordo com Nogueira-Martins (2002), *burnout* é uma síndrome que manifesta sintomas somáticos, psicológicos e comportamentais.

## TRABALHOS PROFILÁTICOS

### Grupos de partilha

Bromberg (1997) escreve sobre sua experiência com profissionais que lidam com a morte em sua rotina de trabalho e que muitas vezes estão expostos à morte e à dor, o que provoca altos níveis de estresse e de sofrimento. Para esta autora, as dificuldades diante da morte manifestam-se da comunicação de diagnóstico até o envolvimento afetivo, estabelecendo limites frágeis entre a vida profissional e pessoal.

A autora valoriza a prevenção à saúde do profissional cuidador, oferecendo um espaço de reflexões que inclui o desenvolvimento do papel profissional mediante a ampliação de sensibilidade, consciência e habilidades, garantindo assim apoio emocional e autoconfiança. Nesse contexto, sugere um momento de compartilhar no qual os profissionais cuidadores possam trocar experiências.

Bromberg (1997) e Nogueira-Martins (2002) defendem a existência de grupos multidisciplinares que possibilitem a troca de experiências e discussões de temas sobre situações difíceis do cotidiano do profissional nas instituições de saúde. O compartilhar facilita o crescimento da equipe, dando oportunidade para que cada um venha a integrar o significado subjetivo da perda, possibilitando aos membros da equipe evoluir e aprender.

> Partilhar significa permitir que a perda circule entre os membros da equipe [...] a morte é um acontecimento que deve abalar a equipe, sim, mas para fazê-lo refletir e crescer com a experiência... Diferentes visões éticas, espirituais, religiosas e psicológicas contribuem para essa compreensão (Bromberg, 1997, p. 7).

## Arteterapia com grupos de enfermagem*

Descrevo a seguir uma experiência que realizei com o setor de RH do Hospital Sírio Libanês, que teve como objetivo desenvolver um trabalho com os enfermeiros e auxiliares de enfermagem após o término do plantão noturno. Os profissionais se apresentaram cansados e irritados por terem de participar do encontro. Alguns consultavam o relógio com certa impaciência, outros cochilavam recostados na cadeira.

Diante disso, procuramos agilizar a explicação do que pretendíamos fazer, propondo-nos a cuidar dos profissionais que ali estavam, já que eles haviam passado a noite cuidando dos enfermos.

Começamos com exercícios respiratórios com o intuito de prepará-los para as atividades. Após esses exercícios de respiração, propusemos que vivenciassem, em parceria, massagens nas mãos, explorando movimentos no ar. Uma verdadeira "dança de mãos" foi surgindo, e coreografias foram sendo criadas. Nesse momento, o riso se fez presente. Esclareço que escolhemos o trabalho com as mãos devido justamente à importância que a mão ocupa na execução de tarefas de cuidado com os pacientes.

---

* Esta experiência foi coordenada por mim, com a participação da médica Carmen Takeshita e da psicopedagoga Cecília Barbas, no projeto Saúde e Criatividade.

Em seguida, as pessoas foram convidadas a respirar profundamente e a experienciar a técnica de *imaginação ativa*. Este método foi aplicado com o intuito de levar as pessoas a vivenciarem lembranças gratificantes ocorridas em situações de trabalho.

Quando concluíram o processo, foi-lhes pedido que representassem num desenho as imagens e sentimentos acessados. Em seguida, solicitamos a cada integrante que observasse sua criação e escolhesse uma parte da imagem para reproduzi-la em outro papel. Assim, cada um percebeu o recorte mais significativo da sua vivência e, com base na representação global, os participantes focaram o que mais os havia tocado.

Depois, propusemos um tempo de partilha. Ao compartilhar as experiências evocadas, os profissionais apresentaram momentos delicados de sua tarefa profissional. Muitos se emocionaram diante dos próprios relatos e se comoveram com os sentimentos de seus colegas. Foi um momento muito tocante de troca de situações e sentimentos.

Uma participante contou que, numa noite em que estava de plantão na UTI, uma mãe pediu insistentemente para entrar ali e ficar um pouco com o filho que estava internado. As regras do hospital diziam que não era permitido a familiares entrar àquela hora. Algo dizia para a enfermeira que deveria ceder àquele pedido e ela permitiu a entrada. Na madrugada a criança morreu. Passaram-se meses e, de repente, aquela mãe a procurou e a agradeceu por ter permitido que ela se despedisse do filho.

Durante esse processo os componentes do grupo, além de relatarem lembranças e sentimentos significativos, também compartilhavam o que percebiam da produção de seus colegas. Aqueles profissionais que chegaram cansados e irritados manifestaram outra qualidade de humor e saíram agradecendo-nos por termos cuidado deles.

Sabemos que a arteterapia viabiliza no ser humano a integração de suas partes, promovendo a desobstrução de seu potencial criativo. Com essa experiência pudemos testemunhar de que forma a vivência arteterapêutica possibilitou aos profissionais não só restabelecer seu equilíbrio psicofísico como usufruir de uma situação de partilha – situação esta que lhes permitiu elaborar seus sentimentos diante dos desafios do fazer profissional.

Acredito ser este um campo novo de atuação em que a arteterapia, inclusive pelo seu potencial de descontração, pode ser um instrumento valioso para os profissionais que se dispõem a trabalhar com o estresse e o *burnout* que freqüentemente acometem os profissionais de saúde.

*Terapia se dança terapia*
*A terapia da dança*
*Enquanto o corpo se mexe*
*O corpo respira*
*O corpo mobiliza*
*Energia flui*
*O humor muda*
*Os pensamentos circulam*
*Os sentimentos transformam*
*Abre-se um espaço para a alegria*
*Resgata-se a vida*
*O pulsar e a sensibilidade*
*O movimento flui*
*Que movimentos escolher?*
*Ora um, ora outro*
*Que alegria fazer*
*Cada hora uma parceria*
*A todo momento uma nova experiência*
*Que difícil fixar*
*O importante é criar...*

(Ferretti, 2001, p. 27)

## Referências bibliográficas

ABREU, K. L. *et al.* "Estresse ocupacional e Síndrome de Burnout no exercício profissional da psicologia". *Psicologia Ciência e Profissão*, nº 22, ano 2, 2002, p. 22-9.

ARANTES, M. A. de A. C.; VIEIRA, M. J. F. *Estresse*. São Paulo: Casa do Psicólogo, 2002.

BOTEGA, J. N. *Prática psiquiátrica no hospital geral: interconsulta e emergência.* Porto Alegre: Artmed, 2002.

BROMBERG, M. H. P. F. "O profissional de saúde e o enfrentamento da morte". *Psicologia Hospitalar*, v. 7, ano 1, 1997, p. 4-8.

BURTON, M. V.; PARKER, R. W. "Psychological aspects of cancer surgery". *Psycho – Oncology*, v. 6, 1997, p. 47-64.

CARVALHO, M. M. (org.). *A arte cura?* São Paulo: Psy II, 1995.

FERRETTI, Vera Maria Rossetti. "Dançando através do pós-modernismo". *Arte-Terapia: Reflexões*, ano 6, n. 4, 2001.

NOGUEIRA-MARTINS, L. A. *Saúde mental dos profissionais de saúde.* In: BOTEGA, J. N. (org.). *Prática psiquiátrica no hospital geral: interconsulta e emergência.* Porto Alegre: Artmed, 2002, cap. 10.

OSTROWER, F. *A criatividade e processos de criação.* Petrópolis: Vozes, 1989.

PESSOA, C. A. *Mortalis – Ensaio sobre a morte.* São Paulo: Círculo do Livro, 1997.

PITTA, A. *Hospital: dor e morte como ofício.* São Paulo, Hucitec, 1999.

SILVA, A.; MARTINEZ, T.; ALMEIDA, M. "Associação entre dislipidemia, estresse, padrão de comportamento coronariano tipo A, ansiedade e psicodinâmica". In: PAIVA L. (org.). *Atualização em medicina psicossomática e psicoterapia.* São Paulo: Lemos, 1996.

# *Hemodialisart*: arteterapia para pacientes em programa crônico de diálise

Anne Isabelle Obadic

O projeto *Hemodialisart* iniciou-se em junho de 2000 na Unidade Satélite da Fundação Oswaldo Ramos (Unifesp), com o objetivo de criar, para os pacientes portadores de Insuficiência Renal Crônica (IRC) em tratamento dialítico um auxílio terapêutico por meio de recursos artísticos e plásticos. Esses recursos têm sido utilizados no cuidado desses pacientes a fim de aliviar suas tensões, angústias e ansiedades, assim como para melhorar o convívio deles com a doença e seus conseqüentes problemas.

Segundo a Associação Americana de Arteterapia (AATA), o uso da arte como terapia implica que "[...] o processo criativo pode ser um meio não-verbal de reconciliar conflitos emocionais e estimular a autopercepção e o crescimento pessoal". O desafio do projeto *Hemodialisart* foi permitir a esses pacientes explorar e trabalhar suas dificuldades e seus problemas físicos, cognitivos e emocionais, para que não se sentissem apenas vítimas dessa situação, e, sim, participantes ativos do próprio processo de reabilitação, capazes de melhorar sua qualidade de vida e seu quadro de saúde.

No período de junho de 2000 a março de 2001, iniciei o projeto com treze pacientes, dos quais, ao final, restaram apenas sete (cinco homens e duas mulheres), com idade média de 36 anos e em diálise havia três anos. Nesse período, o trabalho se desenvolveu em três momentos, da seguinte forma:

## FASE 1

Durante esta fase, procurei observar o serviço de hemodiálise, conversar com os médicos, enfermeiros e pacientes, de forma a compreender o que era e como era ser paciente portador de IRC. Procurei entender os diferentes tipos de tratamento, as limitações e as restrições que estes exigem dos pacientes (quantidade limitada de água a ser ingerida, dieta sem sal severa, diálise três vezes por semana durante quatro horas...), assim como as dificuldades diárias que eles passavam a viver. Fui pouco a pouco me inteirando da dura realidade desses pacientes, que, na maioria, tiveram de sair de sua cidade para morar em São Paulo de maneira precária, separando-se da família, dos amigos e, muitas vezes, abandonando o trabalho. Além dessas dificuldades, passei a conhecer os meandros da fila de espera para um transplante de rim, como se processa e o que envolve.

A primeira fase foi um período de aprendizagem e sensibilização sobre o problema, que me ofereceu um panorama dos serviços prestados e indicou onde eu poderia ser útil. Uma das coisas que mais me chamaram a atenção foi ver os pacientes dia após dia, sentados em sua cadeira de diálise, passivamente esperando o tempo passar, sem conversar entre si, sem ler uma revista, um livro ou fazer algo útil e interessante. Pensei então que a arteterapia seria uma ótima alternativa para revitalizar e ajudar esses pacientes a transformar suas quatro horas de tratamento em horas agradáveis de contato e atividades expressivas.

## FASE 2

Iniciei esta fase com uma breve apresentação do projeto *Hemodialisart* para todos os pacientes, contando um pouco do que eu pretendia fazer no serviço de hemodiálise e tentando identificar quem estava interessado em participar. Todos os pacientes atendidos no serviço de hemodiálise não podiam ou não queriam participar das atividades. Havia fatores físicos (uso de cateter), cognitivos (pacientes que durante o tratamento ficavam confusos), de saúde (pacientes muitos debilitados, frágeis, sem força e com problema de pressão), assim como fatores emocionais (pacientes transtornados pelas mudanças repentinas em sua vida) que dificultavam a participação deles nas atividades expressivas. O trabalho que se iniciou com dois grupos de pacientes (total de treze pessoas) foi finalizado com apenas um grupo (total de sete pessoas), sofrendo alterações por alguma(s) das razões mencionadas.

Comecei então com este grupo um trabalho de "bate-papo" sem o uso de recursos plásticos. Tentei me aproximar de cada paciente, de forma a estabelecer uma relação de confiança, um contato individual, e a identificar as principais queixas e necessidades desse grupo. Essa primeira aproximação verbal foi fundamental para conhecer pessoalmente cada um em seu contexto familiar, social e profissional e sua relação com a doença, assim como para encorajá-los a participar das dinâmicas do trabalho de arteterapia que estavam para ser realizadas. Surgiram nesses bate-papos relatos sobre a complexidade da doença, o rigor e o desgaste do tratamento, a angústia da possível espera prolongada por um transplante, o afastamento das atividades profissionais e uma infinidade de outros problemas que são conseqüência da doença e que comprometem diariamente a qualidade de vida do paciente portador de IRC. Na maioria das vezes, o problema de saúde abalou a vida familiar, profissional, social e emocional dos pacientes, obrigando-os a adaptar-se a uma série de mudanças repentinas, a uma nova rotina e a um novo contexto de vida com novas responsabilidades.

Esse período me ajudou a definir melhor os objetivos e a dinâmica do trabalho a ser desenvolvido em um terceiro momento. Ficou claro para mim que o objetivo principal do *Hemodialisart* seria oferecer a esses pacientes, mediante atividades plásticas – como pintura, desenho, colagem, modelagem e redação –, uma forma de revitalizá-los, enriquecê-los e trazer a eles um pouco de cor e brilho durante o tempo em que ficavam sentados e ligados às maquinas de diálise.

## FASE 3

Ficou evidente, após a segunda fase, a necessidade dos pacientes de expressar seus sentimentos, sensações e preocupações sobre a doença, assim como o impacto que ela causou na vida de cada um deles. Tive de criar, a partir daí, uma prancheta que lhes permitisse trabalhar, mexer com tintas, papéis e demais materiais plásticos e que se adaptasse à situação em que se encontravam (deitados ou sentados, com um braço imobilizado e com vários tubos atravessando-os), bem como não comprometesse o bom andamento do tratamento.

A solução encontrada foi colocar uma prancheta de madeira na parte superior de uma almofada de areia, de forma que esta pudesse se adaptar a quem necessitasse apoiá-la com estabilidade sobre os joelhos, tubos etc.

Quando as pranchetas ficaram prontas, iniciamos as atividades de arteterapia com o emprego simultâneo de recursos plásticos, como tintas, gizes, canetas e lápis coloridos. As sessões, que se tornaram grupais, sempre começavam com breves conversas, de modo que cada paciente pudesse compartilhar com os outros na mesma situação sensações, notícias ou dificuldades. Foi fundamental que eles criassem vínculos e parcerias nesse momento de vida em que, geralmente, a doença os afasta do ambiente social e profissional. Após esse breve diálogo, apresentava-se o tema de trabalho, às vezes fornecendo como estímulo trabalhos com temas semelhantes na história da arte. Era um momento especial para eles que nunca, ou quase nunca, tiveram a chance de ir a um museu e conhecer artistas como Frida Kahlo, Monet, Balthus ou Van Gogh, que traduziram em suas pinturas ou desenhos suas deficiências. Iniciávamos então a atividade, estimulando cada paciente em sua própria expressão plástica. Ao longo da atividade, eu estava sempre atenta aos comentários verbais deles, depoimentos fundamentais para a compreensão de seus trabalhos.

No decorrer de seis meses, trabalhamos diferentes temas, como desejos, sonhos, a doença e o corpo e o que cada um gostava em si. Por meio desses diferentes temas surgiram desejos, surgiram sonhos e queixas similares e recorrentes nos trabalhos plásticos dos pacientes. Todos, por exemplo, sentiam muita falta e saudade de sua casa, família e rotina de vida antes de a doença aparecer; por essa razão, muitas pinturas evocavam cenas diárias de sua vida, cenas em que eram ativos, trabalhando livre e junto de seus parentes.

Quando desenvolvemos o tema saúde, apareceram trabalhos muito fortes em conteúdo, assim como extremamente ricos em cores e traços. Para alguns, ter de volta a saúde só seria possível se morressem e renascessem, enquanto para outros a saúde era uma explosão de cores e luzes, como fogos de artifício que não brilhavam mais dentro deles. Quanto ao conhecimento mais técnico dos diferentes aspectos da doença, deparei com uma total ignorância a respeito do que são os rins, quais suas funções e como eles estão reagindo ao tratamento.

Abordar o tema da auto-estima ou "o que mais gosto em mim" foi certamente, para eles, o momento mais difícil. Olhar-se em um espelho, descrever suas qualidades, desenhar seu auto-retrato foi quase impossível para a maioria, pois diziam que sua imagem espelhava a morte, a tristeza, o fracasso, a feiúra, a anormalidade, o mal e até o rosto de homens castigados por Deus. Para muitos, a perda da identidade profissional reforçou esses sentimentos de incapacidade, fracasso e a sensação de "ser ninguém". Durante o trabalho, apareceram também queixas, preocupações, dúvidas e medos sobre questões delicadas, como a sexualidade e as relações afetivas. Muitos dos pacientes me confidenciaram sua impotência ou falta de apetite sexual, sua insegurança em relação à sua identidade masculina (por não utilizarem mais os órgãos sexuais para urinar), assim como dificuldades e medos muito grandes em se relacionar afetivamente com parceiras.

Ao longo desses seis meses, tentei trabalhar por meio de diferentes atividades expressivas algumas das queixas, dúvidas, medos e preocupações que surgiram em nossos encontros. No entanto, a curta duração do projeto (dez meses) não permitiu desenvolver melhor e de forma mais profunda temas como a auto-estima, a sexualidade ou os desejos profissionais. A grande desinformação dos pacientes sobre a própria doença, desinformação oculta por crenças errôneas (castigo de Deus), fantasias, medos e vários preconceitos (anormalidade...), foram também questões culturais que tive dificuldade de abordar de forma mais ampla. Existia, ainda, grande dificuldade dos pacientes em se comunicar com o corpo médico, em fazer perguntas e se informar sobre determinados aspectos do tratamento, aspectos estes muito complexos e difíceis de lidar de ambas as partes.

Nesse curto período, tive o prazer de compartilhar com os pacientes tanto momentos delicados e difíceis quanto momentos alegres e felizes. A cada sessão, a dinâmica do trabalho ficava cada vez mais solta, permitindo que conversassem entre si, se aconselhassem, escutando o que cada um tinha a dizer, percebendo que não estavam sozinhos e não eram os únicos a sentir determinados medos, preocupações ou dúvidas. O trabalho de Arteterapia permitiu criar um canal de comunicação que não havia antes, em que os pacientes puderam expressar não só suas queixas, mas também suas sugestões. Isso os ajudou a tomar iniciativas a respeito de seu próprio quadro de saúde e a ser participantes ativos de seu processo de reabilitação, com uma postura mais positiva e uma atitude mais dinâmica diante da vida:

"O que dizer de algo bom e gostoso de fazer?
Que tem sido uma ótima terapia todo esse tempo".

"Você veio para colorir a sessão de hemodiálise e nos ensinar algo novo que foi muito bom."

Ver as feições do rosto dos pacientes mudar, deixando cair as suas máscaras tristes para emergir as sorridentes já foi para mim a marca suficiente do sucesso do projeto *Hemodialisart*. Mas, além dessa grande satisfação, tive o prazer de perceber a mudança de atitude dos enfermeiros que, pouco a pouco, mostraram-se mais carinhosos, pacientes e sensíveis, deixando de olhar os portadores de IRC apenas como doentes a ser tratados e passando a enxergá-los como seres humanos com uma história a contar. Assim, o trabalho de arteterapia trouxe também para os funcionários um pouco de cor e brilho em sua rotina de trabalho, permitindo que também eles deixassem de lado a antiga conduta e a atitude aparentemente insensível.

Por meio do projeto *Hemodialisart* e dos trabalhos plásticos dos pacientes portadores de IRC em tratamento dialítico, tentamos mostrar que a arteterapia, além de prover estímulos vivificantes para os pacientes que demonstraram crescente interesse e envolvimento nas atividades plásticas, assim como atitudes mais serenas e tranqüilas durante as sessões de diálise, é uma ferramenta que pode colaborar na melhora da qualidade de vida dessa população, assim como oferecer mais um caminho alternativo no atendimento multidisciplinar em meios hospitalares.

Após a conclusão do trabalho, o corpo médico solicitou que o projeto *Hemodialisart* voltasse a funcionar. Para minha grande surpresa, eles foram muito receptivos aos resultados apresentados, perceberam mudanças positivas no comportamento e nas atitudes no serviço de hemodiálise e convidaram-me a continuar este projeto ampliando-o para pacientes pré e pós-transplantados. Isso representou, para mim, minha maior conquista e gratificação. Trabalhar com pacientes em programa crônico de diálise sempre foi uma grande alegria, de modo que após todas as sessões, apesar do cansaço, eu estava sempre sorrindo e satisfeita. As únicas razões que me deixavam frustrada e desanimada eram a aparente falta de interação ou demonstração de interesse do corpo médico, razões que aprendi a reavaliar. Por isso, atualmente, o tempo, a paciência e a persistência são meus melhores aliados no trabalho e na vida.

## Referências bibliográficas

CIORNAI, Selma. "Arteterapia: um caminho para expansão de consciência". *Revista de Gestalt 3*, Depto. de Gestalt-terapia, Instituto Sedes Sapientae, 1994, p. 5-31.

OSTROWER, Fayga. *Criatividade e processos de criação*. Petrópolis: Vozes, 1977.

# Arte no cuidado com pacientes com HIV e câncer

*Antonio Sidney Francisco,*
*Ines Novoa Jezler,*
*Mônica Leonardo Salgado Ferreira e*
*Regina Fiorezzi Chiesa*

Cuidar: imaginar, pensar, meditar; ter cuidado, tratar.
Saúde: do latim, *salute*, salvação, conservação da vida.

Quando nosso grupo se encontrou em 1997, tínhamos todos um mesmo ideal: cuidar de quem se encontrava fragilizado e internamente desorganizado em função de uma doença grave. Cada um de nós, movido pela experiência pessoal, tinha interesse em explorar melhor as várias faces da saúde. Câncer, Aids, Alzheimer, as limitações do homem diante da finitude da vida. Em pleno fim de milênio, com todos os surpreendentes avanços da ciência, ainda (ou para sempre?) deparamos com o enigma da vida. A palavra de ordem hoje é "qualidade de vida".

A medicina volta a abraçar o lado humanista do tratamento. Aquela figura simpática e amável do médico de família – que conhecia intimamente seus pacientes desde o nascimento – parece estar tomando o lugar dos dias cibernéticos, fragmentados em centenas de especialidades, ultra-sonográficos e impessoais de hoje. Volta-se a ter como preocupação somar ao tratamento do organismo uma atenção à pessoa do paciente, uma sensibilidade para cuidar do todo. Cresce em importância o conceito de conservar a vida em oposição à idéia de apenas combater a morte... Como fica o paciente com câncer, submetido a um tratamento químico que, se por um lado pode salvá-lo da morte, por outro debilita-o e lhe impõe outro esquema de vida ? Como fica o portador de HIV que subitamente começa a fazer um enorme questionamento de crenças e valores? E aquele paciente acometido pelo mal de Alzheimer que lentamente vai se desconectando do presente e perdendo contato consigo mesmo e com todos que sempre lhe foram queridos?

Nosso grupo se questionava sobre o tempo da vida. De que forma podemos, como terapeutas, estender a mão ao próximo com calor, intimidade e acolhimento? Como ajudar o paciente a viver este tempo presente? Como valorizá-lo, fazendo dele um novo tempo?

Sentíamos que poderíamos ajudar estas pessoas utilizando uma abordagem nova, uma linguagem que lhes tocasse a essência, que os pudesse fortalecer... A psiconeuroimunologia a cada dia vem se firmando mais, enfatizando a influência da psique sobre nosso sistema imunológico, o valor das atitudes positivas e dos recursos internos de enfrentamento da doença para a saúde física. De que maneira poderíamos estabelecer um vínculo de confiança e apoio com aqueles pacientes?

Elegemos a arteterapia para cuidar, dar atenção e zelo. Elevando o ateliê terapêutico à condição de espaço para explorar o impacto do câncer ou da Aids sobre o paciente, fomos sutil e cuidadosamente nos aproximando deles e mostrando-lhes aspectos de si dos quais eles próprios haviam há muito se distanciado. Enfatizando o autoconhecimento, a reflexão sobre os eventos e significados da trajetória de vida de cada um, avançamos no tempo que ajuda a curar.

*Ines Novoa Jezler*

## A ARTE NOS CAMINHOS DA VIDA E DA CURA

*Mônica Leonardo Salgado Ferreira*

O contato íntimo que tive com a Aids, por meio do trabalho realizado com pessoas soropositivas, além de algumas vivências pessoais, foi a base do que chamo de um projeto em direção à cura.

Quando se está frente a frente com uma doença incurável, inúmeras vezes somos tomados pela raiva, pela incerteza, por dores e principalmente por muita tristeza.

Aceitar o incurável significa parar e não procurar uma saída para aqueles que são diagnosticados portadores de qualquer doença dita sem cura. Ir adiante significa perceber e compreender a história do paciente e o contexto em que a doença se manifestou. Como trabalhar com saúde e não buscar a cura?

O primeiro passo parecia ser tomar a direção do seu oposto, da sua polaridade: a saúde. O que é realmente a saúde? Assim, talvez pudesse encontrar um atalho para a grande cura que acredito existir em qualquer doença, mesmo que considerada incurável pela medicina tradicional. Ao pensar em cura, em saúde, em nenhum momento pensei em qualquer tipo de cuidado médico especial, em qualquer tipo de medicina. Tudo me remetia a um estado especial de equilíbrio capaz de fazer que a doença permanecesse inócua.

No meu trabalho no GIV – Grupo de Incentivo à Vida –, instituição que presta serviço a portadores de HIV, freqüentemente me surpreendia com alguns pacientes que mesmo sendo portadores do vírus há mais de doze anos, não apresentavam nenhum tipo de sintoma.

Nunca tinham tido nenhuma infecção oportunista e nem tomavam o "coquetel". O que isso podia significar? Pude perceber quanto o trabalho com arte os ajudava a integrar partes que não tinham sido reconhecidas, quanto aprenderam a se reconhecer nesse novo momento... A cada dia eles percebiam o que era fundo e o que era figura; a cada dia essas pessoas se tornavam mais responsáveis pela própria história. De formas desordenadas e cores escuras começaram a surgir figuras com maior número de detalhes, mais ricas e organizadas... Pessoas que inicialmente falavam muito em solidão, preconceito, começam a falar de qualidade de vida, de viver um novo tempo.

Com certeza, essas observações aguçavam a minha curiosidade e iam ao encontro de outras percepções que mostravam indícios seguros da importância fundamental das emoções, do equilíbrio, na recuperação.

No dia em que a medicina der maior atenção às emoções do paciente, com certeza a cura estará mais próxima. Quantas vezes o médico se precipita ou é indiferente à angústia do paciente? Quantas vezes se perde em eficácia médica ignorando seu estado emocional? Essa atitude da medicina convencional acaba afastando a idéia de que a mente influencia o corpo, e continua curando os sintomas e ignorando a doença.

Todas essas reflexões me aproximavam do doente. Mas para pensar em cura eu precisaria primeiro encontrar a doença. Se atitudes positivas curam tudo, como fica o doente com a culpa de ter-se permitido adoecer? Quantas dúvidas e quanta confusão se acumulavam à minha frente!

A cada momento, novas descobertas nos são apresentadas pela medicina. Curas são anunciadas todos os dias na televisão e nos jornais e, mesmo assim, as pessoas estão procurando cada vez mais métodos alternativos. Os motivos para essa busca passam pelos efeitos colaterais que as novas drogas provocam, pela procura de métodos mais naturais e menos invasivos.

Entretanto, as pessoas começam a perceber que podem ser vistas como uma unidade, e que, em geral, a medicina acaba priorizando a doença e se desviando cada vez mais do doente. É a necessidade de se sentir inteiro na busca pela saúde que impulsiona o doente a não se perder no detalhe, tendo em vista o privilégio do todo.

Torna-se então mais importante falar nesse todo, nessa unidade que somos. Impossível pensar a doença apenas pelo sintoma que ela provoca!

O que acontece é que, na presença de um sintoma, a medicina tenta rapidamente eliminá-lo, como se isso bastasse para que o doente ficasse bom e a doença fosse erradicada. Para mim, o sintoma é apenas uma sinalização, um indício de que algo não está bem. É preciso atenção, tomar conta do que não vai bem, olhar e perceber o que está acontecendo, o que há para se organizar. Enfim, saber o que está nos faltando.

De acordo com Dethlefsen e Dahlke (1983) a doença é um estado do ser humano que indica que ele não está mais em ordem, ou seja, existe algum registro de desarmonia. Essa perda de equilíbrio interior se manifesta no corpo como um sinal. É o sintoma que nos avisa de que estamos doentes.

Só assim poderemos enxergar esse sinal como um amigo, sem que o afastemos como algo desagradável. Compreender o que ele está dizendo permitirá que o paciente se aproxime de suas reais necessidades, do equilíbrio e da harmonia. Interpretar o sintoma é caminhar em direção à verdadeira linguagem mente-corpo.

Para compreender melhor essa comunicação entre a mente e o corpo foi preciso que me aproximasse da psiconeuroimunologia – uma visão completamente revolucionária das ligações entre psico (mente), neuro (do sistema neuroendócrino, incluindo o sistema nervoso e hormonal) e imunologia (do sistema imunológico).

A psiconeuroimunologia está descobrindo que os mensageiros químicos que operam mais extensamente tanto no cérebro quanto no sistema imunológico são os mais densos nas áreas neurais que regulam a emoção (Goleman, 1995). Até o século XIX os nervos eram os únicos caminhos sabidos de comunicação mente–corpo. Hoje, sabemos que o grande *insight* que torna a comunicação mente–corpo possível se dá da seguinte maneira: "[...] moléculas mensageiras são o último denominador comum, ou a linha de fundo da comunicação psicossomática entre mente, emoções, comportamento e a expressão de genes na saúde e na doença" (Rossi, 1997, p. 142).

> O *locus* principal de comunicação cérebro–corpo é o sistema límbico-hipotalâmico-hipofisário, que é como um grande conduto recolhendo informações de todas as redes neurais do alto cérebro do córtex e transduzindo essa codificação neural de informações nas moléculas mensageiras do corpo (Rossi, 1997, p. 145).

Ou seja, a partir do desenvolvimento dessas pesquisas fica determinado o importantíssimo papel do sistema límbico-hipotalâmico-hipofisário como intermediador da comunicação entre os fenômenos da mente, tais como aprendizagem, memória, emoções, comportamentos e manifestações psicossomáticas.

Foi de grande valia poder confirmar o que era apenas uma intuição: saber que a partir dessas novas conceituações, a biologia está intimamente ligada a uma rede de teoria da informação tornando a comunicação e a cura mente–corpo uma ciência empírica, em vez de uma simples esperança.

É cada vez maior o número de médicos que reconhecem que uma estrutura mental positiva pode ter grandes efeitos na cura de graves doenças; como essas atitudes e emoções positivas podem afetar a bioquímica do nosso corpo, trazendo bem-estar e saúde.

Tomar conhecimento de estudos científicos numa área que até então parecia fazer parte de um "eu acho" ou "eu acredito" me levou a pensar não só na Aids, mas nos outros dois males de nosso século: o câncer e o mal de Alzheimer.

Embora cada doença tenha formas diferentes de manifestação, é impossível deixar de observar algumas comunalidades. A primeira delas é a vigilância...

O primeiro elemento interessante da doença é que faz referência a um esquecimento do doente em relação a si próprio. Quando nos tornamos doentes é como se estivéssemos esquecidos de nós mesmos e a doença é a lembrança, uma tomada de consciência (Paul, 1992).

É importante saber que o corpo produz células cancerosas naturalmente durante toda a vida – mesmo que tumores cancerígenos não apareçam clinicamente. Isso é demonstrado por uma forma de célula cancerígena que aparece em quantidade mais elevada nos bebês do que na incidência clínica da doença (Rossi, 1997). Portanto, devemos pensar que o corpo tem uma vigilância imunológica natural, que ataca e destrói estas células antes que estas se tornem um tumor clinicamente evidente.

Voltamos de novo a pensar no estresse como fator supressor do sistema imunológico e de diminuição da vigilância. A principal teoria sobre a oncogênese é de que a formação de tumor ocorre quando os componentes do sistema de vigilância imunológica estão deprimidos ou hipoativos.

Precisamos refletir, também, sobre a existência de um plano emocional entre o mental – que na maioria das vezes é o elemento perturbador e privilegiado – e o corpo. É esse plano emocional que deve ser integrado e que pode ser o grande trampolim para a transcendência (Paul, 1992).

As emoções são fortemente ligadas ao plano endócrino, essencialmente ao suprarenal e ao plexo solar. Bloqueando as emoções, estaremos bloqueando as energias que normalmente seriam utilizadas na ação. Essas energias não serão dissipadas pela ação e por esta razão existirá um acúmulo em certas regiões corporais. Certamente, zonas-alvo de somatização (Paul, 1992).

Cura e doença estão intimamente ligados à questão da polaridade (Dethlefsen e Dahlke, 1983). A lei da polaridade é a divisão de uma unidade em polaridades opostas. Opostos que complementam, se compensam, um precisando do outro para poder existir. Entretanto, a polaridade nos impede de enxergar, ao mesmo tempo, os aspectos globais do todo, nos impondo uma coisa depois da outra – criando ritmo, tempo e espaço. A polaridade nos faz reconhecer a impossibilidade sem ela. O objetivo e o desejo de uma consciência polarizada é vencer o fato de não estar sadio devido ao tempo, tornando-se outra vez sadio, ou seja, recuperar a totalidade (Dethlefsen e Dahlke, 1983).

Assim, os caminhos da cura levam da polaridade à unidade e à integração.

Hoje, consigo entender melhor que essa noção de unidade é diferente daquela que antes me trazia uma certa angústia: a da unidade próxima ao sentido de perfeição. Compreender a unidade é transcender a polaridade, podendo colocar um fim à estrutura de que cada metade do cérebro exerce o controle por sua vez... É acabar com o ou/ou. É poder ser sombra e luz!

Talvez agora eu esteja um pouco mais próxima de compreender como alguns dos meus pacientes do GIV estejam menos sujeitos às infecções oportunistas do que outros. Talvez a resposta esteja nessa integração das polaridades, mas está, com certeza, em como conseguiram, por meio dessa unidade, transformar a doença. É nessa transformação que entendo a cura.

O que quero dizer é que curiosamente podemos, por exemplo, morrer de uma doença grave, mas do ponto de vista da consciência podemos morrer curados, ainda que em nível corporal esta doença nos mate (Paul, 1992).

Agora, mais do que nunca, sei como a arte pode acionar o biológico para que a comunicação seja restabelecida, para que as informações e a energia fluam e a mente esteja a serviço do corpo.

Originalmente, a arte era vista como parte de um caminho interior, uma via de revelação, e pressupunha-se que o artista tivesse alguma iniciação. O artista era criador e a prática artística em nenhum momento era a expressão de um ego egoísta. Depois que as obras de arte começaram a ser assinadas, apropriadas, as criações passaram a ser muito menos a expressão de seu mundo sutil (Paul, 1992).

Assim, a arteterapia encontra a sua verdadeira função: ser testemunha e expressão de um contato verdadeiro. De certa maneira, o processo artístico nos obriga a não pensar, a nos entregarmos e a vivermos o aqui-e-agora. A arte, como qualquer processo de criação, ocorre no âmbito da intuição, mesmo que integre também a experiência individual e racional. E como são intuitivos, esses processos se tornam conscientes à medida que são expressos, em que lhe conferimos uma forma. E mesmo que essa elaboração permaneça em níveis subconscientes, os processos criativos referem-se de qualquer forma à nossa consciência criadora, porque só assim poderemos perguntar sobre possíveis significados existentes naquele ato criador. Mesmo a consciência, que não é algo acabado e definitivo, vai se transformando durante seu próprio exercício num processo dinâmico em que o homem, procurando sobreviver e agindo, se transforma, ao mesmo tempo que transforma a natureza. Assim, não somente percebemos as transformações como também nelas nos percebemos (Ostrower, 1997).

Talvez a princípio fique difícil compreender como essas transformações podem ocorrer num processo criativo. Só quando estamos criando é possível perceber que, mesmo que tentemos controlar, a imaginação se solta, e mais rápido do que possamos imaginar estaremos fazendo algumas associações. Então é possível enxergar que além da coincidência existe uma grande coerência nessas associações. Magia! Somos assaltados por expectativas, medos, aspirações e uma gama enorme de prioridades interiores. E aí fica mais fácil compreender como essas prioridades podem influir na nossa mente, como as associações são encaminhadas para certos rumos, renovando os vínculos com o passado. É fácil saber também de que forma essas prioridades influenciam nosso fazer e aquilo que queremos criar (Ostrower, 1997).

Nessa renovação de vínculos, no como queremos criar – viver, enfim – se encontra o terapêutico da arte.

Quando estamos criando nos tornamos conscientes do nosso movimento interno. A consciência se expande sobre o que faz sentido em nossa vida, em direção à nossa totalidade. Ao mesmo tempo, recebemos confirmações visuais desses movimentos na obra que produzimos.

Esther Dreifuss, psicóloga e artista, que trabalha na Universidade de Zurique, escreveu sobre a importância da arte no tratamento de adultos atingidos pelo câncer. A importância da Arteterapia para esses pacientes está na possibilidade de transformação do processo de luto e na estabilização do eu ameaçado por meio de uma expressão criadora (1981).

A arteterapia pode ser um suporte terapêutico excelente para as pessoas idosas, sendo utilizada em geriatria ou gerontologia para estimular a criatividade, permitindo a descoberta de uma nova socialização e o restabelecimento da confiança. Uma das principais virtudes da arteterapia é a de restabelecer a relação numa troca que tem lugar na escuta, no olhar, no gesto – e que vai perdurar no mundo social (Boyer-Labrouche, 1996).

A identificação com o material se torna muito importante nesses processos transformadores e terapêuticos à medida que quanto maior for a identificação, mais poderemos experimentar, articular e descobrir. Experimentando, estruturando a matéria, nos estruturamos internamente. Criando, o homem se recria (Ostrower, 1997).

Além de ser terapêutica, a arte facilita a expressão de alguns processos internos pela presença do material entre o terapeuta e o paciente. É mais fácil falar de uma dor ou de um medo por meio de uma pintura ou de uma escultura...

Esculpir, formar... transformar. Processo lindo e mágico. Lembro de mim. Lembro do Marco, da Teresinha, do Wladimir e do Jorge, pacientes que estão no GIV há dois anos.

Trabalhamos a confecção de um rosto ou máscara com base em uma sensibilização sensória: olhos fechados, as mãos sentindo o próprio rosto, as reentrâncias, as saliências, a temperatura... Por intermédio das emoções nascidas da terra molhada, na plasticidade do barro, silenciosamente – durante quatro sessões – eles foram esculpindo, se descobrindo. Vivenciaram a si mesmos como criaturas e criadores. Na argila encontraram espaço para se encontrar, para contatar as suas polaridades. No barro eles encontraram o espaço da divindade em si próprios. Criam a si mesmos à imagem e semelhança de Deus e dão vazão à sua onipotência sem precisar enlouquecer (Gouvêa, 1989). E a seguir expressaram pela escrita essa vivência.

Foi preciso que houvesse uma integração nessa relação de confiança que pudemos estabelecer, foi necessário perceber que em nosso espaço terapêutico não existem regras, limites, condições.

Acredito que a atitude amorosa do terapeuta favoreça a integração da personalidade do cliente, pois dá a ele a possibilidade de transitar entre duas polaridades: a masculina e a feminina (Cardella, 1994).

Compreender o doente e a doença... Perceber os limites internos e externos. Respeitar. A importância da confiança desenvolvida no nosso espaço terapêutico como um lugar seguro onde podemos experimentar, rejeitar sem que sejamos rejeitados por isso. Criar, criando a possibilidade de flexibilizar, de trocar um material por outro quando o paciente não quer ou não pode utilizá-lo. Compreender.

O maravilhoso na arteterapia é que o artista-paciente não precisa de nenhum talento exterior. Necessita apenas fazer esse caminho, que é por essência o caminho do autoconhecimento, e porque vivendo esse caminho pode testemunhar. Suas obras são o seu processo, o seu testemunho, passível de transformações e crescimento a qualquer instante.

É por isso que não podemos acompanhar e facilitar um trabalho arteterapêutico se não percorremos ou resolvemos algumas questões interiores. Nesse caminho existe uma busca de simplicidade. Muitas vezes não estamos preparados... Ainda temos medo do silêncio e do vazio.

Compreender limites; se apropriar de luz e de sombra; buscar o equilíbrio e a energia; seguir, tropeçar e sempre prosseguir nessa busca interna-externa e incessante para poder chegar... Esta talvez seja a única certeza... o comprometimento que deve permear cada ação, cada atitude. Na procura de uma integração amorosa conosco e com o outro talvez esteja o segredo do que pode nos dar o sentido, o equilíbrio, a cura...

## ARTETERAPIA COM PORTADORES DE HIV

*Antonio Sidney Francisco e*
*Mônica Leonardo Salgado Ferreira*

Durante aproximadamente esses três anos de arteterapia para portadores de HIV, lidamos com fluidez, tropeços, alegrias e frustrações. Hoje, sentimos que temos mais conhecimento e compreensão da dimensão psíquica e social que cerca a Aids e seus portadores. Foi muito bom poder rever de forma mais globalizada todo o caminho percorrido até agora e o que aprendemos com os pacientes e com a instituição, para, assim, relatarmos neste artigo.

Com certeza, o que nos motivou fazer essa escolha – arteterapia com portadores de HIV – foi privilegiar o momento interno de cada um de nós. Momento especial, de estar sensível à possibilidade de conviver com o desafio, com a ameaça do equilíbrio vital convivendo com o lado difícil da vida... a doença.

Por outro lado, ao mesmo tempo que enfrentávamos dificuldades, a motivação de estar diante de um trabalho pioneiro – já que não tínhamos conhecimentos de nenhum trabalho que utilizasse a arte como instrumento terapêutico com pacientes soropositivos – nos impulsionava, aumentando o nosso ânimo e minimizando qualquer percalço.

Assim, buscamos bibliografia especializada e conversamos com pessoas que de alguma maneira já haviam trabalhado com a Aids, tentando compreender mais profundamente as reais necessidades do portador. Entramos em contato com nossa ansiedade, nossos medos, expectativas e fantasias. Sem dúvida nenhuma, pudemos contar com a colaboração e o incentivo da instituição que escolhemos para atuar.

O GIV – Grupo de Incentivo à Vida – é uma ONG que presta serviços aos portadores de HIV e participa de movimentos nacionais e internacionais na luta contra a Aids, prevenindo, conscientizando e dando o apoio psicossocial necessário aos portadores por meio de terapias individuais e grupais, ioga, massagens, cursos profissionalizantes, aulas de teatro etc.

De modo geral, o cenário previsto não foi totalmente encontrado. Esperávamos encontrar pessoas física e psiquicamente fragilizadas, o que não correspondeu totalmente à realidade, pois os pacientes estavam sob controle de uma medicação muito potente e com acompanhamento médico bem regularizado. Atualmente, com os avanços da medicina, a infecção por HIV parece ter se transformado numa condição crônica, o que relaxa a sentença de morte iminente, aliviando parte do infortúnio...

No início também não tínhamos uma visão das particularidades da vida dessas pessoas, de sua percepção da realidade, seu modo de encarar o vírus no corpo, de se relacionar com o outro.

Com o decorrer do trabalho, pudemos conhecer e compreender melhor o indivíduo soropositivo. Um conhecimento adquirido lentamente, de forma cuidadosa, que sempre precisa ser revisto e reformulado. A novidade é uma constante.

Se pensávamos que depararíamos somente com homossexuais, o dia-a-dia do nosso trabalho mostrava o contrário. A surpresa da freqüência cada vez maior do vírus nas mulheres heterossexuais revelam novas faces e a mutação da realidade. Sentimos a importância de estarmos atentos e abertos para o momento presente, quando acordes diferentes daqueles que pensávamos encontrar apareciam. Era uma música sendo composta a cada instante... Algumas vezes nossos acordes se harmonizavam com o grupo e sons belíssimos eram extraídos. Outras vezes, tudo soava dissonante. O mais importante é que estávamos a cada momento aprendendo a nos relacionar com aquela realidade.

Pudemos observar como esses indivíduos tornam-se resistentes física e psiquicamente para poderem esperar e ganhar tempo. Mesmo assim, persiste um sentimento de solidão e de segregação, talvez pela necessidade de manter sigilo da própria doença, o que os afasta muitas vezes da família, dos amigos e da sociedade.

Éramos surpreendidos por depoimentos de portadores que continuavam mantendo relações sexuais sem os cuidados necessários para evitar a contaminação. De mulheres violentadas sexualmente por seus maridos portadores, sem que pudessem se rebelar ou questionar. E de outras, que mesmo contaminadas, faziam questão de levar uma gravidez até o final.

Deparar com este quadro dramático nos faz refletir sobre nosso papel como profissionais que se colocam junto das questões sociais que falam de valores, educação, auto-estima, segregação e preconceito.

Percebemos que alguns participantes, após saberem-se soropositivos, inicialmente apresentavam um quadro com perturbações de ordem física e emocional. Nesse período, é fundamental o acompanhamento médico e a presença do grupo de referência para dar o apoio, o afeto e a compreensão necessária para que o indivíduo consiga se reestruturar de forma lenta, até que se adapte à nova realidade com a qual vai passar a conviver. Passado esse período de impacto, muitos reformulam seus valores pessoais, buscando atividades que lhes dê maior prazer e evitando o estresse que causa a diminuição das resistências e o aumento da carga viral. Reformulam seus relacionamentos, selecionando as amizades que realmente têm ressonância em sua vida e mantendo uma relação renovada com o tempo; não permitem que pressões externas os forcem a fazer aquilo que não mais tem sentido para eles.

Pudemos também observar que o "saber-se portador do vírus HIV" impulsiona o indivíduo a se posicionar frente às várias situações externas, o que de maneira sutil faz que mudanças internas significativas aconteçam: o corpo se modifica e dá sinais de sobrecarga, necessitando freqüentes ajustes dos medicamentos; as relações humanas se transformam; os sentimentos afloram; lembranças e reminiscências do passado desejam ser passadas a limpo, ser revisitadas com uma compreensão maior.

Neste sentido, Sontag, no livro *Aids e suas metáforas*, relata que a Aids é a doença que representa uma censura genérica à vida e à esperança. De acordo com a autora, contrair Aids equivalia a descobrir-se parte de um determinado "grupo de risco", o que em algum momento teria de ser revelado, mudando, ou pelo menos transformando, as relações do indivíduo consigo mesmo, com o trabalho, com o parceiro, com a família e com a sociedade de um modo geral.

O portador que procura esta instituição para portadores do vírus HIV é, geralmente, de uma classe menos privilegiada. Em geral são homossexuais do sexo masculino e mulheres heterossexuais que foram contaminadas por seus parceiros. É comum uma certa desorganização familiar. Muitos, quando crianças, foram abandonados pelos pais, tendo sido criados por tios, avós ou outros parentes. Alguns tiveram uma relação muito boa com esses parentes, recebendo o carinho e a atenção de que necessitavam. Outros não foram tão felizes assim, recebendo uma educação muito rígida que lhes exigia um comportamento adulto, com muitas responsabilidades e obrigações. Alguns foram violentados sexualmente por seus responsáveis, o que comprometeu seu desenvolvimento psíquico e emocional.

Esses fatos sempre voltam nas sessões de arteterapia. É muito importante que o portador possa revivê-los, estabelecendo um novo diálogo com esse passado. Nas sessões procurávamos incentivar as lembranças dessas situações de forma que pudessem ressignificá-las. Quantas vezes, ao relembrar uma situação traumática e renegada da infância, essas pessoas puderam reconhecer e integrar partes agradáveis até então despercebidas. Não eram poucos os momentos de boas lembranças: passeios com a família, partes da casa onde moravam, a natureza e a simplicidade da cidade em que viviam, a atenção recebida de alguém importante...

A utilização da arte como recurso terapêutico facilitou muito a introspecção dessas pessoas, levando-as a se conectar consigo mesmas. No início, a simples escolha de uma cor para pintar era difícil: as pessoas ficavam inseguras, desajeitadas e inibidas. Colocar as tintas no papel então, nem se fala,: as mãos tremiam, aparecendo sentimentos de vergonha e inadequação. Era como se fossem alunos no primeiro dia de aula... Aos poucos essa inibição foi dando lugar a uma liberdade que se relacionava com fatos de sua vida que, muito lentamente, eram trazidos para as sessões.

Utilizamos vários materiais, como tintas guache e plásticas, *crayons* secos e oleosos, argila, velas, canetas coloridas, arames, papéis de diferentes texturas etc., sempre procurando relacionar com o contexto do trabalho e a familiaridade com esses materiais. Artisticamente, percebemos que no início era comum aparecerem desenhos totalmente negros, de dimensões pequenas e com poucos detalhes; figuras colocadas no meio do papel com ausência de base, pareciam flutuar no ar.

Aos poucos, as cores começaram a surgir. Em alguns, a repetição de temas com pequenas variações ia se distanciando. Desenhos novos, cada vez mais belos, nítidos e fortes! Assim como os desenhos, as pessoas iam tomando corpo e se expressando cada vez com mais segurança. Em sua grande maioria, os trabalhos revelavam força, colorido e movimento. Os temas predominantes eram os elementos da natureza, seres humanos, animais e cenas da infância que, mesmo tendo sido traumática, hoje já não amedrontava tanto.

Fases de um processo... etapas de uma história. "A expressão artística pode ser terapêutica quando experienciada como um processo, porque permite ao artista conhecer-se a si mesmo como uma pessoa inteira num curto espaço de tempo" (Rhyne, 1978).

Ao contrário do que havíamos pesquisado, no tempo em que a Aids ainda estava sem controle, não pudemos observar trabalhos que fizessem alusão à morte e à decadência física. Até hoje o tema apresenta desafios. Diante dele, repensamos o planejado quando necessário.

Na história de cada um aparece um mesmo personagem, a princípio negado. Trava-se uma luta interna diária para que ele não se revele, não se pronuncie... Luta inglória! Aos poucos, vai aparecendo, fazendo parte e transformando a vida de cada um. Esse personagem tão temido tem um nome: Aids. Essas pessoas se encontram quase sempre vulneráveis, carentes de atenção, carinho, respeito, contato físico e amor por sua condição marginalizada.

Muitos começam as sessões, mas poucos permanecem até o fim do programa proposto. Cabe aqui ressaltar que nossa proposta foca o desenvolvimento de um processo. Nesse sentido, uma sessão está atrelada à outra, assim como a escolha dos materiais artísticos.

Durante o processo tínhamos de lidar com as constantes ausências das pessoas nos grupos, ocasionadas pelas dificuldades no estabelecimento de vínculos, assim como por problemas físicos causados pelas doenças oportunistas. O processo normalmente leva a um afunilamento, fazendo que elas entrem em contato com seus conteúdos mais íntimos, que diretamente estão relacionados com a contaminação.

Para alguns é mais fácil, um desafio, uma busca, uma aventura. Esses vêm às sessões e realizam trabalhos artísticos que se desenvolvem plasticamente passo a passo. Outros encaram a conscientização de forma dolorida, sendo a fuga o único remédio. Buscam na instituição apenas eventos sociais que preencham o vazio que sentem.

Um preparo teórico é fundamental para compreender melhor todos os conteúdos expressos pela arte. Nesse sentido, a Gestalt-terapia, com seus pressupostos teóricos aliados à arte, nos ajudou a compor um espaço terapêutico e um clima propício à manifestação de *awareness*. Não basta um preparo técnico. Muitas vezes foi o silêncio que mais nutriu a nós todos. Estar em sintonia com as necessidades do portador é uma condição básica para o trabalho. Também observamos a importância de reconhecer as qualidades e o potencial criativo que se oculta em cada um, como semente para o desenvolvimento da auto-estima e da confiança.

O trabalho de arteterapia que desenvolvemos no GIV teve uma configuração de ateliê terapêutico. Nele, as pessoas são estimuladas a se expor, a entrar em contato com as suas realizações – tanto em nível corporal como em nível de expressão artística.

Como todo processo de grupo, a confiança vai aos poucos se instalando entre as pessoas, favorecendo que falem cada vez mais de si e criando uma liberdade para se tocarem por meio das palavras e do corpo. Os pacientes apresentam muita rigidez, posturas limitadas e empobrecidas de movimentos e de expansão no espaço. Alguns verbalizam que têm muita dificuldade em sentir partes do seu corpo, muito incômodo e dores. A cabeça é a parte do corpo mais presente e expressada nos trabalhos artísticos.

Em arteterapia com portadores de HIV, consideramos muito importante um trabalho que amplie o conhecimento do próprio corpo, integrando partes esquecidas, conhecendo seus pontos de tensão e modos de relaxamento. Trabalhos artísticos foram feitos pedindo que desenhassem os pés, as mãos e os ombros, para torná-los mais vivos e conscientes. Uma ampliação do espaço vital pela conscientização corporal! Sentíamos que o todo, o peso da condição de se saber portador, estava concentrado na cabeça e precisava ser repartido com as outras partes do corpo. Oaklander (1980) ressalta a importância de que o adulto aprenda a relaxar aliviando tensões, podendo mais facilmente expressar a fonte da sua tensão.

A experiência nos mostrou que em uma instituição é fundamental desmistificar o trabalho terapêutico com arte. É comum nesse contexto que as pessoas associem este tipo de trabalho com práticas ocupacionais e produção de artesanato, não conseguindo avaliar o espírito verdadeiramente terapêutico da arte. Foi preciso mostrar que arteterapia não é aula de artesanato nem terapia ocupacional, como as pessoas pensavam de imediato. Desde as primeiras oficinas de demonstração – abertas a todos os integrantes da instituição, inclusive diretores, voluntários e futuros pacientes – mostrávamos que cada trabalho teria um desdobramento nas próximas sessões, enfatizando a importância do processo terapêutico no crescimento gradativo individual e do grupo.

Acreditamos que esse trabalho contribuiu para o crescimento dos participantes, fazendo que se apropriassem de sua vida, descobrindo que, apesar do vírus, poderiam viver bem consigo mesmos e com os outros. Semeamos na instituição a importância da arte e seus efeitos terapêuticos no processo de autoconhecimento. Contamos com a colaboração amorosa e solidária de supervisores e colegas, buscando juntos idéias e soluções para os impasses. Festejamos os momentos felizes frente aos acertos! O desafio ainda está aí, como a Aids, como a própria vida, cada dia revelando particularidades, avanços e recuos. É um trabalho que precisa ser construído pela instituição, pelo corpo de profissionais e pelo grupo. Juntos!

## A ARTE PARA A ESSÊNCIA DO SER E DA SAÚDE

*Ines Novoa Jezler e*
*Regina Fiorezzi Chiesa*

Trabalhando em dupla, no ateliê com mulheres recém-mastectomizadas entre 46 e 75 anos, no Hospital São Cristóvão, nossa meta principal era realçar ou até mesmo redescobrir a identidade de nossas clientes. Nosso instrumento metodológico era tratar aquela paciente como ela é, considerar sua individualidade, como ela se vê independentemente do câncer. Procuramos, então, com base nessa percepção, estabelecer uma conexão com seu adoecimento e com padrões de comportamento que pudessem favorecer o restabelecimento da saúde, do bem-estar mental e espiritual.

Ao focarmos a saúde, acreditamos na possibilidade de reverter o estado de doença da paciente. Não se trata de um "pensamento positivo" simplista, como se ouve pregar hoje em dia, de que temos controle sobre a realidade uma vez que assim o desejamos... Tal atitude, além de esbarrar no pensamento mágico infantil, ainda pode provocar uma inferência muito prejudicial ao paciente, ou seja, se ele pode se responsabilizar por sua "cura", foi ele mesmo que "criou" seu câncer... Tal sentimento de culpa em nada contribuirá para fortalecer o paciente. Como tantas outras doenças, o câncer depende de uma multiplicidade de fatores para se desenvolver, e seria muita prepotência de nossa parte crer que podemos tanto trazê-lo como afastá-lo.

O que norteia nosso trabalho em ateliê é enfatizar que podemos investir consciência e intencionalidade no desejo de transformar crenças e valores que não nos trazem benefício algum; pelo contrário, servem na maioria das vezes para atender às necessidades do outro em detrimento de nós mesmos. Mas, afinal, "quem sou eu?", nos pergunta a paciente, que sintetiza em sua pessoa a mulher comum da nossa realidade brasileira. Diante dessa pergunta básica e primeira, situamos nosso trabalho na construção e na organização da identidade de nossas pacientes. Percebemos a marcante tônica do ser mulher, que desde muito pequena é educada de modo a existir para servir ao próximo a ponto de essa mulher só saber definir-se a partir do olhar do outro. Muitas vezes, na perda desse outro com quem tem um estreito relacionamento – filha, irmã, amiga íntima, mãe, esposa – muitas vezes a mulher perde o seu senso de existência. "E agora, ser para quem ?" Tão habituada a viver em função do outro, e de fato incentivada a isso, encontra-se esta mulher sem ter do que nutrir-se.

A ligação entre amor e dar de nutrir, entre mulher e serva – da mãe-terra como provedora da vida – vem da mais remota Antigüidade, representada por meio de mitos e da arte. Reforçada era após era, tantas vezes combatida, essa atitude remanescente das antigas sociedades patriarcais, em que a mulher era propriedade do senhor, se perpetua de maneira encoberta até hoje. Mesmo com o avanço intelectual, profissional e financeiro da mulher no século XX, mantém-se ainda muito forte a tradição medieval de a mulher encontrar-se, mesmo que apenas psicologicamente, ainda absolutamente dependente do pai ou do marido. Suas decisões não são suas e devem estar de acordo com todo o conjunto familiar; seu conselho é bem-vindo mas a decisão final raras vezes é assumida pela mulher. Elas são preparadas para a dependência e normalmente têm medo de tomar decisões; parecem indefesas e aí surge o desejo de serem cuidadas. Assim, fica fácil aceitar o papel da submissão. Simone de Beauvoir, citada por Dowling em *Complexo de*

*Cinderela*, já apontava que para evitar a tensão da responsabilidade, muitas mulheres optam por ser submissas. Culturalmente, é de certa maneira, até mesmo hoje, o que se espera de uma mulher. Não mencionaremos aqui os dramáticos exemplos de subjugação da mulher que ocorrem em diversas culturas orientais, mas referimo-nos à realidade da mulher ocidental, tida como mais liberada e emancipada...

Anteriormente mencionamos a educação da mulher para o próximo, enfatizando o termo como alusão aos ensinamentos religiosos: amar ao próximo. Toda mulher carrega em si a imagem da mãe, da beata Virgem Maria, pura, bondosa e abnegada... A menina que embala sua boneca, a jovem mãe com seu bebê, a mulher que acolhe no colo seu marido ou seu amante... É cultural? Religioso? Na verdade, não importa. É feminino.

Não se trata de alterar um "esquema" do qual todos necessitamos, mas de redimensioná-lo adequando-o a um padrão que liberte a mulher para que seja, também ela, uma personalidade, um indivíduo com desejos e sentimentos próprios. Uma mulher que anseia por luz e ar puro. Uma mulher que assume responsabilidades, que não precisa roubar a liberdade e a independência de outros, mas sim desenvolvê-las e reconhecê-las dentro de si própria. A mulher que corre riscos, que faz contato com a autenticidade, a espontaneidade e a ousadia. Para ser mulher é preciso crescer, fazer uma emancipação interna, tomando posse de si mesma, libertando-se de medos, inseguranças e dúvidas. Pois se ela ficar no conflito independência *versus* dependência, temendo tanto um quanto o outro, é porque na verdade tem receio do controle de si própria, projetando o "tenho medo de controlar". E o resultado acaba sendo o fracasso, a culpa, e a inferioridade. Uma mulher estática, estagnada no seu espaço.

O câncer de mama encerra enfoques difíceis de serem abordados. Na maioria das vezes a tendência é esconder, ter vergonha, principalmente quando se trata da perda da mama. Ficam o segredo, o constrangimento, o sofrimento e a dor.

Desde o começo do século muitas questões suspeitas e também pesquisas foram surgindo a respeito do câncer. Inicialmente este era visto como uma doença contagiosa, provocada pela falta de higiene e, em alguns casos, até relacionada com a sexualidade. Vinha como um castigo, e enfrentar o câncer de mama, por exemplo, era suportar heroicamente o sofrimento. "O corpo sofredor da mulher com câncer parecia atingir qualquer coisa da ordem do sagrado. Tocá-la significava obter um estoque de pureza supostamente roubada pela vida" (Fávero, 1997). O câncer era considerado uma doença ruim, sem cura, que ia consumindo o indivíduo. A mulher com câncer de mama era uma vítima completamente distanciada de sua identidade. Para ser salva, precisava ser considerada heroína ou mesmo santa... Percebemos em nosso trabalho como esses preconceitos e idéias ainda estão presentes no inconsciente da grande maioria. Ao mesmo tempo, não há como ignorar o temor sempre presente de uma metástase e da proximidade com a morte. O câncer de mama traz a relação com o feminino, ou seja, a perda da identidade de mulher. Numa situação de vulnerabilidade como a que se encontra a paciente diagnosticada de câncer, vêm à tona os estereótipos: a mulher dependente, emocional, sem autocontrole... sem rumo ou valor.

Na busca contínua de entender o câncer avalia-se hoje, além dos fatores físicos e ambientais, também os fatores emocionais, como traumas e emoções contidas. Algo que vem de dentro e não é expresso: mágoas, frustrações e raiva. O câncer não é mais visto como um invasor, mas sim como células do próprio indivíduo que, por uma multiplicidade de fatores, passam a se multiplicar, provocando alterações no organismo.

Diante dessa em que elementos externos e internos são considerados, o combate ao câncer ganha mais espaço e novas alternativas de enfrentamento à doença vêm surgindo. A arteterapia se encaixa numa dessas possibilidades de enfrentamento. Sendo assim, a morte, o conformismo e a mutilação deram lugar à esperança e à vontade de viver, proporcionando uma melhora na qualidade de vida da paciente.

Temos visto, por meio de estudos e pesquisas com pacientes de câncer, que estes apresentam uma atitude diante da vida muito característica. Temoshok (1992) denominou este conjunto de atitudes de comportamento Tipo C, em contraposição a uma classificação semelhante que identifica os traços comuns do paciente cardíaco, denominado Tipo A. O que Temoshok nota em seu estudo é que muitos pacientes de câncer têm em comum algumas crenças e atitudes:

sentimentos de impotência diante de situações estressantes e uma tendência a desistir, não lutar; sentimento de pouca auto-estima, de desvalor; necessidade quase compulsiva de servir e atender ao outro, numa provável busca de aprovação e amor. É evidente, contudo, que todos nós podemos apresentar um ou mais traços Tipo C sem que isso signifique que desenvolveremos câncer. A identificação desse "modo de ser" é, segundo Temoshok, o primeiro passo para que o paciente se conscientize dos padrões que lhe estão dificultando o fluir natural das emoções e expressões da vida, para então poder reformular e conduzir um estilo mais saudável de ser, segundo o qual saúde se refere à totalidade do indivíduo.

Nossa proposta, portanto, é estimular o espírito de luta, o sentimento de autovalorização e a atenção e percepção às suas próprias necessidades por meio do trabalho artístico, para que os pacientes produzam uma *awareness* de si e tenham melhor qualidade de vida.

"Hoje estou me sentindo como uma criança... É gostoso estar colorindo. Nunca mais tinha feito isto. Eu sempre fui muito animada (minha mãe dizia que eu era muito feliz). Acho que eu tenho uma criança dentro de mim, mas eu prendi essa criança e fiz mal a mim mesma. Acho que por isso fiquei doente. Agora eu quero deixar essa criança ser feliz..." (C., 69 anos)".

Com os olhos brilhantes, uma paciente do ateliê, ao se ver rodeada de papéis e giz de cera, sendo solicitada para fazer desenhos, fez esta preciosa observação. Entregou-se com muito gosto à atividade e executou os desenhos com capricho e muitas cores...

O que nos dá mais respaldo no atendimento em ateliê terapêutico é o conhecimento da personalidade do paciente oncológico. Como eles normalmente têm dificuldade de expressar seus sentimentos, desejos e sonhos, é de muito valor poder lhes oferecer a oportunidade de ensaiar na arte essas emoções. Ter em mente que a maioria dessas pacientes já dedicou muito amor aos outros e quase nada a si próprias nos guia a recebê-las com carinho e atenção dobrados, a oferecer-lhes a possibilidade de fazerem algo para si, se perceberem como mulheres que carregam uma essência toda especial e a valorizar o fato de que têm direito de cuidar de si. Muitas, pela primeira vez em vários anos, estão se permitindo usufruir de um tempo exclusivamente seu, ao freqüentar uma sessão semanal no ateliê – onde aprendem a prestar atenção em suas emoções e a refletir sobre suas atitudes diante da vida.

A pressão da civilização moderna sobre as pessoas, principalmente no Ocidente, no sentido da valorização máxima das potencialidades masculinas – racionalidade, competitividade, ação... – em detrimento das femininas – intuição, cooperação, receptividade – faz que os aspectos femininos sejam negligenciados até mesmo pelas próprias mulheres, em sua ânsia para competir em nível de igualdade com os homens. Ambos, homens e mulheres, detêm aspectos masculinos e femininos. É a desvalorização dos aspectos femininos, conforme Cardella (1994) ressalta, que acaba por dificultar ou mesmo bloquear os relacionamentos afetivos. É, portanto, de grande importância que num processo de terapia o terapeuta possa atuar para descristalizar polaridades, procurando integrar as potencialidades femininas do cliente, especialmente as que trazem dificuldades de relacionamento.

À medida que se integra a personalidade, mais fortalecido estará o indivíduo e apto para dar e receber o amor. Segundo Cavalcanti (1995), "é por meio do casamento interno do sol com a lua, da rainha com o rei, da água feminina com o fogo masculino que o homem e a mulher vivenciam o arquétipo da totalidade e podem se relacionar de uma forma mais harmônica." Por intermédio do amor podemos encontrar nosso centro, nosso coração, nosso poder e também nossa razão de viver. A sensação de ser tocado, de dar e receber e ir além dos nossos limites. A conexão mais pura e profunda do nosso ser verdadeiro.

Especificamente em nosso trabalho com pacientes de câncer de mama, buscamos fazer a ligação entre questões intrinsecamente femininas e padrões de comportamento tão típicos do paciente oncológico, como alguns que citamos acima. Reunimos, no contexto do ateliê, o desejo de autovalorização e reconhecimento do qual o sexo "frágil" prescinde, a vontade de fortalecer-se e viver melhor. É o espaço onde nossas clientes, sempre tão disponíveis para "dar", aprendem a "receber". Não podemos deixar de pensar no simbolismo que é ter o seio doente, este mesmo órgão que universalmente representa a atratividade do sexo feminino e sua qualidade maternal, de vida e doação. O peito como a morada do coração e do amor... Já em 1926, um estudo feito pela dra.

Evans demonstrava a relação entre pacientes cancerosos e a perda de um ente querido que estes haviam sofrido pouco antes do aparecimento da doença. Quase um século antes, em 1822, Nunn, em seu artigo "Câncer de mama" apontava para a coincidência entre fatores emocionais e o crescimento de tumores. De fato, há registros da conexão entre o câncer e estados emocionais desde o século II... Paradoxalmente, com o avanço da medicina, essa correlação foi se perdendo, para pouco a pouco ser retomada nas últimas décadas. Diversos médicos e psicólogos têm empreendido e publicado pesquisas em que demonstram que, devido à história de vida de seus pacientes, estes acabaram ficando mais vulneráveis e/ou sujeitos a desenvolver câncer. Diversos estudos associam determinados comportamentos e traços de personalidade às pessoas que têm câncer. Dentre estes, o dr. Le Shan, em dados colhidos durante a década de 1970, observou em mais de 500 pacientes seus componentes característicos como dificuldades de relacionamento, grande desapego de si e pouca expressão de seus sentimentos mais profundos. A dra. Temoshok, citada anteriormente, que tem vasta experiência clínica, chega a afirmar que o paciente com câncer é praticamente incapaz de identificar suas emoções, tão habituado está a reprimi-las e a suprimi-las. Segundo ela, o comportamento Tipo C desenvolve-se como um mecanismo de defesa para enfrentar situações dolorosas envolvendo a família e a sociedade.

Quando nos interessamos por trabalhar com pacientes de câncer imaginávamos, por tudo que vínhamos estudando, que encontraríamos pessoas completamente envolvidas pela doença. Não avaliávamos quanto o "ser mulher" e suas implicações estariam relacionados com esse processo de adoecimento. Pudemos então perceber como as pacientes haviam se privado de sua natureza essencial. Buscamos, no trabalho de ateliê terapêutico, sempre imprimir uma marca da identidade feminina como ponto de partida para a recuperação e manutenção da saúde delas. Antes de ser uma paciente com câncer de mama, aquela cliente precisava acima de tudo se firmar como mulher.

Tornou-se importante para nós todo tema que pudesse servir de recurso para reforçar a autoconfiança e a auto-estima. Pretendíamos que o fazer artístico fosse estruturando, subliminarmente, essa mulher fragmentada em suas emoções e no seu corpo modificado pela cirurgia. Tantas vezes mutiladora no aspecto físico, a mastectomia ainda se soma à característica emocionalmente fragmentada do paciente oncológico. Por nossa experiência em ateliê, percebemos que, por meio do cuidado com a confecção do trabalho artístico, a cliente vai adquirindo uma admiração por si mesma, um reconhecimento de um jeito próprio de ser, auto-aceitação e acolhimento. Sobre o trabalho pronto, conversamos aprendendo a nos ver ali da forma como nos representamos.

Mulheres com câncer. Parecem trazer um desprendimento enorme por si mesmas, o que certamente contribui para apagar-lhes a identidade, abafar seus mais verdadeiros anseios e reprimir tantas emoções. Desarmadas de si mesmas, essas mulheres adoecem...

Ajudar a paciente com câncer a encarar seus medos, a encontrar em si própria recursos para enfrentar as dificuldades da vida e buscar sua essência espiritual, sua conexão natural com o universo no amor por si mesma, foram se firmando como metas a serem buscadas e trabalhadas por nós por meio da arte. Acreditamos que a arte seja a linguagem da alma e do coração. Não há espelho melhor daquilo que acontece dentro de nós. A arte é espontânea e genuína. Ela comunica o que por vezes não podemos ou não sabemos dizer de outra forma. Acreditamos, assim, na força que a arte tem de proporcionar alívio e desbloquear energias, pois permite que emoções represadas sejam finalmente expressas. Ela oferece um contato mais introspectivo com nosso ser, revelando segredos, e por liberar essa carga afetiva reprimida, torna-se transformadora e fortalecedora. A energia antes investida para conter emoções pode ser dirigida para a saúde e para a harmonização da vida.

Trabalhar com mulheres com câncer-de-mama é poder ajudá-las a se conhecer melhor, a se conectarem consigo mesmas. A arte facilita a conexão com a terra, com as raízes, nutrindo-as e fortalecendo-as... E, alcançando o céu, como se pudessem voar, sentindo o vento no rosto, a liberdade, a leveza... Sem perder o contato com as raízes que se estendem até o útero da grande mãe, aberta para o amor sem limites e sempre pronta para ajudar quando necessário... E assim, o corpo em equilíbrio, aquele que as sustenta, permite que elas reconheçam a doença como uma face da saúde. Uma chance de aprender algo, transformando velhas crenças em novos conhecimentos e, portanto, em mais saúde.

É um trabalho de sintonia entre nós e as mulheres do grupo. Os *insights*, as descobertas, as sensações acontecem de forma descontínua, sutil e instantânea. Parece que tudo é planejado e ensaiado, mas apenas damos lugar para que aconteça. Forte, intenso, vivido e sentido.

Dessa forma, focamos aspectos como qualidade de vida, resistências, esperança, equilíbrio e unidade. Encaramos nosso trabalho como um meio facilitador para que essas pessoas encontrem soluções para pequenos eventos do seu dia-a-dia. Pequenos eventos que são, na realidade, o reflexo de seus estilos de vida.

## CONCLUSÃO

Hoje, seis anos depois daquele nosso primeiro encontro na sala de supervisão do curso de Arteterapia do Instituto Sedes Sapientiae, olhamos para trás e sentimos orgulho de nossa caminhada. Sabemos do empenho de nossas supervisoras, Myriam Bove – que se dedicou a estudar o câncer e a família do paciente para melhor nos orientar em nossos estágios – e Selma Ciornai – que trazia seu embasamento da Gestalt e da arteterapia, para pontuarmos com mais assertividade os trabalhos artísticos que desenvolvíamos. Eu e Regina trazíamos da especialização em psiconcologia do mesmo instituto, a qual cursamos nessa época, toda a informação sobre a personalidade do paciente oncológico, que em diversos aspectos se assemelha ao do portador do vírus HIV. Assim, foi um trabalho de construção em equipe, em que houve intensa troca de experiências. Sabemos que com esse grupo nasceu um trabalho original e pioneiro, que hoje já exibe outras nuanças, novas experiências...

Estilos de vida. Estilos na arte.
Se intervirmos em um, influenciamos o outro...
Procuramos auxiliar nossos pacientes a perceber
e a valorizar sua vida,
a contemplar a extraordinária beleza do tempo:
como é esse tempo que às vezes deixamos passar e não vivemos,

para um dia se dar conta que já se passou tempo demais?
Que tempo é esse que então buscamos recuperar?
Que qualidade e duração ele tem?
De onde vem o poder desse tempo de curar feridas
e oferecer dias mais plenos e radiantes?
Não é na arte que podemos expressar
o maravilhamento pela eternidade do ciclo da vida
do qual somos todos uma pequena parte?
É preciso crer.
É preciso se situar no espaço, ser.
Quando sabemos quem somos não importa mais o porquê.
É suficiente ser.

Ines Novoa Jezler

## Referências bibliográficas

ACHTERBERG, J. *Imagery in healing: shamanism and modern medicine.* Boston: New Sciences Library, 1985.

ALLESSANDRINI, Cristina Dias. *Oficina criativa e psicopedagogia.* São Paulo: Casa do Psicólogo, 1996.

BEAUVOIR, S. *O segundo sexo – Fatos e mitos.* São Paulo: Difusão Européia do Livro, 1960.

BOYER-LABROUCHE, Annie. *Manuel d'art-thérapie.* Paris: Dunod, 1996.

CARDELLA, B. H. P. *O amor na relação terapêutica: uma visão gestáltica.* São Paulo: Summus, 1994.

CAVALCANTI, R. *O casamento do Sol com a Lua.* 9. ed. São Paulo: Cultrix, 1995.

CARVALHO, Maria Margarida M. J. *Introdução à psiconcologia.* Campinas: Editorial Psy, 1994.

CIORNAI, Selma. "Arteterapia Gestáltica: uma abordagem fenomenológico-existencial". XII Congresso Internacional de Psicopatologia da Expressão. Rio de Janeiro, 1988.

DETHLEFSEN, Thorwald; DAHLKE, Rudiger. *A doença como caminho.* São Paulo: Cultrix, 1983.

DOWLING, C. *Complexo de Cinderela.* 11. ed. São Paulo: Melhoramentos, 1986.

DREIFUSS-KATTAN, Esther. *Cancer stories: creativity and self-repair.* Hillsdale: Analytic Press, 1990.

FÁVERO, Maria Helena. "Menina, moça e mulher: o ser feminino na psicologia. In: GIMENES, Maria da Glória; FÁVERO, Maria Helena (orgs.). *A mulher e o câncer.* Campinas: Editorial Psy, 1997.

GIMENES, M. G.; FÁVERO, M. H. *A mulher e o câncer.* Campinas: Editorial Psy, 1997.

GOLEMAN, Daniel. *Inteligência emocional.* Rio de Janeiro: Objetiva, 1995.

GOUVÊA, Álvaro de Pinheiro. *Sol da terra.* São Paulo: Summus, 1989.

HAY, L. L. *You can heal your life.* Califórnia: Hay House, 1984.

KHALSA, Dharma Singh; STAUHT, Cameron. *Longevidade do cérebro.* Rio de Janeiro: Objetiva, 1997.

LESHAN, L. *Brigando pela vida: aspectos emocionais do câncer.* São Paulo: Summus, 1977.

LUSEBRINK, Vija B. *Imagery and visual expression in therapy.* Nova York/Londres: Plenum Press, 1997.

MAY, Rollo. *A descoberta do ser: estudos sobre a psicologia existencial.* Rio de Janeiro: Rocco, 1998.

OAKLANDER, Violet. *Descobrindo crianças: a abordagem gestáltica com crianças e adolescentes.* São Paulo: Summus, 1980.

OSTROWER, Fayga. *Criatividade e processos de criação.* Petrópolis: Vozes, 1997.

PAÏN, S.; JARREAU, G. *Teoria e técnica da arteterapia – A compreensão do sujeito.* Porto Alegre: Artes Médicas, 1996

PAUL, Patrick. *Origens da doença e a busca do equilíbrio.* São Paulo: Ágape, 1992.

REYO, Z. *Alquimia interior.* São Paulo: Ground, 1996.

RHYNE, Janie. Trechos selecionados de "Expandindo nossa compreensão das imagens visuais", IX Conferência anual da AATA, Los Angeles, 1978.

ROSSI, Ernest L. *A psicobiologia da cura mente–corpo.* Campinas: Editorial Psy, 1997.

SABETTI, S. *O princípio da totalidade.* São Paulo: Summus, 1991.

SHEEHY, Gail. *Passagens: crises previsíveis da vida adulta.* 13. ed. Rio de Janeiro: Francisco Alves, 1989.

SONTAG, Susan. *Aids e suas metáforas.* São Paulo: Companhia da Letras, 1989.

TEMOSHOK, L.; DREHER, H. *The type C connection: the behavioral links to cancer and your health.* Nova York: Random House, 1992.

## Arte-reabilitação em enfermaria infantil

*Ana Alice Francisquetti*

[...] NÃO APENAS INTERPRETAR O MUNDO, MAS TRANSFORMÁ-LO. A INTERPRETAÇÃO SEM A INTENÇÃO DE TRANSFORMAR É VAZIA, ASSIM COMO A TRANSFORMAÇÃO SEM INTERPRETAÇÃO É CEGA.

*Jean Piaget*

É estimulante saber que a arteterapia, assim como a própria arte, aplica-se a todas as áreas do saber humano e pode estar presente em todos os campos da saúde mental – na prevenção, no tratamento, na reabilitação, nos casos crônicos e nos processos terminais.

Com a inauguração do novo centro cirúrgico da AACD, que recebe crianças e adultos que requerem hospitalização para cirurgias, surgiram novas possibilidades no campo da arte-reabilitação. A literatura descreve como as experiências da doença e hospitalização podem interromper o desenvolvimento psicossocial das crianças, indicando ainda a importância de providenciar intervenções facilitadoras.

Experiências já realizadas em alguns centros de saúde dos Estados Unidos e da Europa, bem como no Brasil – no Hospital São Paulo, no Hospital da Criança, no Instituto de Infectologia Emílio Ribas e no Hospital Albert Einstein –, comprovam que é possível fazer que os pacientes direcionem a atenção para atividades variadas e que por alguns instantes eles se esqueçam do local em que estão, já que a arte para as crianças é uma brincadeira séria, porque é sério brincar. Desenhar e brincar também são remédios, e dos mais eficazes e poderosos.

Existem normas centradas na Associação para o Cuidado da Saúde da Criança – ACCH. É uma organização internacional multidisciplinar que promove o bem-estar da criança e de seus familiares, fundada em 1965 por especialistas da área da saúde nos Estados Unidos.

Golden (1983, citado por Rode, 1996, p. 26) identifica os três fatores mais importantes para a criança que está hospitalizada; separação dos pais, adaptação a um novo ambiente, perda de autonomia e controle, associadas ao medo da própria doença a da morte.

Trabalhando com arte-reabilitação há muitos anos num centro de reabilitação, pensei na possibilidade de esse atendimento ser ampliado para a enfermaria do hospital, possibilitando o acolhimento de várias crianças especiais e oferecendo atividades artísticas individualizadas para crianças e seus familiares, normalmente a mãe. Não podemos separar a doença do contexto da família. O sucesso da reabilitação depende da equipe multidisciplinar, do envolvimento da família e da sociedade no processo.

Esse projeto só foi possível com a permissão do corpo clínico da Associação de Assistência à Criança Deficiente (AACD) e com o apoio que recebi de um grupo de alunas do curso de Arteterapia do Instituto Sedes Sapientiae e das estagiárias do setor de arte-reabilitação em processo de supervisão. O projeto foi implantado pela estagiária Renata Vallada Rozestraten no início de fevereiro de 2002. Todas as fases de projetos exigem trabalho contínuo e apresentam problemas, que devem ser resolvidos com propostas de revisão e aceitação de novas intervenções.

O dr. Antonio Carlos Fernandes, diretor clínico da AACD, declara em uma entrevista feita para o setor de arte-reabilitação:

> Vejo com muito bons olhos a entrada do setor na enfermaria do hospital. Trabalho inédito e que tem ótima receptividade. Nossas crianças deficientes que ficam nas enfermarias possuem atividade limitada, porque foram efetivamente submetidas a procedimentos cirúrgicos. Com a iniciação desse trabalho no hospital as crianças passam a ter uma atividade diferente, nova, lúdica, que permite que elas possam receber conceitos de uma iniciação terapêutica expressiva da arte, das atividades físicas manuais a que normalmente não têm acesso. Todo esse processo doloroso, difícil, da internação hospitalar é levado de maneira mais suave, humanista, fazendo que

> a criança, no período de internação, seja mais alegre, mais motivada. Sem sombra de dúvida, um trabalho que está iniciando, e que vemos com grande esperança.

Assim, mesmo que esteja hospitalizada, a criança dedica grande parte de seu tempo às atividades lúdicas, por meio das quais ela se movimenta às vezes, no leito, entre o imaginário e a realidade, voltada aos devaneios da infância.

Nosso objetivo primordial é, auxiliados pelos recursos da brincadeira, da música, do desenho, da pintura, da argila, do contar e inventar histórias, criar um diálogo entre as experiências internas, a hospitalização e o mundo externo – visando melhorar a qualidade de vida da criança, humanizando o atendimento e o ambiente hospitalar, contribuindo para a reabilitação de crianças e adolescentes que estejam na enfermaria infantil e não possam sair do leito. Por meio de procedimentos terapêuticos artísticos, buscamos promover a saúde numa atmosfera de motivação, aprendizado e conhecimento de atividades artísticas – por meio da expressão verbal e não-verbal. Buscamos também ajudá-los a aceitar melhor sua situação, permitindo que se adaptem a essas novas condições de vida e interagir na condução do processo de saúde *versus* doença.

## ARTE-REABILITAÇÃO NA ENFERMARIA INFANTIL

No trabalho com crianças internadas nas enfermarias infantis do hospital, muitas questões são levantadas, conduzindo-nos a um constante caminho de reflexões. Deparamos com a doença de forma esparramada, tudo incomoda. A criança especial geralmente é portadora de comprometimento das estruturas cerebrais e de distúrbios de linguagem, apresentando dificuldade em se comunicar. Além disso, está sob efeito da medicação, sujeita a posições incômodas, sente dores e outros tipos de mal-estar, chora sem nem saber por quê.

Interminável, a intervenção dos médicos, enfermeiras e terapeutas sobre seu pequeno corpo incomoda. Às vezes, a criança também apresenta problemas de comportamento e de personalidade, de retardo mental. Não podemos esquecer da carência de estímulos, de afeto. A inibição do brincar, do desenhar, de fazer arte sugere outros problemas clínicos, pois as crianças utilizam e moldam seu mundo externo aos seus desejos. Ao desenhar ou brincar, vários aspectos da vida e seus conflitos podem estar presentes.

A perspectiva de enfrentar dias e dias no leito assusta. O tempo custa a passar; noções de tempo e espaço são confusas para as crianças que passam semanas hospitalizadas. Algumas não têm qualquer idéia do que é permanecer dias e dias num leito hospitalar. Outras são sujeitas a várias internações e a muitas cirurgias – experiências altamente traumáticas que amedrontam não apenas as crianças, mas toda a família. Todos os envolvidos associam a doença e o sofrimento à internação hospitalar.

A adaptação ao novo ambiente é bastante difícil: certas crianças demoram para se adaptar às regras, aos horários e aos programas e terapias intensivas. É necessário que o pequeno paciente participe integralmente de seu tratamento, pois detém, na maioria das vezes, a capacidade de compreensão e colaboração. Para permitir à criança integrar-se ao cotidiano do hospital é necessária a explicação das técnicas e procedimentos do dia-a-dia, de um pré-operatório ou pós-operatório Quando não for capaz de entender completamente sua realidade, esta deve ser paciente e repetidamente explicada.

A equipe deve fornecer informações cada vez mais completas e práticas sobre os acontecimentos da patologia, de acordo com a idade e a curiosidade da criança. São esclarecimentos importantes, independentemente da intervenção médica, pois quanto menores os recursos internos, maior a dificuldade da criança para discriminar a realidade da fantasia.

Brunner e Shudder (1993) citados por Salimena e Cadete (2003, p. 32) dizem que a experiência da doença ou de cirurgias precipita sentimentos e reações estressantes para o paciente e para a família, devido ao medo do desconhecido e às dúvidas e incertezas sobre o processo de recuperação, tornando-os vulneráveis e dependentes. Salienta ainda Stefanelli (1993) que a comunicação é um dos instrumentos a que equipe de enfermagem e os terapeutas podem recorrer para tornar mais eficaz sua interação com o paciente, e que a comunicação deve ser estendida também à família. A interação permite às mães vivenciar o conforto, a afetividade e compreender situações adversas.

## O processo

Brincar e desenhar em tais circunstâncias é muito importante e pode se tornar um meio de comunicação e expressão dos conflitos, facilitando o diálogo. Esses recursos vêm sendo cada vez mais usados no leito hospitalar.

A chefe de enfermagem do hospital da AACD, Maria Lúcia Forte dos Santos relata: "É mágico transformar, por meio da arte, os momentos dolorosos e difíceis da internação. A humanização do ambiente hospitalar por intermédio da arte-reabilitação ameniza o impacto negativo da internação na vida da criança".

Com tantas variáveis, devemos pensar primeiramente no contato inicial da arte-reabilitadora, no estabelecimento do círculo afetivo e em como deve ser cautelosa nesse encontro. Ao chegar na enfermaria, a terapeuta obtém informações sobre o estado atual da criança e recebe orientações do corpo de enfermagem a cada caso em particular. A arte-reabilitadora deve estabelecer um vínculo cuidadoso com a criança, proporcionando-lhe mais segurança. A primeira necessidade da arteterapeuta é equilibrar suas reações emocionais diante do paciente, sem prover a família de esperança.

Curiosidade e procura nascem de ambas as partes no encontro, terapeuta e criança especial, num reconhecimento afetivo sob o olhar da mãe. Quem olha quem? O aqui-e-agora se concretiza na percepção e na energia do encontro. É importante informar a mãe sobre a atividade artística e convidá-la a participar da vivência, deixando claro que ela pode intervir quando achar necessário. As relações de dependência ou independência entre mãe e filho refletem-se nessa situação inicial.

Na abordagem fenomenológica, esse aqui-e-agora se traduz em cuidar da criança, oferecer apoio, saber ouvir tanto a criança como a mãe, trazer propostas de atividades possíveis no momento. O tipo de atividade e seu grau de exigência são adaptados conforme o grau de limitação do paciente. O cuidar autêntico contempla a pessoa em sua singularidade. A criança doente percebe o sofrimento dos pais e é submetida a uma carga muito pesada, pensa que precisa aliviar o sofrimento das pessoas queridas. Para lidar com os acontecimentos, a criança apela para jogos e desenhos, por meio dos quais pode dar forma às suas fantasias dolorosas. A expressão gráfica e as brincadeiras ajudam na compreensão de realidades reversíveis. A criança projeta no papel experiências vividas por ela e outras atividades possíveis de ser vivenciadas no leito hospitalar. Medo da doença e da morte, crianças também morrem. A criança possui uma compreensão diferente da morte, o entendimento está ligado ao período de desenvolvimento do pensamento infantil.

No Brasil, a maioria dos hospitais permite a presença dos pais junto à criança hospitalizada. Em São Paulo, a Secretaria de Saúde dispõe, na resolução SS-165 de 12/10/88 (São Paulo, 1989), sobre a adoção do Programa de Mãe Participante, e recomenda sua implantação em todas as unidades hospitalares de pediatria do estado. O estatuto da criança e do adolescente (1990, título II, capítulo I, artigo XII) garante a presença da mãe durante a hospitalização. A presença da mãe reduz os efeitos traumatizantes e estressantes da internação, e é importante incluir a família no plano de atuação no trabalho da equipe multidisciplinar. Para que o paciente seja assistido como um ser biopsicossocial, as enfermarias tentam trabalhar da maneira mais humanizada possível, com a presença da mãe dia e noite. Fazendo referência ao pensamento do filósofo alemão Martin Heidegger,

> [...] para quem o cuidado não enfoca o ato de cuidar sob o aspecto dominante do técnico e do mecânico, mas sim um modo de ser consigo e com o outro que expresse desvelo, solicitude, ajuda, atenção e bom trato. Portanto, é um modo de ser que o mundo e as coisas que nele habitam não em sua aparência, mas em sua essência. Assim é preciso descobrir a essência da coisa (Pedreira, 2001, p. 2).

A arte-reabilitadora deve estar atenta não apenas aos aspectos terapêuticos das atividades artísticas, mas também a todos os sinais do paciente, da família e da equipe multidisciplinar, pois seu conhecimento, espírito de observação e calor humano são colocados à prova a todo instante.

É importante acreditarmos no valor de criar um ambiente onde a afetividade, os medos, as expectativas e as insatisfações possam ser expressas e refletidas nas atividades artísticas. A maioria das crianças é atendida no leito em situações de pré ou pós-cirurgia. O que importa é que as experiências evidenciem formas e cores, de modo que apareçam com maior força e clareza (Arnheim, 1988, p. 153). As atividades artísticas operam na criança como um todo, influenciando todas as outras terapias. No dizer de Selma Ciornai, "a arte é como uma pedra jogada no meio de um lago que reverbera círculos que atingem todos os lados".

A arteterapeuta deve mostrar interesse pelos problemas da criança, da mãe, ou do acompanhante; de forma cordial, mostrar interesse pelas suas preocupações e necessidades básicas; cuidar e dar atenção; ter um vocabulário adequado, aproveitando para exercitar novas condições de vida; conscientizar os pacientes quanto à necessidade de cuidados profiláticos e assépticos pré e pós-cirurgia. Deve também estimular a prática de procedimentos clínicos e terapêuticos, como a necessidade de radiografias e outras práticas, bem como a importância do uso da medicação em horários corretos, indicando responsabilidade no tratamento. A comunicação dos profissionais de saúde com seus pacientes tem se transformado em sua essência com o impacto de problemas de saúde pública alarmantes nos dias de hoje. A arte-reabilitação deve se dirigir para a promoção da saúde e incluir intervenções para os aspectos sociais e políticos da comunidade. O que define a arteterapia infantil na clínica contemporânea é o modo como a experiência artística é vivida.

Apesar das intervenções cirúrgicas, médicas e terapêuticas, a criança continua em processo de desenvolvimento. Observa-se o comportamento da criança, as reações físicas e emocionais quando se defronta com o material proposto, investigando qual o tipo de reação: aceitação, resistência ou recusa? Crianças gostam de desenhar seu próprio corpo e o dos membros da família. A organização do esquema corporal favorece a integração e conscientização sobre as partes do corpo comprometidas pela doença; sabemos como uma enfermidade afeta a imagem corporal.

Uma alteração em uma parte, por doença ou problema físico, não introduzirá modificações na imagem corporal apenas referente a essa parte, mas também afetará a imagem total. Numerosos pesquisadores, como Van Kolck (1987, p. 46), têm se preocupado com o efeito visível das doenças. As crianças são influenciadas não só pela natureza da doença propriamente dita e da concepção que têm de suas causas, mas também pelas decorrências secundárias ou indiretas, tais como restrição das atividades, necessidade de medicação, eventuais dietas e intervenções cirúrgicas. Na abordagem cognitivista piagetiana, o desenvolvimento se dá por meio da ação da motivação e da atenção a valores básicos que devem ser observados no atendimento também nas enfermarias. À medida que trabalhamos com os materiais artísticos podemos levar as crianças a analisar, a julgar, a resolver problemas diários. Além disso, a criança orienta ativamente o processo de seu desenvolvimento, permitindo superar uma vivência de fracasso. É preciso conscientizar os pacientes da necessidade de tratamentos que, mesmo desagradáveis, melhoram seu estado de saúde.

## O lugar da arte-reabilitação

Nossa metodologia utiliza materiais apropriados para situações encontradas na enfermaria, respeitando a idade e a patologia de cada criança. Nossa abordagem é fenomenológica, baseada na exploração cognitiva das relações e entre a realidade e a subjetividade de idéias e emoções. A habilidade cognitiva pode ajudar na avaliação por meio das respostas obtidas com a atividade artística.

Nesse processo, os materiais mais usados são tintas atóxicas e instrumentos musicais, utilizados em atividades diversas, tais como: desenho livre, releitura de pintores conhecidos – inclusive com a possibilidade de utilizar materiais hospitalares – vídeos e jogos. Procuramos estimular as atividades comunitárias na criança e nos pais. Trabalhamos com as figuras do médico, da enfermeira e das terapeutas de forma a ressignificá-las, tornando-as menos ameaçadoras às crianças. O diálogo entre os materiais artísticos cria condições para a transposição dos limites impostos pela vida, facilitando as habilidades físicas e dando espaço para a expressão interna e externa das imagens dos pacientes das enfermarias infantis, estimulando-os a incrementar a auto-estima e a interação social, reduzir o estresse, a ansiedade e o medo. Esse trabalho também funciona para mediar a relação do paciente com a realidade, e acaba por libertar o paciente de suas fantasias em relação à doença.

O campo de atuação da arte-reabilitação é muito amplo. Trabalhos terapêuticos podem ser realizados com os portadores de paralisia cerebral, distrofia muscular progressiva, mielomeningocele, amputações, traumatismo crânioencefálico, problemas neurológicos, entre outros. Devemos considerar as desordens que interferem nas funções corticais superiores, como disartria, apraxia, afasia, agnosia. No atendimento no leito hospitalar percebemos o uso de mecanismos de compensação e a necessidade de fazer adaptações nos materiais.

Um princípio fundamental que rege nossa abordagem é o cuidado de não invadir a criança em seu processo criativo. A técnica deve ser flexível, mudando de criança para criança e variando conforme a mudança dos níveis de cognição, considerando sempre um momento da história presente.

Às vezes, é por meio da mão da terapeuta ou da mãe que a criança com necessidades especiais executará a trajetória física do movimento para desenhar, pintar ou colar. E nessa relação o que interessa é a criança ter encontrado um canal expressivo, mesmo que resulte numa atividade gráfica elementar. Certas técnicas despertam a consciência do contato, confirmando os sentimentos de identidade e possibilidades no campo da reabilitação.

## Favorecendo a integração

A arteterapeuta pode ajudar o corpo de enfermagem e participar de campanhas para o controle da infecção nos hospitais. Lavando as mãos, por exemplo, a arteterapeuta influencia o comportamento das crianças sob seus cuidados, o que por sua vez influenciará os hábitos dos médicos e de outros profissionais da saúde. A profissional também pode confeccionar cartazes e fazer desenhos relativos ao tema, ressaltando sempre o positivo na busca do tratamento. De acordo com Fernandes *et al* (apud Corrêa, Ranali e Pignatari, 2001, p. 18), a enfermaria infantil tem índices de infecção hospitalar pelo tipo de paciente que abriga, mais suscetível devido à idade e à imaturidade. É importante lavar os materiais utilizados nas sessões de arte, como lápis, canetas e pincéis, e fazer o mesmo com os brinquedos, que devem ser sempre higienizados após o uso.

Descrevo a seguir o trabalho realizado para a "VI Semana de Enfermagem da AACD", trabalho conduzido pela então estagiária Maria Lúcia Watanabe, psicóloga e arteterapeuta.

Tomemos como exemplo a utilização de materiais apropriados para situações encontradas na enfermaria, que permitem à criança adaptar-se a essa nova condição e construir e valorizar as imagens despertadas pelas dramatizações.

**Figuras 1 e 2** A arteterapia faz uso de bonecos recortados, aventais, máscaras...

**Figura 3** Luvas cirúrgicas transformadas em brinquedo.

## Experimentação – "Faz de conta que agora eu sou o doutor"

Neste trabalho, mostramos a importância e a função da simbolização na constituição afetiva da criança hospitalizada, pois o símbolo brota do corpo, em meio a manifestações gestuais, na memória, na imitação, na linguagem, no desenho, no jogo. Em todo o processo de formação vemos uma agilização das estruturas mentais. Como foi dito anteriormente, a arte para a criança é uma brincadeira, brincadeira séria porque é sério brincar. A criatividade artística tem muito do brincar. A criança em processo de reabilitação sente prazer de estar no mundo e investe espontaneamente nas atividades, envolvida com os materiais. Cada material artístico possui seu correspondente emocional, alguns materiais podem provocar desprazer e momentos de medo ou repulsa, despertando às vezes experiências mais agressivas na exploração das brincadeiras simbólicas. O desenho assume grande importância no surgimento da brincadeira simbólica.

A arteterapeuta fez uso de bonecos recortados de cartolina, aventais, máscaras, luvas cirúrgicas no desenvolvimento da atividade, propondo: vamos brincar de doutor? Na troca de papéis a criança ocupou o lugar do médico, o boneco representa a criança, a situação, e quase sempre de cirurgia (Figuras 1, 2 e 3).

É importante ressaltar a realidade dos materiais com que se brinca num processo de aprendizagem lúdica: além de lápis de cor e canetas hidrográficas, foram utilizados materiais hospitalares, como algodão, luvas cirúrgicas, fitas de gaze, esparadrapo, aventais, máscaras. Assim esses materiais adquirem novos significados graças aos meios terapêuticos.

Ao trabalhar com a figura do médico e da enfermeira, a atividade favorece a integração entre doença (sofrimento) e cuidados dispensados enquanto está internada.

Para permitir que a criança adapte-se à situação que está vivendo, foi proposta a atividade de falar sobre o que se sente em relação às enfermeiras e aos médicos que cuidam dela enquanto está internada, ou como ela agiria se fosse médica e tivesse um paciente em mãos e sob seus cuidados. Com isso, foram trabalhados seus anseios, medos e fantasias, inclusive favorecendo a integração das próprias partes do corpo comprometidas pela doença. Estimulamos a autopercepção por meio da identificação com o material; resgatamos a criatividade plástica; ressaltamos o aspecto positivo na busca do tratamento; conscientizamos os pacientes sobre a necessidade dos tratamentos que, mesmo desagradáveis, melhoram o estado de saúde.

Apresento a seguir o relato de alguns pacientes que participaram da atividade. Os nomes são fictícios para garantir o anonimato dos pacientes.

### Maria, 8 anos, com diagnóstico de mielomeningocele

Desenhou uma paciente, amiga de enfermaria, Ana, de 8 anos. "Tem que fazer cirurgia de coluna porque ela fica muito torta. Agora ela vai para aquela salinha (UTI)."

– O que você achou da cirurgia?, pergunta a terapeuta.

– Achei que era para o bem dela, por mal ninguém ia fazer. Ela está com sangue (Figura 4).

Maria parece entender a importância do ato cirúrgico, e trabalhou novas percepções por meio da simbolização. De maneira mais elaborada representou no desenho seu problema, defeito de fechamento do tubo neural. Simulação com projeção nos bonecos de cartolina, canetas coloridas e tinta vermelha.

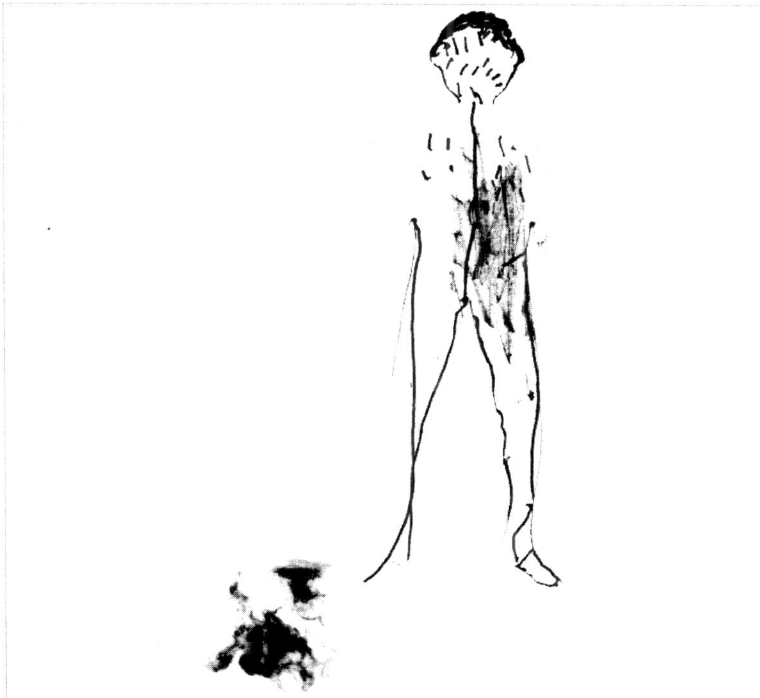

**Figura 4** Maria, 8 anos: "Achei que era para o bem dela, por mal ninguém ia fazer. Ela está com sangue".

## Antonio, 3 anos, com diagnóstico de mielomeningocele

A criança, vestida como médico, colocou algodão e esparadrapo nos pés e na barriga do boneco de papel (Figura 5). Então, brincando com a terapeuta, disse:

– Caiu e machucou a perna e a barriga. Caiu da cama. Vai ficar pouco tempo enfaixado. Ele se chama João.

Todo empedimento ao movimento expressa-se pela representação simbólica. A criança possui vários problemas associados com comprometimento funcional de muitos órgãos e atitude em abandono dos membros inferiores, e nem sempre possui prognóstico de deambulação.

Muitas vezes, a observação da criança pequena só é possível na presença da mãe.

**Figura 5** Antonio, 3 anos, colocou algodão e esparadrapo nos pés e na barriga do boneco.

Dar à criança meios de brincar é essencial. A partir da dinâmica perceptiva, sensorial e motora, as brincadeiras na enfermaria se tornam cada vez mais estruturadas.

As condições ambientais nem sempre são as mais favoráveis, mas mesmo assim a criança pequena conseguiu no faz-de-conta, fazer o papel de doutor e concentrar-se durante a atividade da brincadeira, na qual sua criatividade e autonomia foram estimuladas.

## Homenagem à enfermeira

Outras crianças da enfermaria infantil, quando solicitadas a prestar uma homenagem às enfermeiras por meio do desenho, relataram: "A enfermeira traz o café, comida, cuida de mim, usa calça e blusa branca." "A AACD operou meu pé (só o pé), depois vai operar a mão." A relação da terapeuta com a criança assume uma qualidade muito especial depois do encontro de brincarem juntas (Figura 6).

**Figura 6** "A enfermeira traz o café, comida, cuida de mim..."

As angústias da criança projetadas nos desenhos e na verbalização refletem os efeitos da internação e suas conseqüências. Mas, acima de tudo, permanece a esperança de viver melhor.

## CONCLUSÃO

A simbolização por meio do jogo só foi possível em razão do relacionamento positivo com arte-reabilitadora. O que a criança experimenta no convívio com os outros e consigo favorece sua evolução e aumento da auto-estima. No diálogo com os pais, a terapeuta, ao dar um retorno sobre a atividade realizada pela criança é importante considerar os mecanismos de defesa em relação ao filho.

As crianças hospitalizadas com sofrimento corporal nem sempre demonstram interesse pelas atividades artísticas ou brincadeiras, devido a seu estado físico ou no pós-operatório. Durante o atendimento, porém, conseguem afastar a atenção da dor, do sofrimento, da tristeza e de outros sofrimentos psíquicos.

O corpo de enfermagem afirma que houve diminuição das doses de medicamentos para as crianças desde a chegada do projeto à enfermaria, pois as atividades diminuem sua ansiedade, dando-lhes condições de reorganizar o pensamento e estruturar as emoções.

É nesse cruzamento, nessa fronteira entre a ação e o produto final que se dá o conhecimento durante o processo da terapia. São sessões breves de terapia, que dependem do tempo de internação hospitalar para procedimentos cirúrgicos e nas quais a criança pode vivenciar, nas sessões de arte-reabilitação, momentos de prazer usando sua criatividade, o que a conduz à consciência de seus limites e de suas possibilidades – ajudando a família a ter expectativas reais sobre o futuro da criança.

Os temas da dramatização sempre expressarão fantasias que envolvem o ambiente hospitalar, a doença, a cura, a alta, os médicos e a equipe de terapeutas.

Em 1976, a arteterapeuta Regina de Castro Pereira publicou o Livro *A Espiral do símbolo* e nele inseriu, de forma poética, os valores da arteterapia.

> Observa-se que não há melhor psicologia do que aquela que se apóia nas enormes reservas intuitivas e humanísticas da arte, pois ela é a guardiã das verdades de todos. Assim como esteve presente nas cavernas, acompanhará o homem até a última plataforma no espaço, como testemunha atenta de sua intimidade e de sua verdade. Se espera que a arteterapia possa fazer pelos seus pacientes o que a arte tem feito pela humanidade: os ilumine sobre si mesmos e sobre os outros sem lhes mentir sobre a dor indispensável de nascer (1979, p. 13).

Na Associação de Assistência à Criança Deficiente (AACD) estamos em busca permanente de uma nova compreensão da expressão e da comunicação dos seres humanos, principalmente daqueles acometidos por uma doença e envolvidos na busca da saúde.

## Referências bibliográficas

ARNHEIM, R. *Arte e percepção visual.* São Paulo: Enio Matheus Guazzelli, 1988.

CORRÊA, I. "Observação do comportamento dos profissionais em relação ao procedimento da lavagem das mãos no Plano Assistencial à Criança Internada". São Paulo, *Nursing – Revista Técnica de Enfermagem*, n. 42, ano 4, nov. 2001, p. 18.

PEDREIRA, R. "O cuidado heideggeriano e a assistência de enfermagem ao idoso na UTI. São Paulo, *Nursing – Revista Técnica de Enfermagem*, n. 42, ano 4, nov. 2001, p. 22.

PEREIRA, R. C. C. *A espiral do símbolo: a arte como terapia.* Petrópolis: Vozes, 1979.

RODE, D. "A interface da arteterapia e a programação da vida infantil". Rio de Janeiro, *Imagens da transformação*, n. 3, v. 3, ago. 1996, p. 25.

SALIMENA, A. M; CADETE, M. M. "Os sentimentos expressos pela mãe à porta do centro cirúrgico: abordagem fenomenológica". São Paulo, *Nursing – Revista Técnica de Enfermagem*, n. 56, ano 8, jan. 2003, p. 32.

VAN KOLCK, O. "A doença e a imagem corporal: campo fértil de pesquisa". São Paulo, *Boletim de Psicologia*, v. XXXVII, n. 87, jul.-dez.1987, p. 37.

# Arte-reabilitação com portadores de paralisia cerebral (PC)

*Ana Alice Francisquetti*

CIÊNCIA É ABRIR CAMINHO, AGORA, NA DIREÇÃO DA DIMENSÃO DO MISTÉRIO.
*Joseph Campbell*

O conhecimento sobre pedagogia, psicologia e arte-reabilitação, além dos estudos sobre desenvolvimento da motricidade, da afetividade e da inteligência, trouxeram valiosa contribuição sobre estes últimos. Aqui devemos destacar, entre outros trabalhos, os de Montessori, Gessel, Spitz, Bobath, Piaget, Luria, Vygotsky e Uhlin.

## O QUE É PARALISIA CEREBRAL

Paralisia cerebral é o termo usado para designar um grupo de desordens motoras, não-progressivas, porém sujeitas a mudanças, resultantes de uma lesão no cérebro nos primeiros estágios de desenvolvimento (Haglery, 1989). A maior causa da paralisia cerebral em nosso meio é a anóxia, decorrente de um trabalho de parto anormal ou prolongado. Outras são: prematuridade e infecções pré-natais, como rubéola e toxoplasmose, e infecções pós-natais, como meningite.

O diagnóstico da paralisia cerebral é muito difícil de ser feito nos primeiros meses de vida do bebê. Após quatro ou seis meses, as atividades motoras anormais ficam mais evidentes quando a criança tenta sentar-se e usar as mãos, pois começa a aparecer um conjunto inadequado de padrões motores. Há diferentes tipos de paralisia cerebral. A classificação a seguir tenta especificar algumas alterações que a criança apresenta.

*Espástica:* é o tipo mais comum de paralisia cerebral, estando a sua incidência em torno de 75%. Na criança espástica, há comprometimento do sistema piramidal, com hipertonia nos músculos. Ocorre aumento da resistência ao estiramento, que pode diminuir abruptamente (fenômeno do canivete).

*Extrapiramidal:* é o segundo tipo de paralisia cerebral mais comum. A lesão situa-se nos núcleos da base, levando ao aparecimento de movimentos involuntários, classificados como:

- Atetóides: movimentos involuntários presentes nas extremidades, lentos e serpenteantes.
- Coréicos: movimentos involuntários rápidos, presentes nas raízes dos membros.
- Distônicos: movimentos atetóides mantidos, com posturas fixas, que podem se modificar após algum tempo.
- Atáxicos: comprometimento do cerebelo e das vias cerebelares. Manifesta-se por falta de equilíbrio e de coordenação motora em atividades musculares voluntárias. O diagnóstico de ataxia é difícil e raro. Corresponde a 10% dos casos.

É importante que o profissional que trata dessas crianças, incluindo o arte-reabilitador, saiba diferenciar uma criança espástica grave de outra que apresente quadro distônico; em ambas as crianças as deformidades parecerão fixas, porém nestas últimas serão devidas à movimentação involuntária. Dependendo da localização, os tipos de paralisia cerebral anteriormente citados apresentam subdivisões que poderíamos chamar anatômicas.

a) Paraplegia: comprometimento dos membros inferiores;
b) Triplegia: comprometimento de três membros;
c) Hemiparesia: quando um lado do corpo é acometido.

Quanto mais grave e global for o acometimento motor, menores serão as chances de a criança com paralisia cerebral conseguir andar de forma independente; já a criança portadora de tetraparesia terá a chance de deambular bastante reduzida (Bonfim e Ferraretto, 1969).

No estudo de Souza e Ferraretto (1998), todas as crianças que não adquiriram deambulação e eram portadoras de retardo mental grave também apresentavam grave deficiência física que impedia a aquisição da marcha.

As crianças podem manifestar vários problemas associados que interferem no processo de reabilitação, entre os quais epilepsia, estrabismo, surdez, dificuldade de atenção e hiperatividade. Além das dificuldades motoras, o portador de paralisia cerebral pode apresentar deficiências sensoriais e intelectuais, progressivas ou não. Dificuldades na percepção de forma, textura, distância, tamanho e espaço se apresentam em maior ou menor grau.

Todas essas alterações influenciam o processo de reabilitação. Estudos recentes têm trazido nova luz ao conhecimento de que o quadro clínico da paralisia cerebral pode mudar com a idade, sobretudo nos casos do tipo extrapiramidal, que pode mudar para distonias mais severas perto da adolescência e para a gradual transformação do quadro espástico em rigidez na idade adulta. Souza e Ferraretto (1998, p. 36) relatam que o conceito de paralisia cerebral implica que esta pode apresentar algumas mudanças de sintomas e sinais, apesar de ser uma patologia não-progressiva.

Antunha (1987), que é neuropsicóloga, adverte que para se empreender uma avaliação, quer de indivíduos normais, quer de portadores de anomalias, deve-se tomar grande cuidado com a determinação da faixa etária considerada, em qualquer um de seus aspectos: físico, psicológico, educacional, psiquiátrico, gráfico. A observação exige clara diferenciação entre infância, adolescência e fase adulta. Cada um desses períodos é marcado por sutis diferenças determinadas por uma infinidade de fatores: desenvolvimento dos sistemas nervoso, hormonal, psicológico, físico, perceptivo, cognitivo, da linguagem e das interações sociais.

Na infância o sistema nervoso é imaturo, o que equivale a maior plasticidade ao lado de maior vulnerabilidade.

A área de investigação da correlação entre o estudo dos mecanismos cerebrais implicados na atividade consciente do homem e a sua perturbação em casos de lesão cerebral é denominada neuropsicologia. Segundo Luria (1981), uma das principais autoridades mundiais nesse campo, a neuropsicologia tem como objetivo a investigação do papel de sistemas cerebrais individuais em formas complexas de atividade mental. Seus métodos procuram facilitar o diagnóstico tópico, precoce e mais exato das lesões cerebrais locais, buscando estabelecer programas de ação terapêutica (incluindo a arte-reabilitação) para uma compreensão mais ampla sobre a atividade mental, bem como sobre toda a psicodinâmica humana (Antunha, 1987, p. 32).

## A ARTE-REABILITAÇÃO

O arte-reabilitador deve ser sensível ao impacto do comprometimento físico na estrutura emocional e na auto-estima dos pacientes, buscando estabelecer com eles um vínculo amoroso e acolhedor e estimulando-os a perceber, expressar e elaborar suas emoções. Até porque sabemos que a reabilitação se processa melhor quando o paciente está confiante e de bem com a vida. Em especial, cabe ao arteterapeuta que trabalha com reabilitação ajudar o paciente a perceber que, apesar de seus comprometimentos, continua a ser uma pessoa que pode produzir e criar – o que é de extrema valia em momentos em que o paciente, por sua condição, se sente deprimido ou inferiorizado.

O arte-reabilitador deve também compreender onde está a lesão, como as estruturas neurais processam e são processadas pela cognição e, ainda, como é possível reabilitar o paciente portador de paralisia cerebral.

À medida que a criança chega ao Centro de Reabilitação, adaptações deverão ser feitas para garantir que ela tenha o máximo de aproveitamento; devem ser adotadas estratégias alternativas para ajudá-la nas atividades expressivas. Usamos várias técnicas artísticas no setor de arte-reabilitação, além de atividades lúdicas, música, linguagem escrita ou oral.

Quando iniciamos o atendimento da criança portadora de paralisia cerebral devemos conhecer as anormalidades do desenvolvimento presentes e a conduta que cada profissional deve assumir. Devemos proporcionar os mesmos estímulos, as mesmas motivações e, se possível, reproduzir as mesmas condições de evolução e de aprendizagem seguidas durante o desenvolvimento normal. A habilidade deve ser praticada de acordo com os princípios pedagógicos artísticos que orientam qualquer processo de aprendizagem.

Para facilitarmos o processo artístico na criança, devemos mantê-la interessada, feliz e curiosa sobre os resultados, bem como fazer que as ações sejam bem-sucedidas e o trabalho artístico seja adaptado às suas possibilidades.

A interpretação dos desenhos analisados sob o prisma da neuropsicologia teve como principal objetivo contribuir com o funcionamento cerebral diante da tarefa expressiva.

Além disso, analisando a deficiência neurológica em questão, podemos perceber o que devemos trabalhar e que meios devemos adotar na terapia. Uma vez bem definidas as áreas deficitárias, é possível proceder à montagem de um plano de arte-reabilitação com maior tranqüilidade. Assim, relata Antunha (1987, p. 40), tanto para as crianças portadoras de lesões e disfunções quanto para as que não as possuem, o conhecimento para a facilitadora de arte de como o cérebro aprende é de fundamental importância.

Problemas específicos de aprendizagem em crianças com dificuldades espaciais – como tamanho, apreensão total da Gestalt, rotação, perseveração e outros em relação às representações pictóricas mostram que podemos, pela arte, estimular recursos adequados a cada situação.

Ao favorecer as funções motoras, a organização das funções visuais e auditivas, da fala receptiva e expressiva, dos processos mnésicos e intelectuais, a arte-reabilitação pode trabalhar as alterações no desenvolvimento da criança. A presença de uma deficiência não implica que ela seja inferior a seus pares, mas sim que seu crescimento ocorre por outros caminhos.

Cada criança, em cada estágio de seu desenvolvimento, é um ser "único", uma estrutura orgânica e psicológica específica. Da mesma forma, uma criança com uma deficiência apresenta um desenvolvimento qualitativamente diferente e único. "Muito do que é inerente ao desenvolvimento normal desaparece ou é encurtado devido a um defeito, o que resulta em um novo e especial tipo de desenvolvimento." (Vygotsky *apud* Braga, 1995, p. 66).

## CARACTERÍSTICAS DO GRAFISMO EM PORTADORES DE PARALISIA CEREBRAL

### Relação entre cérebro e funções cognitivas

O estudo das relações entre as funções cognitivas e a organização cerebral, topológica e funcional, tem-se desenvolvido pela observação das alterações geradas por traumatismos e acidentes vasculares cerebrais. A tentativa de localizar funções cerebrais vem desde tempos remotos. Hipócrates (460-355 a.C.) já dizia "[...] das coisas que suportamos do cérebro quando ele não é sadio". Na Idade Média, filósofos e naturalistas faziam considerações sobre a localização das faculdades mentais. Coube, porém, a Paul Broca, anatomista francês, em 1861, localizar anatomicamente, pela primeira vez, uma função mental. Já Alexsander Romanovich Luria (1903-1978), neurologista russo, foi o responsável pelo impulso decisivo à neuropsicologia como ramo da ciência responsável pela identificação do papel dos sistemas cerebrais no comportamento do ser humano.

Para nosso estudo, as dificuldades de grafismo observadas nos desenhos dos grupos que freqüentam o setor de arte e reabilitação da AACD foram o ponto inicial.

O desenho é uma práxis complexa, que necessita do cérebro como um todo, exigindo a participação funcional dos dois hemisférios cerebrais, por meio de suas atividades paralelas e complementares.

A neuropsicologia tem mostrado que ambos os hemisférios podem contribuir simultaneamente de modos distintos para o processo de desenhar (Arigoni e De Renzi, 1964). O hemisfério direito é responsável pela percepção, e o esquerdo, pela execução.

Os desenhos de indivíduos portadores de lesões no hemisfério direito são descritos como "espalhados e fragmentados", enquanto os produzidos por indivíduos portadores de lesões no hemisfério esquerdo são descritos como "desenhos simplificados, porém coerentes com o modelo". Com base em observações desse tipo, os pesquisadores citados propuseram uma especialização de funções, sendo o hemisfério direito o principal responsável pela percepção espacial e apreensão da Gestalt do objeto (sintético), enquanto o hemisfério esquerdo é o responsável pela percepção de detalhes (analítico). A Tabela 1 resume as habilidades dominantes em cada hemisfério.

**Tabela 1 Localização de habilidades dominantes (Rhawn, 1985, p. 1)**

| Hemisfério esquerdo | Hemisfério direito |
|---|---|
| Discurso expressivo, conhecimento e pensamento lingüístico, raciocínio analítico e matemático, aspectos seqüenciais, temporais e rítmicos da consciência são associados com a integridade funcional da metade esquerda do cérebro na maioria da população. | Associado com consciência não-verbal do ambiente; funções perceptivas espaço-visuais, incluindo análise de profundidade, figura–fundo e silhueta, reconhecimento de "faces", imagem corporal, percepção, expressão e mediação da maioria dos aspectos emocionais. |

As dificuldades para desenhar são mais graves e freqüentes entre os pacientes com lesões no hemisfério direito (Piercy e Smyth, 1962), o que faz postular um domínio do hemisfério direito nessa função (Warrington e Kinsbourne, 1966).

## Objetivo

Estabelecer, em bases quantitativas, as características gráficas predominantes nos desenhos de portadores de PC, comparando-as com os desenhos de indivíduos normais.

## Metodologia da pesquisa

Foram selecionados os desenhos livres realizados no setor de Arte-reabilitação da AACD em sessões semanais de uma hora de duração. Os pacientes são atendidos em grupos e seguem um programa diferenciado conforme a idade, o nível de compreensão e a capacidade motora manual. Foram produzidos desenhos em papel-cartolina e com caneta hidrográfica.

Os desenhos foram analisados do ponto de vista neurológico e artístico. Os critérios usados durante a avaliação foram:

| Habilidades dominantes do hemisfério esquerdo | Habilidades dominantes do hemisfério direito | Habilidades do lobo frontal |
|---|---|---|
| Detalhe<br>Traço | Tamanho da figura<br>Rotação<br>Uso do espaço<br>Assimetria<br>Gestalt | Perseveração |

No momento da avaliação das obras segundo esses critérios, não havia conhecimento prévio, por parte dos avaliadores, de idade, sexo, patologia ou lateralidade da lesão.

Embora seja possível identificar uma série de características para cada faixa etária (infância, adolescência, adulto, meia-idade, idoso) de acordo com o grau de desenvolvimento do sistema nervoso, neste trabalho dividimos a população em dois grupos: crianças (até 12 anos) e adultos (maiores de 12 anos).

De acordo com Clawson (1979), depois dos 7 anos de idade não há acréscimos marcantes ao repertório de habilidades de desenho infantil, como as variações notadas nos estágios mais precoces de maturação, o que justifica a divisão adotada neste trabalho.

Foram analisados os trabalhos dos seguintes grupos de pacientes:

- Grupo portador de paralisia cerebral coreoatetóide, atáxica e espástica – infantil (crianças até 12 anos).
- Grupo portador de paralisia cerebral coreoatetóide, atáxica e espástica – adultos (indivíduos com mais de 12 anos de idade).
- Grupo controle – constituído por alunos de uma escola estadual de ensino fundamental. Os participantes foram escolhidos aleatoriamente pela direção da escola, receberam papéis e canetas hidrográficas e a seguinte instrução: "Quero que vocês façam um desenho livre para mim".

## Resultados e discussão

Os resultados encontrados para cada um dos itens analisados serão apresentados com a discussão, a leitura e os exemplos escolhidos da

**Tabela 2.1 – Características da população estudada**

| Grupo | Total de pacientes | Sexo | Média de idade | Tempo de atendimento | Uso de membros superiores para desenhar |
|---|---|---|---|---|---|
| PC espástica infantil | 33 | 17 masc.<br>16 fem. | 9 anos | 19 meses | 75% MMSD*<br>25% MMSE** |
| PC coreoatetóide infantil | 7 | 4 masc.<br>3 fem. | 8 anos | 17 meses | 72% MMSD<br>28% MMSE |
| PC atáxica infantil | 1 | 1 masc.<br>0 fem. | 10 anos | 6 meses | MMSD |
| PC espástica adulta | 10 | 3 masc.<br>7 fem. | 17anos | 37 meses | 30% MMSD<br>70% MMSE |
| PC coreoatetóide | 6<br>adulta | 5 masc.<br>1 fem. | 13 anos | 34 meses | 65% MMSD<br>35% MMSE |
| PC atáxico adulta | 2 | 2 masc.<br>0 fem. | 17anos | 36 meses | 100% MMSD |

* membro superior direito
** membro superior esquerdo

história da arte, desenhos de pacientes portadores de PC e desenhos de indivíduos sem essa patologia.

*1. Caracterização da população estudada*

As Tabelas 2.1 e 2.2 resumem os principais dados que caracterizam a população estudada.

**Tabela 2.2 – Características do grupo controle**

| Grupo | Total de pacientes | Sexo |
|---|---|---|
| Infantil | 45 | 27 masc.<br>18 fem. |
| Adultos | 15 | 11 masc.<br>4 fem. |

*2. Detalhe*

O detalhe está relacionado com o esquema ou a estrutura do objeto. Segundo Buch (1949), um mínimo de detalhes e um desenho bem concebido em suas proporções e relações espaciais pode indicar tendência à introspecção (voltar a si mesmo). Mas, um mínimo de detalhes ao lado de uma representação insuficiente das relações espaciais e das proporções sugere deficiência mental ou diminuição acentuada da eficiência intelectual, que pode ou não ser reversível (Kolch, 1984, p. 89).

No geral, concluímos que:

- não há diferenças quanto à intensidade do uso de detalhes entre os grupos de controle de adultos e crianças;
- mais de 80% das crianças com PC realizam desenhos com poucos detalhes;
- entre os adultos a incidência de indivíduos que realizam desenhos com poucos detalhes também é maior que no grupo de controle;

- comparando-se adultos e crianças portadores de PC percebemos que há diminuição na porcentagem de indivíduos que realizam desenhos com poucos detalhes segundo a idade.

A freqüência menor de desenhos com poucos detalhes entre os adultos portadores de PC deve-se, provavelmente, ao tempo maior de aprendizagem, às experiências cognitivas e à permanência no setor de arte-reabilitação.

### *3. Traço*

No traço, a linha cria uma dimensão no espaço, possui um caráter rítmico. A consistência do traçado, a continuidade, os movimentos de avanço ou recuo e o traço interrompido ou trêmulo indicam valores de interpretação (Figura 1).

Crianças com transtornos do sistema nervoso central desenham e escrevem com esforço, demonstrando má qualidade de linha, com ir-

**Figura 1** Traços irregulares. Paciente de 16 anos com PC coreotóide.

regularidades; as linhas retas se tornam onduladas ou quebradas e não terminam onde a criança deseja.

Uhlin (1949, p. 92), baseado em estudos sobre distúrbios neurológicos e lesão cerebral, identificou linhas irregulares e erráticas, descoordenadas, como característica da grafia no desenho do deficiente.

A má qualidade da linha é suspeita e levanta a possibilidade de um transtorno de sistema nervoso central.

Nossos resultados coincidem com os dados de literatura mencionados, indicando nítida diferença entre o traço dos pacientes portadores de PC e os do grupo de controle. Assim como o nível de detalhes do desenho, as características do traço também parecem ser influenciadas positivamente pelo aprendizado e por melhor adaptação motora. Isso fica evidente na comparação entre os portadores de PC crianças e adultos.

### *4. Tamanho da figura*

Um objeto pode ser representado por múltiplas aparências, o que caracteriza a atitude estética da arte. A teoria gestáltica de representação pressupõe que, apesar das diversas transformações de perspectiva, a constância de tamanho e de formas percebidas é obtida a partir da percepção de determinadas particularidades da imagem.

O tamanho da figura em relação ao tamanho do papel e de outros objetos representados pode estar associado ao significado do objeto, à resposta afetiva evocada por este ou, ainda, a valores atribuídos aos elementos representados. O tamanho irregular da figura está associado à baixa tolerância e à frustração (Figura 2). São crianças propensas a um comportamento instável (Clawson, 1979, p. 32).

Psicólogos e educadores afirmam que as crianças desenham coisas grandes quando as consideram importantes. Alguns autores afirmam que o aumento do tamanho pode ser conseqüência de uma formação reativa contra a ansiedade despertada pelo objeto, assim como sua diminuição estaria relacionada com características de personalidade, como inibição e comportamento retraído.

Os estudos mostram diferenças significativas entre os grupos de portadores de PC e o grupo de controle. Encontramos variações no tamanho da figura com maior freqüência entre os pacientes portadores de PC. A diferença entre o grupo de adultos PC e crianças PC sugere maior adaptação do grupo de adultos. Contudo, consideramos que a diferença é pouco significativa em relação ao tamanho da amostra, o que nos indica a necessidade de continuarmos a explorar esse aspecto.

**Figura 2** Figura pequena em relação ao tamanho do papel. Criança de 9 anos com PC tetraparesia espática.

## 5. Perseveração

A perseveração é o resultado do movimento gráfico que não é inibido no momento certo e prossegue automaticamente. Está relacionada com a alteração da função inibidora e modeladora do córtex pré-motor em relação às estruturas subcorticais. O movimento assume um caráter "cíclico", no dizer de Bernstein (1947), e corresponde ao fenômeno conhecido como perseverança motora elementar. Se pedirmos ao paciente que desenhe um círculo, ele começará a fazê-lo sem dificuldade, mas não saberá quando parar, repetindo várias vezes o mesmo movimento (Luria, 1981, p. 158).

Outro tipo de perseveração é o de figura a figura, em que o paciente repete em um segundo desenho a mesma figura solicitada no anterior. Em geral, isso pode ser explicado por um retardamento do estímulo, ou um transporte neurológico de um vestígio de memória (Clawson, 1979). A criança continua a fazer no segundo desenho o mesmo tipo de unidade do desenho precedente. Segundo esse autor, esse tipo de distúrbio é citado freqüentemente nos protocolos de crianças normais com dificuldades de leitura, em condições em que é provável a associação de problemas emocionais com as disfunções neurológicas.

A perseveração não é encontrada nos grupos de controle, e aparece em 12,5% das crianças PC e em 25% dos adultos PC. Além disso, não foi possível analisar essa característica em nenhum dos PC coreoatetóides. O nível de desorganização do desenho dos pacientes infantis coroatetóides impediu a análise da perseveração em seus trabalhos. Outros estudos serão desenvolvidos por nosso grupo para elucidar esse ponto.

### 6. Rotação

A rotação corresponde ao giro total da figura sobre seu eixo, podendo estar inclinada tanto para a direta quanto para a esquerda. A mudança no eixo de uma figura tem sido objeto de estudos que afirmam e negam sua associação com transtornos do sistema nervoso central (Griffeth e Thaylor, 1961; Silver, 1953). Nem todos os indivíduos portadores de lesões cerebrais apresentam essa disfunção. Uma rotação pode ser resultante de um processo momentâneo no mecanismo envolvido na integração perceptual e no *output* motor. Nesses casos o paciente é capaz de corrigir o desvio posteriormente.

As rotações de 90º e 180º são consideradas por Fabian (1945) parte do processo maturacional no desenvolvimento perceptomotor. Fabian chama a tendência à rotação de "persistência de verticalização", e registrou a presença desse fenômeno em desenhos de crianças com desenvolvimento normal abaixo dos oito anos de idade.

A intensidade de rotação difere de acordo com o tipo e idade do grupo clínico. Com freqüência, crianças e adultos perturbados tendem a fazer pequenas rotações, sendo que em adultos depressivos e em crianças com afeto embotado a direção usualmente é no sentido horário. As crianças portadoras de lesões cerebrais podem desenhar figuras com rotações pequenas nas duas direções (Clawson, 1979, p. 71).

O fenômeno de rotação aparece em 30% das crianças e em 13% dos adultos, ambos portadores de PC; não aparece nos indivíduos dos grupos de controle. Os desenhos das crianças coreoatetóides não puderam ser analisados quanto à rotação porque não apresentam estrutura de elementos para análise.

### 7. Uso do espaço

A área do papel oferece diversas possibilidades de uso do espaço e, portanto, de variedades de tamanho e forma: figuras pequenas, grandes, redondas, angulares e mais irregulares. Oferece também possibilidades de representar distâncias e diferenças de direção e de orientação. Um mero ponto de luz, que se movimenta no escuro de um lado para o outro, é percebido como se estivesse agindo no espaço e em relação ao espaço.

Uma linha desenhada em um pedaço de papel relaciona-se sempre com a extensão bidimensional a seu redor. Ela sempre é percebida como relacionada com um fundo ininterrupto (Arnheim, 1979). Piaget observa que as crianças definem as situações de figuras e objetos por noções topológicas de espaço. Assim, as crianças formam o espaço vivido pelo seu fazer (Ostrower, 1990).

Alguns autores (Bender, 1956; Benton, 1959, Penfield e Roberts, 1959) sugeriram que uma área intacta na junção dos lobos temporoparietooccipitais do hemisfério não-dominante seja crucial para a percepção de relações espaciais. Concluíram que nem todas as crianças com lesões do sistema nervoso central deformarão seus desenhos.

Lesões do hemisfério direito acarretam distúrbios do esquema corporal do paciente que, em certos casos, também se estendem à orientação espacial do indivíduo. Esse tipo de alteração impede que este reproduza construções gráficas. No entanto, nem todas as crianças com problemas cerebrais apresentam distorção da figura. A característica mais significativa de uma lesão da região parietotemporal direita é a inconstância da metade esquerda do campo visual. Esta se apresenta no exame de desenhos complexos, durante a leitura e na atividade de desenho espontâneo (Luria, 1981). Na apraxia construtiva existem diferentes graus de incapacidade.

Não encontramos diferenças significativas em relação ao uso do espaço entre crianças e adultos portadores de PC.

### 8. Assimetria

Assimetria é a possibilidade de duas partes de uma figura coincidirem inteiramente em relação a um eixo.

Em uma representação biológica, nosso corpo é constituído de um sistema nervoso e por membros que se distribuem de maneira regular de um lado ao outro do eixo dorsal, que é a linha mediana do cérebro, prolongado por nossa coluna vertebral (Francastel, (1965, p. 195). A representação motora é similar.

Algumas funções cognitivas são representadas assimetricamente nos dois hemisférios, por exemplo: o hemisfério esquerdo tem predomínio na linguagem (Broca, 1865), enquanto o direito apresenta funções lingüísticas, cujas alterações são detectáveis por exames minuciosos e testes específicos (Lecours e Joanette, 1965; Bradshaw e Hetleton, 1983). A assimetria funcional do cérebro humano incrementa muito seu potencial cognitivo.

Em condições fisiológicas normais, os desenhos da figura humana tendem a preservar certo grau de simetria. Nas crianças com lesões cerebrais encontramos desenhos assimétricos com maior freqüência (Figura 3).

Nossos dados mostram que a assimetria aparece em 46% das crianças portadoras de PC e em 87% dos adultos portadores de PC, diferença significativa em relação aos grupos de controle.

**Figura 3** Exemplo de assimetria. Paciente de 12 anos com PC diparesia espástica.

### 9. Gestalt

A psicologia da forma nos ensina que a mente tem a tendência de perceber as coisas de uma forma "gestáltica" (percepção global-sintética). Nossa percepção compõe, com os estímulos que nos chegam por uma figura qualquer, uma gestalt que se torna o foco de nossa atenção. Olhando para a noite estrelada, temos a tendência de agrupar os astros formando uma figura qualquer, daí a origem das constelações.

As leis da Gestalt mostraram como o sistema perceptual de um indivíduo garante a correta percepção de um objeto. Isso significa que eliminamos da consciência as imperfeições, os estímulos supérfluos, e procuramos ver a forma de um modo mais bem-acabado (Duarte, 1965, p. 66).

As crianças, em geral, não são muito cuidadosas em relação a fechar o contorno das figuras. Bender considera que os sinais regressivos aparecem como simplificação tanto em crianças normais quanto em crianças perturbadas, o que indica um desenvolvimento perceptual irregular. O hemisfério direito é responsável pela gestalt e de grande importância no desenho livre (Warrington e Kinsbourne, 1966, p. 2).

A incidência de "gestalt pobre" é significativamente mais alta entre as crianças portadoras de PC do que entre os adultos portadores de PC. Este resultado pode ser explicado pela aquisição de processos cognitivos mentais que se dão na faixa dos sete aos onze anos de idade, além da ação do aprendizado e de períodos de tratamento e de reabilitação.

### Desenhos não-estruturados

Atendemos a crianças ou jovens com paralisia cerebral gravemente comprometida do ponto de vista motor, pois a ação de desenhar não fica impedida; embora não consigam estruturar as formas, os pacientes conseguem dar significado ao que fazem, o que representa um papel ativo em seu desenvolvimento (Figura 4).

Desde que possuam condições de planejamento do controle cognitivo, da representação consciente e da relação social, muitas atividades são executadas pela ação que se desenvolve pela interação com o outro.

É como se o adulto emprestasse seu corpo para que a criança com paralisia cerebral grave pudesse executar seu gesto gráfico. A mão do adulto sobre a mão da criança ajuda a direcionar o ato motor.

Temos observado quanto a dupla criança/adulto consegue obter um bom nível de interação na intersubjetividade, criando em parceria desenhos, pinturas e objetos de argila (Francisquetti, 1998).

Mostraremos, a seguir, um exemplo de desenho de portador de paralisia cerebral tipo coreoatetóide que não pôde ser analisado por falta de estruturação.

**Figura 4** Desenho de paciente de 12 anos com PC coreoatetóide.

Esse tipo de trabalho mostra toda plasticidade da arte.

> Na atividade artística as representações interiores, os sentimentos e as experiências ganham concretude. Isto pode ser útil às pessoas que apresentam dificuldades de abstração, pois a concretude ajuda a tocar o que por vezes parece intocável, o limitar o que é sentido como ilimitado, o destruir o que é percebido como indestrutível ou eventualmente, a curar e reconstruir o que se experiencia como incurável ou perdido (Ciornai, 1994).

## CONSIDERAÇÕES FINAIS

> Toda atividade mental humana é um sistema funcional complexo efetuado por meio de uma combinação de estruturas cerebrais funcionando em concerto. Cada uma das quais dá sua contribuição peculiar para o sistema funcional como um todo. Isso significa, na prática, que o sistema funcional pode ser perturbado por uma lesão de um número grande de zonas, e, também, que ele pode ser perturbado diferentemente em lesões situadas em diferentes locais (Luria, 1981, p. 23).

Apesar da complexidade, os resultados deste trabalho nos permitem reconhecer que determinadas características se apresentam entre os portadores de lesões cerebrais com uma intensidade significativamente diferente das que aparecem em indivíduos dos grupos de controle. Reconhecer as especificidades do desenho desses pacientes é fundamental para os profissionais de reabilitação, em geral, e de arte-reabilitação, em particular, pois é desse conhecimento que se estabelecem bases para a leitura da obra desses pacientes. A partir destas observações, podemos propor tarefas adequadas a cada paciente, respeitando e enfrentando seus limites. Verificamos que há melhora considerável do desempenho de acordo com a idade. Estes dados indicam que os pacientes do grupo infantil têm um potencial a ser desenvolvido e estimulado.

Estudos nessa linha de trabalho deverão continuar para que novas formas de otimizar o rendimento dos portadores de PC possam ser desenvolvidos. Esses estudos incluem necessariamente a integração de conhecimentos do universo das ciências biológicas (neurologia), da psicologia e da arte-reabilitação. Cada uma dessas áreas tem um modo próprio de interpretar os fenômenos, razão pela qual o que do ponto de vista estatístico pode ser considerado não-significativo, do ponto de vista da arte é a experiência única e real. É importante ressaltar, no entanto, que nada é conclusivo na arte.

Por outro lado, a grande capacidade adaptativa do cérebro torna complexa a interpretação dos estudos dos indivíduos portadores de lesões cerebrais no que se refere à dinâmica do indivíduo normal.

Para cada uma das características estudadas encontramos exemplos na história da arte. O que diferencia o artista do paciente portador de PC é a intencionalidade no emprego dos elementos *versus* a impossibilidade de expressar-se de outra maneira, característica desses pacientes. O que no artista é opção, no paciente é a única forma possível de expressão.

Tais considerações são importantes para a arteterapia porque

> [...] nesta forma de terapia fazemos igualmente apelo à intuição artística de pacientes para auxiliá-los a mergulhar no próprio inconsciente e para dele retirar a matéria de seu conhecimento sobre si mesmo. O fato de solicitar essa capacidade inata em certos pacientes facilita e acelera de maneira notável a tomada de consciência de seus conflitos, sem o profundo desgaste emocional envolvido numa ruptura de defesas solidamente estruturadas que por vezes se voltam contra o processo terapêutico (Pereira, 1976, p. 39).

Os recursos expressivos do desenho podem auxiliar na obtenção de informações importantes sobre os aspectos gráficos de pessoas com dificuldades de comunicação. Além do valor de retratar os aspectos de motricidade, o desenho traz consigo as camadas mais profundas e primitivas da consciência.

Para as crianças e jovens com paralisia cerebral que freqüentam o setor de arte-reabilitação, há um ganho significativo na possibilidade de compreender e existir no mundo. E esta, por si só, justifica nosso empenho.

Segundo Arnheim, "toda pesquisa de arte deve cheirar a ateliê", e o ateliê terapêutico permite trabalhar com dimensões da qualidade de vida do portador de paralisia cerebral que não são atingidas em nenhum outro contexto.

## Referências bibliográficas

ANTUNHA, E. "Investigação neuropsicológica na infância", *Boletim de Psicologia*, São Paulo, Sociedade de Psicologia de São Paulo, v. XXXVII, n. 87, jul./dez. 1987.

ARNHEIM, R. *Arte e percepção visual.* São Paulo: Pioneira, 1979.

BRAGA, L. *Cognição e paralisia cerebral – Piaget e Vygotsky em questão.* Salvador: Sarahletras, 1995.

CIORNAI, S. "Arteterapia Gestáltica: um caminho para a expansão da consciência", *Revista de Gestalt,* São Paulo, v. 1, n. 3, p. 5-31, 1994.

CLAWSON, A. *Bender infantil.* Porto Alegre: Artes Médicas, 1979.

DUARTE, J. F. *O que é beleza.* São Paulo: Brasiliense, 1965.

FRANCASTEL, P. *A realidade figurativa: elementos da sociologia da arte.* São Paulo: Perspectiva, 1965.

FRANCISQUETTI, A. A. "A arte-reabilitação na paralisia cerebral". In: SOUZA, A. M.; FERRARETTO, I. (orgs.). *Paralisia cerebral: aspectos práticos.* São Paulo: Memnon, 1998.

LURIA, A. R. *Fundamentos da neuropsicologia.* São Paulo: Edusp, 1981.

OSTROWER, F. *Acasos e criação artística.* Rio de Janeiro: Campus, 1990.

PARENTE, M. A. M. P. *Assimetrias hemisféricas cerebrais na percepção de fotografias.* São Paulo: Instituto de Psicologia da Universidade de São Paulo, 1975.

PEREIRA, R. C. C. *A espiral do símbolo: a arte como terapia.* Petrópolis: Vozes, 1976.

PAREYSON, L. *Os problemas da estética.* São Paulo: Martins Fontes, 1989.

RHAWN, J. *Neuropsychology, neuropsychiatry and behavior neurology.* Nova York/Londres: Plenum Press, 1985.

SOUZA, A. M.; FERRARETTO, I. (orgs.). *Paralisia cerebral: aspectos práticos.* São Paulo: Memnon, 1998.

UHLIN, D. M. *Art for exceptional children.* Dubuque, Iowa: William C. Brown Company, 1972.

VAN Kolck, O. L. *Testes projetivos gráficos no diagnóstico psicológico.* São Paulo: EPU, 1984.

WARRINGTON, K.; MERLE, J. KINSBOURNE, M. *Drawing disability in relation to laterality of cerebral lesion brain.* Londres: Oxford University Press, 1966.

# Arte-reabilitação com pacientes vítimas de dano cerebral (AVC)

*Ana Alice Francisquetti*

EM TODOS OS LUGARES ONDE EU QUIS DORMIR
EM TODOS OS LUGARES ONDE EU QUIS MORRER
EM TODOS OS LUGARES ONDE TOQUEI A TERRA
SOBRE MEU CAMINHO VEIO SE SENTAR
UM INFELIZ VESTIDO DE PRETO
QUE SE ASSEMELHAVA A MIM COMO UM IRMÃO...
*Musset (1835)*

Voltemos nossa atenção para um mundo singular chamado reabilitação, que tem movimentos próprios e onde o significado do termo freqüentemente assume características do contexto em que se insere.

Vamos penetrar num mundo onde enxergar não quer dizer ver, onde comunicação não se traduz pela compreensão da linguagem, onde tocar não quer dizer sentir, ouvir não quer dizer escutar ou, ainda, caminhar não é andar com os próprios pés.

A reabilitação é um processo médico, social e educacional para que milhares de pessoas que sofreram algum tipo de acidente possam ter uma vida normal e independente. Depois de um acidente, em que no paciente são preservadas apenas algumas funções, a arteterapeuta e a equipe multidisciplinar tentam recuperar o corpo como órgão gerador de estímulos percetivos, buscando também amparar e recuperar a auto-estima e a autopercepção desses pacientes.

Para melhor compreender o aspecto cognitivo no processo de reabilitação, algumas premissas são necessárias.

O ser humano conhece o mundo e nele interage graças ao funcionamento coordenado dos recursos cognitivos e às inúmeras conexões que o cérebro faz em seus dois hemisférios. Na trama cerebral inúmeros pontos são tecidos entre a cognição, a afetividade, a sensibilidade e a motricidade.

A especialização funcional de cada hemisfério é chamada de dominância. O hemisfério dominante na maioria das pessoas é o esquerdo, que gerencia as funções da linguagem e que comanda a mão direita. O hemisfério esquerdo está ligado à destreza manual, à organização da linguagem e à atividade gestual, enquanto o hemisfério direito é especializado nas funções da visão espacial, na atenção, no reconhecimento das fisionomias e no controle emocional. Também foi possível comprovar que o hemisfério esquerdo realiza procedimentos analíticos e seqüenciais, enquanto o hemisfério direito procede de maneira simultânea e paralela (holística).

Para fins diagnósticos, vários testes psicométricos, inicialmente não destinados à prática neuropsicológica, podem contribuir para que se compreendam melhor as perturbações. Essa compreensão deve sempre vir acompanhada de observações próprias da vivência de cada terapeuta em áreas específicas das funções cognitivas.

O exame neuropsicológico é inseparável do exame neurológico e do exame geral: um deve confirmar o outro.

O programa de arte-reabilitação pode ajudar a recuperar algumas das funções prejudicadas e adequar um programa de estimulação cognitiva, usando recursos (computadores, música, arte, dança, estímulos específicos de pedagogia etc.) em função das orientações fornecidas pelos exames iniciais, dos testes feitos com o paciente e do tipo de trabalho a ser desenvolvido pela equipe multidisciplinar. Além disso, pode impulsionar outras capacidades de caráter cognitivo, como motivação, solução de problemas, imaginação, criatividade e capacidade de realizar as seqüências motoras necessárias para executar atividades como tocar piano, desenhar, dançar etc. (Santos, 1999, p. 5).

Na realidade, as disfunções cognitivas devem ser entendidas como um quadro complexo, vastíssimo e ainda desconhecido por nós. Todas essas entidades do sistema devem ser compreendidas como partes mais complicadas. A presença de uma disfunção cognitiva pode, por intermédio de um diagnóstico mais profundo, mostrar a existência de múltiplas alterações cognitivas concomitantes e inter-relacionadas. A disfunção cognitiva engloba, ainda, distúrbios motivacionais, alterações afetivo-emocionais, distúrbios de personalidade, transtornos de pensamento e alterações de adaptação ao meio social.

Pessoas com dificuldade de expressão e comunicação podem se beneficiar muito com a arte-reabilitação, que é uma área de atuação terapêutica dedicada a desenvolver e aplicar recursos para melhorar a capacidade de processar informações, de modo a ajudar o paciente a ter uma vida mais autônoma e satisfatória. Por meio da elaboração, do desenho, da pintura, da modelagem ou da dramatização, pode ajudar a pessoa a ter maior consciência da realidade e também a processá-la, analisar os medos, as angústias, elaborar o luto da perda de certas funções...

O trabalho com formas, linhas, volumes, cores, sons e movimentos funciona como remédio, e dos mais eficazes. O arteterapeuta deve atuar, ao mesmo tempo, como artista e educador, capaz de modificar suas técnicas e intervenções de acordo com os distúrbios psíquicos ou a patologia do paciente (Marzano, 1996 p. 113). O pensamento não é apenas uma linguagem discursiva lógica. Existe outra linguagem, a da arte, instrumento de conhecimento do mundo, que pode ser usada como terapia.

O conhecimentos do arteterapeuta sobre o desenvolvimento dos processos cognitivos estendem-se aos conhecimentos da neuropsicologia. Um constante aprofundamento dos conhecimentos teóricos nesse campo é necessário para um trabalho de reabilitação por meio da arte.

Neste trabalho, apresento os resultados de uma intervenção terapêutica com um grupo de adultos portadores de AVC, que sofreram dano unilateral no hemisfério esquerdo ou direito.

O acidente vascular encefálico (AVE), também denominado acidente vascular cerebral (AVC) ou derrame, é uma síndrome clínica descrita como déficit neurológico focal causado por alteração na circulação sangüínea cerebral, com conseqüências no plano cognitivo e sensoriomotor, de acordo com a área afetada e sua extensão. Dados estatísticos nacionais revelam a incidência de aproximadamente 200 mil casos por ano. A faixa etária mais afetada é a de pacientes com 65 anos. Também existem jovens acometidos pelo AVE, devido a fatores de risco a que estão expostos (Ares, 2003, p. 3).

## A CRIATIVIDADE ARTÍSTICA APÓS DANO CEREBRAL

A pergunta que colocamos é a seguinte: *uma pessoa com lesões no cérebro pode criar?* Lúria, Tsvetkova e Futer (1965) relatam o caso do célebre compositor que, depois de sofrer uma hemorragia na região temporal esquerda, foi incapaz de compreender os sons e as palavras que eram dirigidas a ele e continuou compondo brilhantes peças musicais (Arieti, 1993, p. 346).

Outro caso que merece ser citado é do compositor francês Maurice Ravel (1875-1937), que em conseqüência de uma lesão no hemisfério esquerdo tinha dificuldades para compreender a linguagem verbal, além de ser incapaz de ler as partituras, de nomear as notas musicais, de tocar piano e de escrever música. Entretanto, continuou reconhecendo melodias e detectando erros cometidos durante a execução de peças musicais, e aferia a afinação de instrumentos.

Temos também o caso do pintor Daniel Urrabieta, que depois de sofrer uma hemiplegia à direita, grave afasia motora e apraxia, começou a pintar com a mão esquerda e se tornou um célebre ilustrador de importantes publicações francesas.

Podemos, ainda, relatar o caso de um artista de 73 anos com agnosia visual que sofreu um acidente vascular (Gardner, 1978, p. 273) e continuou pintando de forma desconectada. O paciente exibiu uma dissociação entre a habilidade de reconhecer desenhos e a habilidade fazê-los. O pintor alemão do século XX Anton Räderscheidt, que sofreu dano no hemisfério direito, começou a negligenciar o lado esquerdo da vida cotidiana e também ignorou o lado esquerdo da tela que pintava. No caso dele, detectou-se uma alteração de estilo. As pinturas tornaram-se mais primitivas, mais fragmentadas.

Estudos clínicos podem esclarecer outros aspectos gráficos. Pesquisas de Edith Kaplan realizados no Boston Veterans Administration Medial Center, e de Elizabeth Warrington, feitas no London's National Hospital (Gardner, 1982 p. 274), indicam que os desenhos de indivíduos que sofrem de lesão no hemisfério esquerdo tendem a tornar-se mais simplificados e coerentes com o modelo. Após lesão no hemisfério direito, por outro lado, os desenhos dos pacientes têm os contornos rompidos, espalhados e fragmentados.

Neurologistas explicam o que acontece com artistas quando sofrem um AVC. Um artista pode sofrer dano profundo de certas capacidades – não conseguindo expressar seus pensamentos em linguagem – e, mesmo assim, produzir obras de arte. A situação inversa – perda isolada da capacidade artística – também pode acontecer.

Trabalhar com pacientes com dano cerebral e acompanhar o processo de recuperação cognitiva ajuda a responder a pergunta inicial. Embora não seja uma questão fácil, é nessa perspectiva que tentaremos encontrar uma resposta.

Todos os seres humanos teoricamente nascem com um potencial criativo. "A criatividade é portanto um potencial em aberto, abrangente, vindo a manifestar-se nas pessoas através de certas inclinações, interesses e aptidões" (Ostrower, 1990, p. 218).

Com base em uma característica específica da matéria que foi escolhida para fazer uma obra necessitamos da área motora, visual e auditiva do cérebro e dos centros de linguagem. A pessoa criativa não pode colocar seu produto numa tela, num pedaço de papel, numa pedra de mármore ou construir fórmulas matemáticas sem usar os hemisférios cerebrais. É preciso utilizar o cérebro como um todo para efetivar o processo criativo.

Trabalho com uma equipe multidisciplinar de reabilitação que atende pacientes que sofreram dano cerebral unilateral nos hemisférios direito ou esquerdo. Atendo grupos diários e tenho histórias para contar. Os desenhos dos pacientes nos revelam sentimentos, idéias e pensamentos. Quando o cérebro está lesado, os desenhos também apresentam transformações e revelam informações sobre as condições cognitivas do paciente. Por isso, é importante perceber essas mudanças e deixar de lado os aspectos estéticos, procurando valorizar o terapêutico – para o qual o que importa é propiciar aos indivíduos uma forma de dinamizar os conteúdos de sua vida psíquica, cognitiva e a organização dos estímulos perceptivos.

O arteterapeuta, usando diversos tipos de intervenção, encoraja a expressão espontânea. A conscientização cognitiva é estimulada pela interação do paciente no processo artístico, pelo fazer e pelo compreender. É uma abordagem fenomenológica numa exploração cognitiva. "A percepção das expressões artísticas dos e pelos próprios pacientes é parte integral da abordagem fenomenológica da arteterapia" (Marzano, 1996 p. 114).

A mente humana é essencialmente um conjunto de funções desempenhadas pelo cérebro, um órgão processador de informações, poderoso por sua complexidade, pelo número enorme, pela variedade e pelas interações de suas unidades básicas, as células nervosas. Ela consiste na percepção do conteúdo e da estrutura. A verbalização do paciente, quando possível, por meio da prancha de comunicação ou de gestos, ajuda numa maior consciência individual e social. Um dos valores da arteterapia é a importância da expressão artística como linguagem não-verbal, permitindo que pacientes com graves déficits cognitivos possam se comunicar por intermédio do grafismo, mesmo que rudimentar (Ciornai, 1994).

As diferentes intervenções artísticas – o desenho, a pintura, com seus elementos formais (o ponto, a linha, a superfície), a argila e a poesia entre outras – são importantes para o desenvolvimento cognitivo e a expressão de sentimentos, pois cada tipo de intervenção tem qualidades próprias (Figura 1).

**Figura 1** Construção de máscaras. Paciente portador de AVC com hemisfério cerebral direito lesado.

## O DESENHO

Consideremos os elementos formais do desenho.

> Logo que alguém desenha, nem que seja a forma mais simples, num pedaço de papel, o espaço vazio adquire uma função espacial distinta, transforma-se no fundo, em frente do qual se estende a forma desenhada como figura. Vê-se o fundo como um espaço contínuo atrás da figura (Arnheim, 1974, p. 89).

Essas duas partes – figura e fundo – formam uma expressão semiótica elementar. O desenho dispõe seus signos no espaço e no tempo. As partes constitutivas de uma imagem são figura e fundo. Como distinguir o sujeito do objeto? As figuras primárias são maiores e mais estruturadas e se situam na parte central da página. As figuras secundárias são menores e menos estruturadas e estão localizadas na periferia do papel (Puls, 1998, p. 48).

Outra característica da linguagem visual é o ponto; ele é a origem de qualquer linha. O ponto é uma forma espacial que atrai o olhar do contemplador, diferenciando o espaço visual. O ponto é estático; a linha, dinâmica. A linha organiza o espaço e se apresenta de três modos basicamente diferentes: como linha objeto, como linha hachurada e como linha de contorno (Arnheim, 1974, p. 210).

Conforme veremos adiante, essas considerações sobre a linguagem visual são muito importantes e apropriadas quando analisamos os desenhos dos portadores de disfunção cognitiva: AVC.

### *A organização cerebral e o desenho*

A escolha do desenho como meio de captação do fenômeno da observação dos níveis de cognição dos pacientes portadores de AVC justifica-se pelo fato de que, como imagem gráfica, constitui uma das formas da função semiótica e comporta inúmeras possibilidades de variação. A observação do desenho permite investigar as mudanças dos níveis de cognição. A avaliação inicial no setor de arte-reabilitação é feita por meio do desenho da imagem corporal e o da família, que indicam o comprometimento motor, a não-compreensão das relações espaciais, negligência ou declínio generalizado do funcionamento cerebral. A avaliação é completada por dados, fornecidos por outros componentes da equipe, do funcionamento mental e das condições físicas do paciente: avaliação da linguagem, da memória declarativa, do pensamento abstrato, identificação dos objetos, planejamento motor.

Na relação entre cérebro e comportamento algumas funções cognitivas são representadas assimetricamente nos dois hemisférios. O hemisfério esquerdo tem predomínio na linguagem, no discurso expressivo, no conhecimento e no pensamento lingüístico, no raciocínio analítico e matemático e nos aspectos seqüenciais. O hemisfério direito do cérebro é não-verbal. Inclui funções perceptivas, espaço-visuais, análise de profundidade, percepção figura–fundo, reconhecimento de fisionomia, imagem corporal e aspectos emocionais.

As lesões hemisféricas cerebrais podem levar à disfunção do lóbulo parietal, que ocasiona uma desordem preceptiva (agnosia) (Warrington *et al.*, 1966, p. 1).

O desenho é uma atividade práxica complexa que necessita da participação dos dois hemisférios cerebrais como um todo – com

**Figura 2** Pacientes cujo hemisfério esquerdo estiver em boas condições executarão melhor a tarefa.

suas atividades paralelas e complementares –, mas depende sempre do tamanho e da extensão da lesão. O hemisfério esquerdo é predominante no planejamento. Para a cópia do desenho o planejamento é muito importante: os pacientes que tiverem o hemisfério esquerdo em boas condições executarão melhor essa tarefa (Figura 2).

A reabilitação cognitiva pela arte faz um re-treino dos processos cognitivos para diminuir distúrbios de coordenação motora, atenção, linguagem, processamento visual, memória, raciocínio e ajuda na resolução de problemas.

Nos casos apresentados, a intervenção com pacientes ocorreu por meio do atendimento em grupo, em sessões semanais. As atividades em grupo são importantes e tornam mais fácil vivenciar uma série de experiências pessoais e sociais encorajando a expressão emocional e plástica. Em casos específicos fazemos o atendimento individual, sempre no início da reabilitação.

## RECUPERAÇÃO AVC-TCE

### Procedimentos em arte-reabilitação

Após acidente vascular, quanto mais cedo começar a reabilitação, melhor será o prognóstico e mais rápida será a melhora durante os primeiros meses. Por intermédio do uso de materiais artísticos podemos incentivar a conscientização sobre o membro lesado e propor tarefas adequadas, das mais simples às mais complexas. (Figura 3) Para tanto, utilizamos combinação de formas, orientações de linhas com marcadores visuais coloridos, materiais para forçar a análise do espaço, tarefas de preenchimento visual e contorno de formas e objetos com lápis coloridos. As experiências verbais são estimuladas.

### Fatores que interferem no processo da arte-reabilitação

As alterações nas funções cognitivas interferem no processo de arte-reabilitação. Os distúrbios de linguagem podem afetar a linguagem falada (afasia), a linguagem escrita (alexia) ou a capacidade de escrever (grafia).

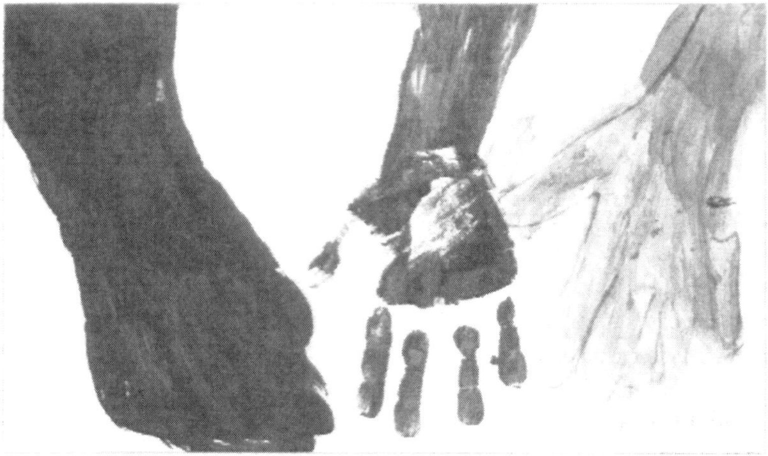

**Figura 3** Desenho de conscientização do membro superior lesado, lesão do hemisfério esquerdo. Paciente de 57 anos portador de AVC.

**Afasia** – O paciente com afasia de Broca em geral tem conhecimento de suas dificuldades de linguagem e fica frustrado com sua incapacidade. Em geral, a escrita fica tão comprometida quanto a fala (Figura 4). Na afasia de Wernicke, a compreensão da linguagem fica comprometida. Os pacientes com afasia de Wernicke podem com facilidade produzir sons falados, mas estes não fazem sentido. Além disso, a fala de outras pessoas não é compreendida, apesar de a capacidade de ouvir se manter normal. As pessoas com afasia de Wernicke parecem não ter conhecimento de seu distúrbio e a substituição de palavras, chamada parafasia, é comum. A pessoa pode dizer "capitão de escola" em vez de dizer "diretor". A área correspondente à afasia de Wernicke também é importante para a imagem corporal e para a compreensão das relações do *self*, isto é, de si e do ambiente em que o paciente vive.

Na afasia global existe a incapacidade de usar a linguagem de qualquer forma. As pessoas com afasia global não podem produzir fala compreensível, compreender a linguagem falada, falar fluentemente, ler ou escrever. Nosso procedimento é falar de modo simples, sem pressa, repetir a pergunta quantas vezes for necessário, usando ferramentas necessárias para motivar o paciente e fazê-lo se interessar, estabelecendo um diálogo de entendimento.

**Figura 4** Paciente de 74 anos com afasia de Broca, sexo feminino.

**Negligência** – É a tendência a se comportar como se um lado do corpo ou um lado do espaço não existissem. As pessoas com essa síndrome deixam de relatar ou responder aos estímulos atuantes sobre o lado contralesional. Existem dois tipos de negligência: pessoal e espacial. A pessoal é caracterizada por falta unilateral do conhecimento dos estímulos sensoriais, falta de movimentos dos membros. Já a espacial provoca falta de conhecimento das relações espaciais. Os pacientes que tendem a negligenciar o lado esquerdo do espaço, na vida cotidiana negligenciam o lado esquerdo da tela ou do papel, desenhando figuras incompletas. A negligência da pessoa resulta da falha do direcionamento da atenção (Figura 5).

De forma geral, o arteterapeuta deve estimular todos os tipos de motivação: proprioceptiva, tátil, visual, auditiva e motoras. Com solicitação dirigida ao lado esquerdo do paciente, pedimos para que complete os desenhos incompletos realizados que apresentam a negligência. Usamos o auxílio de marcadores visuais – como estímulo de luzes, cores ou formas em material brilhante; o paciente deve ter a conscientização do distúrbio: é uma interferência que pode auxiliar na melhoria da qualidade de vida.

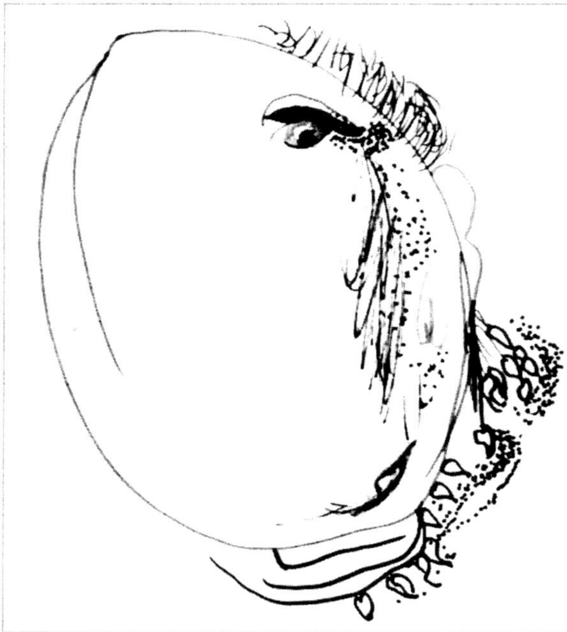

**Figura 5** Negligência visual – o paciente não desenha o lado esquerdo da página.

**Apraxia** – O termo foi primeiramente empregado por Steinthal, em 1871. As apraxias são consideradas distúrbios da função executiva – termo que designa a incapacidade de certos indivíduos de reproduzir ou de desenhar formas – e pode mostrar-se prejudicada em diferentes graus. Os tipos mais comuns de apraxia são: motora, ideomotora, de vestir-se, verbal e construtiva. Temos obtido bons resultados com as falhas da apraxia construtiva, dando orientações verbais durante a execução gráfica ou fazendo gestos para o paciente imitar durante a atividade do desenho ou da pintura (Figura 6).

**Agnosia** – No final do século XIX, Sigmund Freud concluiu que a incapacidade de certos pacientes de reconhecer características do mundo visual devia-se não a um déficit sensorial, mas a defeitos corticais. A isso ele chamou agnosia. A agnosia é a incapacidade de reconhecer um estímulo por meio da visão, embora o aparelho ocular esteja funcionando adequadamente. As agnosias

**Figura 6** Exemplo de paciente com apraxia. Consegue construir uma flor com auxílio de máscara vazada.

visuais são observadas por lesão das áreas de associação do córtex pariteo-têmporo-occiptal. Os tipos de agnosia: são perceptiva, associativa, propagnosia, anosognosia (negação da enfermidade), que pode ser verbal ou comportamental, e prosopagnosia (incapacidade de reconhecer rostos familiares).

O procedimento em arte-reabilitação utilizado é o desenvolvimento das imagens visuais mentais com base no material apresentado, objetivando as associações mentais por meio de relatos vividos pelos pacientes. A idéia é levar o paciente a perceber objetos concretos pesquisando os atributos que criam o objeto. O toque e o som podem ser usados para auxiliar o processo.

O treinamento da percepção espacial consiste em desenvolver a orientação do paciente no espaço pessoal e extrapessoal. São feitos desenhos do esquema corporal e de partes do corpo, estimulando a consciência corporal, a lateralidade. As atividades construtivas são a expressão das habilidades perceptivas, com as quais o paciente é treinado para planejar a reprodução dos modelos mais simples aos mais complexos – treinando assim seqüência motora, ritmo e noções espaciais, direção, peso e distância. A realização dessas tarefas pode mostrar-se prejudicada em diferentes graus (Barbizet e Duizabo, 1985 p. 87).

## A família

A família deve participar das atividades de reabilitação e todas as informações sobre a patologia, a avaliação e os resultados devem ser repassadas aos familiares. A equipe deixa de ser a detentora do conhecimento; aos poucos, as atividades param de ocorrer no hospital e passam a fazer parte do cotidiano. Algumas atividades prazerosas podem ser feitas em casa, estimulando o paciente a uma vida mais participativa, como escrever o diário com anotações feitas pelo paciente ou um membro da família e o caderno de desenho, que devem ser conferidos semanalmente pela terapeuta.

## Outras atividades

Trabalhamos com os materiais hospitalares, num exercício criativo de adaptação aos movimentos de arte contemporânea da artista Nazaret Pacheco. Nascida com problemas de malformação congênita, ela faz desse processo uma possibilidade de transcender os próprios limites da vida, usando em sua obra radiografias, informes médicos, fotos e moldes, que foram guardadas num diário. Com base nessa experiência, usamos como tema remédios, radiografias, injeções e luvas hospitalares, levando o paciente a experimentar suas dúvidas e angústias diante de exames cansativos e muitas vezes não-compreendidos, refletindo o medo de um futuro incerto. Às vezes as crises de choro durante as sessões de arte são inevitáveis, devido à ansiedade diante da exaustiva expectativa da reabilitação.

Dúvidas sobre o resultado do tratamento agravam a ansiedade. Nosso procedimento é ressaltar aspectos positivos do tratamento de reabilitação, mesmo que desagradáveis e às vezes dolorosos, explorando a reversibilidade da doença e levando os pacientes a experimentarem a riqueza plástica dos materiais hospitalares.

Volto à pergunta inicial: *uma pessoa com lesões no cérebro pode ser criativa?*

À semelhança de resultados obtidos nos trabalhos dos pesquisadores Arieti (1993), Gardner (1999), Sacks (1988) e de outros neurologistas, verificamos que o processo criativo pode continuar a existir em alguns pacientes apesar da lesão. Talvez os pacientes apresentem alterações na motivação e no estilo.

O paciente lesado no hemisfério esquerdo fará um desenho melhor que o lesado no hemisfério direito. Se tiver o hemisfério esquerdo em boas condições, usará o planejamento e fará melhor releitura de uma gravura. Quando a lesão é no hemisfério direito os pacientes têm dificuldade de compreender a informação espacial (Warrington *et al.*, 1966, p. 19).

## CONCLUSÃO

Os resultados do processo de reabilitação dependem de variáveis como idade, nível educacional, grau de proficiência em determinada atividade mental, lateralidade manual, extensão e localização da lesão, participação da família e dos amigos, integração social e profissional. Sabemos que muitas doenças não têm cura, que nada será como antes do acidente, mas que o ânimo, a motivação e a fé tornam possível realizar algo por meio da arte em favor de nossos pacientes.

A pesquisa contemporânea realizada no âmbito da neurolingüística cognitiva tem mostrado que numa grande quantidade de casos a reabilitação bem motivada pode ser determinante para a recuperação das funções cognitivas lesadas (Santos, 1999, p. 115).

A arteterapia cuida do ser humano em sua totalidade e em sua essência mais profunda, integrando as áreas básicas do homem – neurológica, cognitiva, afetiva e emocional – e promovendo o aprimoramento das funções – percepção, atenção, memória, pensamento, capacidade de previsão, exploração, execução, controle da ação.

Os processos que mostramos ilustram a realidade da reabilitação cognitiva dirigida aos pacientes com AVC, demonstrando que os processos criativos podem continuar existindo apesar da lesão. Na realidade da arteterapia temos de nos defrontar com a dor, conscientes de nossa tarefa de promover a vida.

Ao observar a maneira particular como são realizadas as criações neste centro de reabilitação, percebe-se claramente que a mão, esse ser tangível capaz de reflexão, persegue claramente os traços da imagem, na mesma medida que o olho. Os limites corporais encontrados por esses criadores não os impedem de atuar com as forças da matéria, de realizar seus sonhos dinâmicos. Assim, pincéis e tintas, lápis e papel empenham-se na execução de formas, que concluem e fixam a ação da mão trabalhadora.

Um gesto que é síntese de força e de destreza, que é meio pelo qual os limites do criador são transformados em obra criativa. Entre a mão perfeitamente adormecida e a mão contraída, há lugar para a mão endiabrada, sonhadora, desejosa da perfeição das formas e capaz de despertar, como dissera Bachelard, o "ser ativo", os "devaneios da vontade", a "consciência da criação" (Frayze-Pereira, 1992).

## Referências bibliográficas

ARES, M. de J. "Acidente vascular encefálico". In: TEIXEIRA, Érika *et al.* *Terapia ocupacional na reabilitação física.* São Paulo: Roca, 2003.

ARIETI, S. *La criatividad: la síntesis mágica.* México: Consejo Nacional de Ciencia y tecnologia – Fondo de Cultura Económica, 1976.

ARNHEIM, R. *Arte e percepção visual.* São Paulo: Enio M. Guazzelli, 1974.

BARBIZET, J.; DUIZABO, P. *Manual de neuropsicologia.* Porto Alegre: Artes Médicas, 1985.

CIORNAI, Selma. "Arteterapia Gestáltica: um caminho para a expansão de consciência." *Revista de Gestalt,* ano 1, n. 3. Departamento de Gestalt-terapia, Instituto Sedes Sapientiae, 1994.

FRAYZE-PEREIRA, J. A. Fragmento do texto do vídeo *Arte em um centro de reabilitação.* São Paulo, Associação de Assistência à Criança Deficiente, 1992.

GARDNER, H. *Arte, mente e cérebro.* Porto Alegre: Artes Médicas, 1999.

MARZANO, S. *Teatro mirante da aventura humana: processo de definição da teatroterapia.* Dissertação apresentada no Instituto de Psicologia da Universidade de São Paulo, 1996.

OSTROWER, F. *Acasos e criação artística*. Rio de Janeiro: Campus, 1990.

PULS, M. *O significado da pintura abstrata*. São Paulo: Perspectiva, 1998.

SANTOS, G. C. *Tópicos em neurociência cognitiva e reabilitação neuropsicológica*. São Paulo: URN: 1999.

WARRINGTON, E.; MERLE, J.; KINSBOURNE, M. *Drawing disability in relation to laterality of cerebral lesion in brain*. Londres: The National Hospital, Queen Square, 1966.

## Os autores

### Ana Alice Francisquetti

Arteterapeuta formada na primeira turma do Sedes Sapientiae, é fundadora, coordenadora e supervisora do setor de arte-reabilitação da Associação de Assistência à Criança Deficiente (AACD), onde trabalha com crianças e adultos há quase vinte anos, tendo se especializado no atendimento a pacientes portadores de traumatismo cranienцefálico, acidente vascular cerebral, paralisia cerebral e em grupos para pacientes com dor. Pioneira na área da arte-reabilitação no Brasil, tem vários artigos publicados sobre o tema. Artista plástica com diversas exposições de gravura no País e no exterior, é professora e supervisora do curso de Arteterapia do Instituto Sedes Sapientiae.

### Anne Isabelle Obadic

Formada em Belas-Artes pela Escola de Belas-Artes de Toulon, França, tem especialização em Arteterapia pelo Instituto Sedes Sapientiae.

### Antonio Sidney Francisco

Psicólogo e especialista em arteterapia formado pelo Instituto Sedes Sapientiae, atuou como arteterapeuta na ONG GIV – Grupo de Incentivo à Vida. Consultor na área de Recursos Humanos em programas de desenvolvimento de habilidades gerenciais e de relacionamento intergrupal, é docente da disciplina "Pintura e Comunicação Visual" no Alquimy Art. Artista plástico com especialização em pintura sobre seda, é coordenador e facilitador de vivências para autodesenvolvimento.

### Clara Paulina Coelho Carvalho

Psicóloga (Universidade Federal do Ceará), mestre em Psicologia Educacional (USP) e doutoranda (Instituto de Psicologia da USP) tem especializações em Gestalt-terapia (Centro de Desenvolvimento Humano – Fortaleza), Arteterapia Gestáltica (Instituto Sedes Sapientiae) e Biodança (Escola de Biodança do Ceará). Ministrou cursos sobre a utilização de recursos expressivos no contexto institucional a profissionais de saúde e educação de São Paulo com a equipe das Oficinas Criativas do SAP-USP. Atualmente desenvolve trabalhos de formação de educadores da rede de ensino público desse município e leciona nos cursos de extensão e especialização do Departamento de Arteterapia do Sedes Sapientiae.

**Dilaina Paula dos Santos**

Psicopedagoga clínica e arte-educadora, é especialista em Arteterapia pelo Instituto Sedes Sapientiae. Mestre em Artes Visuais pela Unesp (Universidade Estadual de São Paulo), é docente dos cursos de Arteterapia do Alquimy Art, da Faculdade Mozarteum e do curso de Pedagogia da Unip (Universidade Paulista). Desenvolve pesquisas sobre o trabalho integrativo das artes e da aprendizagem. Realiza cursos e *workshops* para educadores e terapeutas.

**Eloisa Quadros Fagali**

Doutora e mestre em Psicologia da Educação com especialização em Arteterapia pelo Instituto Sedes Sapientiae, é co-fundadora, professora e supervisora do Departamento de Psicopedagogia, e professora e supervisora dos cursos de Arteterapia desse instituto. É também docente do curso de Psicopedagogia da PUC-SP. Psicopedagoga clínica e institucional, tem especialização em Psicodrama (Getep), em grupos operativos, em psicologia social, em dinâmica de grupo de Pichon Riviére (Instituto Pichon) e em Dinâmica Energética do Psiquismo (DEP). Coordenadora do "Integração", é organizadora de *Múltiplas faces do aprender: novos paradigmas da pós-modernidade* (Unidas, 2001).

**Ines Novoa Jezler**

Bacharel em Português, Inglês e Alemão pela Universidade de São Paulo e artista plástica/aquarelista, é integrante do Núcleo da Faculdade Santa Marcelina. Especialista em Arteterapia e em Psiconcologia pelo Instituto Sedes Sapientiae, é mestre em "Educação, Artes e História da Cultura" pela Universidade Mackenzie, tendo desenvolvido a pesquisa "Arte-como-terapia: um programa de ateliê terapêutico para o paciente oncológico adulto". Arteterapeuta responsável pela implantação e pelo desenvolvimento do ateliê terapêutico do Instituto Avanços em Medicina – clínica de pesquisa em oncologia e imunologia em São Paulo.

### Iraci Saviani

Arte-educadora, artista plástica e arteterapeuta formada na primeira turma do Instituto Sedes Sapientiae, é professora e supervisora do curso de Arteterapia dessa instituição, onde leciona as disciplinas Criatividade e Ateliê Terapêutico. É coordenadora pedagógica da Brinquedoteca da Secretaria da Cultura, Lazer e Criança da Prefeitura de Barueri (SP). Em parceria com a Secretaria da Saúde desse município, desenvolve também trabalho de arteterapia para dependentes químicos. Orientadora do "Ateliê de Arte e Criatividade Encontrarte", é consultora de criatividade para empresas pelo "Acrescente".

### Márcia Murinelly Gomes

Psicóloga clínica com especialização em Arteterapia pelo Instituto Sedes Sapientiae, é mestre em Psicologia Escolar e do Desenvolvimento Humano (USP) e diretora de escola de Educação Infantil (0-3 anos) no município de São Bernardo do Campo. Psicoterapeuta, atende crianças, adolescentes e adultos em trabalhos individuais e em grupo.

### Mônica Leonardo Salgado Ferreira

Psicóloga clínica (Instituto Mackenzie), comunicadora social e especialista em Arteterapia pelo Instituto Sedes Sapientiae. É especialista em Psicoterapia Psicanalítica pela Universidade São Paulo, autora de "A arte nos caminhos da vida e da cura" e co-autora de "Arteterapia com portadores de HIV", artigos publicados na revista *Arte-Terapia: Reflexões* (nº 3, 1999/2000). Psicoterapeuta clínica de orientação psicanalítica, atende crianças e adultos.

### Regina Fiorezzi Chiesa

Mestre em Distúrbios do Desenvolvimento pela Universidade Presbiteriana Mackenzie, é especialista em Arteterapia e em Psiconcologia pelo Instituto Sedes Sapientiae e em Dinâmica Energética do Psiquismo pelo Instituto Cultural Dinâmica Energética do Psiquismo. Coordenadora do ateliê terapêutico do Centro Oncológico de Recuperação e Apoio (Cora), atua como terapeuta e professora de cursos de especialização em Arteterapia.

**Selma Reyes**

Fonoaudióloga (PUC-SP) com especialização em Fonoaudiologia Clínica pelo Cefac, em Arteterapia pelo Instituto Sedes Sapientiae e em Educação Ambiental pela Faculdade de Saúde Pública da Universidade de São Paulo. Tem experiência clínica com crianças, adolescentes e adultos com distúrbios de linguagem desde 1982 e trabalha no setor público, na área de saúde mental, desde 1983. Coordenou o Centro de Convivência e Cooperativa do Parque do Ibirapuera (1990 a 1996) e coordena, desde 1996, o projeto "Crer-Ser: germinado a cidadania".

**Vera Maria Rossetti Ferretti**

Psicóloga, pedagoga e arteterapeuta formada na primeira turma de Arteterapia do Instituto Sedes Sapientiae. Co-fundadora, professora e supervisora do Departamento de Psicopedagogia, é professora e supervisora dos cursos de Arteterapia deste instituto. Com especialização em Cinesiologia, Psicomotricidade e Dinâmica Energética do Psiquismo, tem sido responsável pela integração de recursos de sensibilização e mobilização corporal em arteterapia em nossa equipe. Atua em consultório com crianças, adolescentes e adultos em psicoterapia, arteterapia e terapia corporal, desenvolvendo também trabalhos em contextos hospitalares.

**Walter Müller**

Médico atuante na rede pública em Pediatria e Medicina Geral há oito anos. Pós-graduado em Homeopatia pela Associación Medica Homeopática Argentina e arteterapeuta pelo Instituto Sedes Sapientiae, atuou no Núcleo de Projetos em programas de psicoterapia de interseção social e é atualmente professor convidado no curso de especialização em Arteterapia desse instituto. É mestrando em Psicologia Clínica pelo Núcleo de Subjetividade da PUC, onde desenvolve estudos sobre subjetividade indígena em suas diversas manifestações culturais.

# NOVAS BUSCAS EM PSICOTERAPIA
## VOLUMES PUBLICADOS

1. *Tornar-se presente — Experimentos de crescimento em Gestalt-terapia* — John O. Stevens.
2. *Gestalt-terapia explicada* — Frederick S. Perls.
3. *Isto é Gestalt* — John O. Stevens (org.).
4. *O corpo em terapia — a abordagem bioenergética* — Alexander Lowen.
5. *Consciência pelo movimento* — Moshe Feldenkrais.
6. *Não apresse o rio (Ele corre sozinho)* — Barry Stevens.
7. *Escarafunchando Fritz — dentro e fora da lata de lixo* — Frederick S. Perls.
8. *Caso Nora — consciência corporal como fator terapêutico* — Moshe Feldenkrais.
9. *Na noite passada eu sonhei...* — Medard Boss.
10. *Expansão e recolhimento — a essência do t'ai chi* — Al Chung-liang Huang.
11. *O corpo traído* — Alexander Lowen.
12. *Descobrindo crianças — a abordagem gestáltica com crianças e adolescentes* — Violet Oaklander.
13. *O labirinto humano — causas do bloqueio da energia sexual* — Elsworth F. Baker.
14. *O psicodrama — aplicações da técnica psicodramática* — Dalmiro M. Bustos e colaboradores.
15. *Bioenergética* — Alexander Lowen.
16. *Os sonhos e o desenvolvimento da personalidade* — Ernest Lawrence Rossi.
17. *Sapos em príncipes — programação neurolingüística* — Richard Bandler e John Grinder.
18. *As psicoterapias hoje — algumas abordagens* — Ieda Porchat (org.).
19. *O corpo em depressão — as bases biológicas da fé e da realidade* — Alexander Lowen.
20. *Fundamentos do psicodrama* — J. L. Moreno.
21. *Atravessando — passagens em psicoterapia* — Richard Bandler e John Grinder.
22. *Gestalt e grupos — uma perspectiva sistêmica* — Therese A. Tellegen.
23. *A formação profissional do psicoterapeuta* — Elenir Rosa Golin Cardoso.
24. *Gestalt-terapia: refazendo um caminho* — Jorge Ponciano Ribeiro.
25. *Jung* — Elie J. Humbert.
26. *Ser terapeuta — depoimentos* — Ieda Porchat e Paulo Barros (orgs.)
27. *Resignificando — programação neurolingüística e a transformação do significado* — Richard Bandler e John Grinder.

28. *Ida Rolf fala sobre Rolfing e realidade física* — Rosemary Feitis (org.)
29. *Terapia familiar breve* — Steve de Shazer.
30. *Corpo virtual — reflexões sobre a clínica psicoterápica* — Carlos R. Briganti.
31. *Terapia familiar e de casal* — Vera L. Lamanno Calil.
32. *Usando sua mente — as coisas que você não sabe que não sabe* — Richard Bandler.
33. *Wilhelm Reich e a orgonomia* — Ola Raknes.
34. *Tocar — o significado humano da pele* — Ashley Montagu.
35. *Vida e movimento* — Moshe Feldenkrais.
36. *O corpo revela — um guia para a leitura corporal* — Ron Kurtz e Hector Prestera.
37. *Corpo sofrido e mal-amado — as experiências da mulher com o próprio corpo* — Lucy Penna.
38. *Sol da Terra — o uso do barro em psicoterapia* — Álvaro de Pinheiro Gouvêa.
39. *O corpo onírico — o papel do corpo no revelar do si-mesmo* — Arnold Mindell.
40. *A terapia mais breve possível — avanços em práticas psicanalíticas* — Sophia Rozzanna Caracushansky.
41. *Trabalhando com o corpo onírico* — Arnold Mindell.
42. *Terapia de vida passada — uma abordagem profunda do inconsciente* — Livio Tulio Pincherle (org.).
43. *O caminho do rio — a ciência dos processos do corpo onírico* — Arnold Mindell.
44. *Terapia não-convencional — as técnicas psiquiátricas de Milton H. Erickson* — Jay Haley.
45. *O fio das palavras — um estudo de psicoterapia existencial* — Luiz A.G. Cancello.
46. *O corpo onírico nos relacionamentos* — Arnold Mindell.
47. *Padrões de distresse — agressões emocionais e forma humana* — Stanley Keleman.
48. *Imagens do self — o processo terapêutico na caixa-de-areia* — Estelle L. Weinrib.
49. *Um e um são três — o casal se auto-revela* — Philippe Caillé.
50. *Narciso, a bruxa, o terapeuta elefante e outras histórias psi* — Paulo Barros.
51. *O dilema da psicologia — o olhar de um psicólogo sobre sua complicada profissão* — Lawrence LeShan.
52. *Trabalho corporal intuitivo — uma abordagem reichiana* — Loil Neidhoefer.
53. *Cem anos de psicoterapia... — e o mundo está cada vez pior* — James Hillman e Michael Ventura.
54. *Saúde e plenitude: um caminho para o ser* — Roberto Crema.
55. *Arteterapia para famílias — abordagens integrativas* — Shirley Riley e Cathy A. Malchiodi.
56. *Luto — estudos sobre a perda na vida adulta* — Colin Murray Parkes.
57. *O despertar do tigre — curando o trauma* — Peter A. Levine com Ann Frederick.
58. *Dor — um estudo multidisciplinar* — Maria Margarida M. J. de Carvalho (org.).
59. *Terapia familiar em transformação* — Mony Elkaïm (org.).
60. *Luto materno e psicoterapia breve* — Neli Klix Freitas.
61. *A busca da elegância em psicoterapia — uma abordagem gestáltica com casais, famílias e sistemas íntimos* — Joseph C. Zinker.
62. *Percursos em arteterapia — arteterapia gestáltica, arte em psicoterapia, supervisão em arteterapia* — Selma Ciornai (org.).
63. *Percursos em arteterapia — ateliê terapêutico, arteterapia no trabalho comunitário, trabalho plástico e linguagem expressiva, arteterapia e história da arte* — Selma Ciornai (org.).
64. *Percursos em arteterapia — arteterapia e educação, arteterapia e saúde* — Selma Ciornai (org.).

www.gruposummus.com.br
Acesse, conheça o nosso catálogo e cadastre-se para receber informações sobre os lançamentos.